居住者の国外財産調書制度と外国税額控除

公認会計士・税理士
前原 啓二 著

清文社

はじめに

　個人が所有する国外財産の増加に伴い、税務調査の指摘で国外財産に係る所得等の申告漏れが大幅に増加してきています。このような背景の下で、平成26年1月から国外財産調書制度がスタートします。この制度導入の最初の年のスケジュールでは、平成25年12月31日現在の国外財産の価額の合計額が5,000万円を超える居住者は、同日現在の国外財産を国外財産調書に記載し、平成26年3月15日までに税務署へ提出しなければなりません。国外財産調書制度は、従来から所得金額が2,000万円を超える場合に確定申告書の提出期限と同時期に提出を義務づけされている財産債務明細書のように、それを提出しなくても罰則規定がないという制度ではありません。国外財産調書を正当な理由なく提出期限までに提出しなければ、1年以下の懲役又は50万円以下の罰金を科すという規定が設けられています。また、税務調査等により国外財産に関する所得等の申告漏れを指摘された場合には、国外財産調書への記載の有／無（又は不提出）により過少申告加算税又は無申告加算税を軽減（優遇措置）／加重（加罰処置）するという新たな措置も加えられました。第1章では、国外財産調書制度という新しい制度の内容を説明し、第2章では、国外財産調書を作成する際に役立つように、その具体的な記載事項を事例も示しながら解説します。

　また、国外財産やその申告漏れの増加傾向の下で、国外財産に関する所得についての適切な申告納付の重要性が高まってきました。しかし、居住者の国外財産に関する所得の税額計算においては、国内財産や国内源泉所得の場合にはない特有の取扱いがあり、適切な申告納付を行うには、これらの取扱いを十分に理解しておく必要があります。

　まずは、外国税額控除です。国外財産調書の提出対象者は、国外財産を有する居住者（非永住者以外の個人）であり、全世界所得に対して課税されるため、日本と国外において二重課税となるケースがあります。この二重課税を回避すべく居住者が確定申告に際して適用できるのが、外国税額控除です。外国税額控除を適用した確定申告書の作成に役立つように、第4章では、外国税額控除制度の内容を解説し、第5章では、外国税額控除の事例として、国外株式の配当、国外公社債の利子、国外不動産賃貸収入といった国外財産に関する所得のケースに加えて、国外勤務の給与のケースも含めて詳述します。この章では、連続する年の事例とすることにより、控除対象外国所得税額と控除限度額、控除限度超過額と控除余裕額の関係を容易に理解できるよう工夫しています。また、外国税額控除の適用を受けた外国所得税の額が後の年に減額されたケースを例示します。さらに、法人の外国税額控除制度との異同を簡潔に紹介します。

　ところで、外国税額控除を適用するに際しては、居住者の国外財産に係る所得税の取扱

いを十分に理解しておく必要があります。特に金融所得に関する取扱いは複雑であり、かつ、国外株式や国外公社債等の取扱いについては源泉徴収などいろいろな点で国内株式や国内公社債等の取扱いと異なる点がありますので、第3章前半では、国外株式の配当等・譲渡所得等、国外公社債等の利子等・譲渡所得等・償還差益を取り上げてそれらの取扱いを解説します。平成25年度税制改正において金融所得課税の一体化を拡充した改正が行われましたが、この改正は平成28年1月1日から適用され、しばらくの間はこの改正前の取扱いによりますので、本書ではこの改正前の取扱いを詳述し、その後でこの改正内容を簡潔に紹介するにとどめます。公社債等の利子等に係るみなし外国税額控除の事例も紹介します。また、外貨建取引の換算と為替差損益の取扱いは、居住者の国外財産に係る所得の計算に際して不可欠ですので、第3章後半では、外貨建取引の換算方法を説明し、外国通貨・外国預金の為替差損益、国外不動産の譲渡のケースを取り上げて解説します。

　さらに、居住者が軽減・免税国にある外国法人の株式を有している場合に、タックスヘイブン対策税制（外国子会社合算税制）が個人にも適用される場合があります。タックスヘイブン対策税制は、一定の軽減・免税国の外国法人所得を日本の居住者の所得に合算して課税する制度です。どのような場合にタックスヘイブン対策税制が個人にも適用されるのか、適用されればどのように申告するのかを把握しておかなければなりません。第6章では、これらの点も含めてタックスヘイブン対策税制について解説し、この制度の適用を受けた確定申告書の作成に役立つように、第7章では、タックスヘイブン対策税制の事例として、合算対象の外国法人から配当を受けるケースを取り上げて詳述します。本書では個人の標準的な合算課税の適用を受ける場合を想定していますので、特殊関係株主等である居住者に係る特定外国法人の課税対象金額等の総収入金額算入や組織再編税制等については本書の対象外としました。また、法人のタックスヘイブン対策税制との異同を簡潔に紹介します。

　なお、本書では、実務処理において具体的にどのように取り扱うかについての判断が難しいところまで突っ込んで執筆していますが、これらの部分については、個人的見解であることをご了解ください。また、本書では日本の所得税及びその関連法規のみを対象とし、外国の税法等については一切対象外としました。以上の点については、個別の事実関係に基づいて税務当局に事前確認するなど慎重に対応されることをお勧めします。

　おわりに、本書の刊行にあたり、ご尽力とご支援をいただきました編集部の森田昌明氏をはじめ清文社の皆様に大変感謝致します。

平成25年9月

前原　啓二

目　次

第1章　国外財産調書制度

第1節　国外財産調書 …………………………………………………… 3
1. 国外財産調書制度の創設 ………………………………………… 3
2. 国外財産調書制度の創設の趣旨 ………………………………… 3
3. 国外財産調書の提出の対象者 …………………………………… 5
4. 国外財産調書提出対象の「国外財産」とは …………………… 9
5. 国外財産調書提出対象となる国外財産の価額 ………………… 16
6. 国外財産調書の提出先 …………………………………………… 21

第2節　国外財産調書と所得税法第232条第1項に規定する財産債務明細書との関係 ………………………………………………… 22

第3節　国外財産に関する所得等の申告漏れが発覚した場合における過少申告加算税又は無申告加算税の特例（軽減（優遇措置）と加重（加罰措置） ……………………………………… 23
1. 国税通則法による規定 …………………………………………… 23
2. 過少申告加算税又は無申告加算税の特例（優遇措置と加罰措置）の内容 ……… 25
3. 過少申告加算税又は無申告加算税の特例（優遇措置と加罰措置）の対象となる所得の範囲 …………………………………………………………… 28
4. 適用開始時期 ……………………………………………………… 30
5. 国外財産に係るもの以外の事実等がある場合の過少申告加算税又は無申告加算税の軽減額及び加重額の計算方法 ……………………………… 30
6. 過少申告加算税又は無申告加算税の軽減と加重の両方が適用される場合の軽減額及び加重額の計算方法 ………………………………………… 34
7. 過少申告加算税又は無申告加算税の軽減と加重の適用に際し判断の基とされる国外財産調書とは ………………………………………………… 36
8. 提出期限後提出の国外財産調書に係る過少申告加算税又は無申告加算税の軽減と加重の適用 ………………………………………………… 37
9. 死亡した者に係る修正申告等の場合の過少申告加算税又は無申告加算税の軽減（優遇措置）と加重（加罰措置）が適用される場合における国外財産調書等の取扱い ……………………………………………………… 38

⑩　過少申告加算税又は無申告加算税の軽減と加重が適用される場合における賦課決定通知書の記載事項……………………………………………38
　第4節　国外財産調書に関する罰則等…………………………………………39
　　①　国外財産調書に係る罰則……………………………………………………39
　　②　国外財産調書の提出に関する調査に係る質問調査権…………………39

第2章　国外財産調書の具体的な記載事項と事例

　第1節　国外財産調書の書式……………………………………………………43
　第2節　国外財産調書の記載事例………………………………………………50

第3章　居住者の国外財産に係る所得税の取扱い

　第1節　国外株式の配当等………………………………………………………57
　　①　平成25年度税制改正前の取扱い…………………………………………57
　　②　平成25年度税制改正…………………………………………………………65
　第2節　国外株式の譲渡所得等…………………………………………………67
　　①　平成25年度税制改正前の取扱い…………………………………………67
　　②　平成25年度税制改正…………………………………………………………73
　第3節　国外公社債の利子………………………………………………………73
　　①　平成25年度税制改正前の取扱い…………………………………………73
　　②　平成25年度税制改正…………………………………………………………87
　第4節　国外債券の譲渡所得等…………………………………………………90
　　①　平成25年度税制改正前の取扱い…………………………………………90
　　②　平成25年度税制改正…………………………………………………………92
　第5節　国外債券の償還差益……………………………………………………96
　　①　平成25年度税制改正前の取扱い…………………………………………96
　　②　平成25年度税制改正…………………………………………………………98
　第6節　外貨建取引の換算………………………………………………………98
　　①　外貨建取引の円換算…………………………………………………………98
　　②　外貨建取引の円換算の特例………………………………………………101

第7節　為替差損益 ……………………………………………………103
　① 外国通貨又は外貨建預金の為替差損益 …………………………103
　② 国外不動産を譲渡した場合の為替差損益 ………………………105

第4章　居住者の外国税額控除

第1節　第1作業：控除対象外国所得税額の把握 ……………………112
第2節　第2作業：控除限度額の算定 …………………………………124
第3節　第3作業：その年に控除できる外国所得税額の決定 ………129
第4節　外国税額控除と必要経費等の選択 ……………………………134
第5節　外国税額控除の適用を受けた外国所得税の額が後に減額
　　　　された場合 ……………………………………………………137
第6節　外国税額控除の適用を受けた外国所得税の額が後に増額
　　　　された場合 ……………………………………………………140

第5章　外国税額控除事例

第1節　外国税額控除事例Ⅰ─国外株式の配当に対する源泉税の
　　　　外国税額控除 …………………………………………………143
第2節　外国税額控除事例Ⅱ─国外公社債の利子に対する源泉税
　　　　の外国税額控除 ………………………………………………156
第3節　外国税額控除事例Ⅲ─国外不動産賃貸収入に対する申告
　　　　納付税額の外国税額控除（1年目） …………………………167
第4節　外国税額控除事例Ⅲ─国外不動産賃貸収入に対する申告
　　　　納付税額の外国税額控除（2年目） …………………………177
第5節　外国税額控除事例Ⅳ─国外勤務に対する申告納付税額の
　　　　外国税額控除（1年目） ………………………………………187
第6節　外国税額控除事例Ⅳ─国外勤務に対する申告納付税額の
　　　　外国税額控除（2年目） ………………………………………196
第7節　外国税額控除事例Ⅴ─外国税額控除の適用を受けた外国
　　　　所得税の額が後に減額された場合 …………………………204

第6章　居住者のタックスヘイブン対策税制（外国子会社合算税制）

第1節　課税対象金額の合算課税 ……………………………………217
第2節　部分課税対象金額の合算課税 ………………………………230
第3節　特定外国子会社等に係る課税対象金額又は部分課税対象金額を雑所得の総収入金額に算入するときの確定申告書の添付書類 ……………………………………………………………234
第4節　課税済配当等の額の配当所得の金額からの控除 ……………234
第5節　タックスヘイブン対策税制の居住者（所得税）の取扱いと内国法人（法人税）の取扱いとの比較 ………………………238

第7章　居住者のタックスヘイブン対策税制（外国子会社合算税制）事例

居住者A氏の「×4年」分の申告所得金額 ……………………………253

＜凡例＞

本書で使用している法令・通達等の略語は、次のとおりです。
・調書法……内国税の適正な課税の確保を図るための国外送金等に係る調書の提出等に関する法律
・調書令……内国税の適正な課税の確保を図るための国外送金等に係る調書の提出等に関する法律施行令
・調書規……内国税の適正な課税の確保を図るための国外送金等に係る調書の提出等に関する法律施行規則
・調書通……内国税の適正な課税の確保を図るための国外送金等に係る調書の提出等に関する法律（国外財産調書関係）の取扱い
・財確法……東日本大震災からの復興のための施策を実施するために必要な財源の確保に関する特別措置法
・所法………………………所得税法　　　　　・措法………………………租税特別措置法
・所令………………………所得税法施行令　　・措令………………………租税特別措置法施行令
・所規………………………所得税法施行規則　・措規………………………租税特別措置法施行規則
・所基通……………………所得税基本通達　　・措通……租税特別措置法（所得税関係編）通達
・相法………………………相続税法　　　　　・地法………………………地方税法
・相令………………………相続税法施行令　　・地令………………………地方税法施行令
・法法………………………法人税法　　　　　・通法………………………国税通則法
・法令………………………法人税法施行令
（例）調書法5①……内国税の適正な課税の確保を図るための国外送金等に係る調書の提出等に関する法律第5条第1項

※本書は、平成25年10月1日現在の法令通達等により記述されています。

第1章

国外財産調書制度

第1節 国外財産調書

1 国外財産調書制度の創設

　居住者は、その年の12月31日においてその価額の合計額が5,000万円を超える国外財産を有する場合には、国外財産調書を、その年の翌年の3月15日までに所定の税務署へ提出しなければならないこととされました（調書法5①）。

　この制度は、平成26年1月1日以後に提出すべき国外財産調書について適用されます（調書法平24附則59）。つまり、平成25年12月31日現在の国外財産を国外財産調書に記載し、平成26年3月15日までに提出する平成25年分から適用開始となります。

2 国外財産調書制度の創設の趣旨

(1) 従来からの制度

　国外財産調書制度導入前から、国外財産に係る所得が生じて所得税額がある場合や、国外財産の相続が生じて相続税額がある場合には、納税義務のある居住者本人は適正に申告することが必要で、そうでないときは、無申告加算税、過少申告加算税又は重加算税等の加算税が課されます。また、国税当局は納税義務者が適正に申告しているかどうかについて税務調査権限を行使します。

　さらに、納税者への税務調査以外の手段で、国税当局が国外財産に係る情報を把握するために利用しうる従来からの制度としては、①財産債務明細書、②総収入金額報告書、③国外送金等調書の提出等が挙げられます。

① 財産債務明細書

　確定申告書を提出する者は、その申告書に記載したその年分の総所得金額及び山林所得金額の合計額が2,000万円を超える場合には、その者が有する財産の種類、数量及び価額並びに債務の金額等を記載した明細書（「財産債務明細書」とします。）を、その申告書の提出の際、税務署長に提出することとされています（所法232①）。国外財産調書制度導入前にも、財産及び債務の明細書の用紙裏面において、国外に存する財産と債務についても書いてくださいという注意書きがなされていました。

　しかし、その記載がない場合の罰則規定はないため、国外財産がもれなく記載されているかどうか疑問でありました。

② 総収入金額報告書

　その年分の所得税に係る確定申告書を提出していない場合には、その年において不動産所得、事業所得若しくは山林所得を生ずべき業務を行う居住者又はこれらの業務を国内において行う非居住者で、その年中のこれらの所得に係る総収入金額（非居住者にあっては、国内源泉所得に係る総収入金額に限ります。）の合計額が3,000万円を超えるものは、その者の氏名、住所、その年の不動産所得・事業所得・山林所得に係る総収入金額の合計額、所得ごとの内訳、不動産所得・事業所得・山林所得の基因となる資産若しくは事業の所在地又はこれらの所得の生じる場所等を記載した総収入金額報告書を、その年の翌年3月15日までに、税務署長に提出することとされています（所法231の3、所規104）。

　これについても、その記載がない場合の罰則規定はないため、国外財産がもれなく記載されているかどうか疑問であり、また、総収入金額報告書の提出は確定申告書を提出していない場合に限定されるので、その対象範囲も狭くなっています。

③ 国外送金等調書

　例えば、その顧客が金融機関を通じて国外へ送金する場合に、その金融機関は、送金金額が100万円以下のものを除いて、その国外送金を行った顧客の氏名又は名称、住所、国外送金の金額、送金原因等を記載した調書を、その金融機関がその本人口座から預金等を払い出した日等の属する月の翌月末までに所轄税務署長に提出する義務を負います（調書法4①、調書令8①、調書規8①）。

　これは、「内国税の適正な課税の確保を図るための国外送金等に係る調書の提出等に関する法律」に規定されています。この法律は、納税義務者の外国為替その他の対外取引及び国外にある資産の国税当局による把握に資するため、国外送金等に係る調書の提出等に関する制度を整備し、もって所得税、法人税、相続税その他の内国税の適正な課税の確保を図ることを目的とします（調書法1）。

(2) 国外財産申告漏れの増加傾向

　一方、個人が保有する外国株式等の対外証券投資や国外口座の外貨預金は、毎年増加傾向にあります。これに伴って、所得税の税務調査により指摘される国外財産に係る所得の申告漏れや、相続税の税務調査により指摘される国外財産の申告漏れが、近年大幅に増加してきています。国外財産に係る所得の申告漏れとしては、例えば、日本の永住者が、外国法人の某社株式を購入して、配当所得を得ていたが、その配当所得を個人所得として申告していなかったケースなどです。また、国外財産の相続の申告漏れとしては、例えば、被相続人が生前の所得の一部を国外の銀行口座に預け入れ、相続時に相続人がその国外の

銀行口座を相続財産として申告していなかったケースなどです。

　これに対して、日本の国税当局が国外金融機関や国外法人等に対して国外財産又はそれに係る所得について上記のような調書の提出を求めることや税務調査権限を行使することは、国外という事情で執行管轄権が制約されるため、困難です。また、租税条約等に基づく外国の税務当局との情報交換においても限界があり、網羅的に納税者の情報の提供を要請するのは難しいです。このように、国外財産に係る所得税の申告漏れや国外財産の相続税申告漏れが比較的多いのは、国外財産に係る情報の把握体制が国内財産のそれと比べ比較的弱いためと考えられます。

(3) 国外財産調書制度の創設

　諸外国においては、一定の金額以上の所定の国外資産を国外に有する個人等に、それについて報告する義務を負わせ、それに違反した場合には制裁金等を課す措置を採用しています。

　そこで、国外財産に係る情報の把握が比較的弱い点を補強すべく、納税者自身に国外財産の保有についての情報を自己申告するよう求めることを検討した結果、創設されたのが国外財産調書制度です。国外財産調書に納税者本人の国外財産を網羅的により正確に報告させる誘因となるように、国外財産に関する所得等の申告漏れが発覚した場合に過少申告加算税又は無申告加算税の軽減（優遇措置）と加重（加罰措置）を行うこととしています。国外財産調書制度は、過少申告加算税又は無申告加算税の軽減（優遇措置）と加重（加罰措置）も含めて、上記の国外送金等調書法の中に規定として加えられました。

3　国外財産調書の提出の対象者

(1) 国外財産調書の提出の対象者

　国外財産調書の提出の対象者は、次の①②のいずれも満たす者です（調書法5①）。

①	国外送金等調書法において国外財産調書提出の対象とする「居住者」
②	その年の12月31日においてその価額の合計額が5,000万円を超える国外財産を有する者

　ただし、上記①②のいずれも満たす者であっても、その年の翌年3月15日までの間に当該国外財産調書を提出しないで死亡し、又は出国をしたときは、提出する必要はありません（調書法5①ただし書）。ここでの出国とは、居住者については、納税管理人（通法117②）の届出をしないで国内に住所及び居所を有しないこととなることをいいます（所法2

①四十二)。

(2) 国外財産調書提出対象の「居住者」とは

　国外財産調書提出対象の「居住者」とは、所得税法第2条第1項第3号に規定する居住者をいい、同項第4号に規定する非永住者を除きます（調書法5①）。

　所得税法第2条第1項第3号に規定する居住者（以下「所得税法上の居住者」とします。）とは、国内に住所を有し、又は現在まで引き続いて1年以上居所を有する個人をいいます（所法2①三）。同項第4号に規定する非居住者とは、所得税法上の居住者のうち、日本の国籍を有しておらず、かつ、過去10年以内において国内に住所又は居所を有していた期間の合計が5年以下である個人をいいます。

　このように、所得税法上の居住者にはその非永住者を含みますが、国外財産調書提出対象の「居住者」は、非永住者を含みません。

　なお、国外財産調書提出対象の「居住者」であるかどうかの判定は、その年の12月31日の現況によることとされています（調書通5-1）。

　参考として、所得税法や相続税法上の個人の区分とそれぞれの区分ごとの課税所得の範囲を次に述べます。

(3) 所得税法上の個人の区分

　所得税法では、個人を居住者と非居住者に区分し、さらに居住者を非永住者と非永住者以外の居住者（ここでは「永住者」とします。）に細分して、次のようにそれぞれを定義しています。

個人の区分	定義、細分とその定義			国外財産調書提出
居住者	国内に住所を有し、又は現在まで引き続いて1年以上居所を有する個人（所法2①三）	永住者	居住者のうち、非永住者以外の個人	必要
		非永住者	居住者のうち、日本の国籍を有しておらず、かつ、過去10年以内において国内に住所又は居所を有していた期間の合計が5年以下である個人（所法2①四）	不要
非居住者	居住者以外の個人			不要

国外財産調書提出対象の「居住者」とは、上記の所得税法上の永住者に該当します。

(4) 所得税の課税所得の範囲

これらの個人の区分に応じて、所得税の課税所得の範囲が、次のように異なります。

個人の区分		日本における所得税の課税所得の範囲
居住者	永住者	すべての所得。全世界所得（所法7①一）
	非永住者	国内源泉所得及び国外源泉所得で、国内において支払われ、又は国外から送金されたもの（所法7①二）
非居住者		所定の非居住者の区分（所法164）に応じそれぞれの区分に定める国内源泉所得（所法7①三）

　国外財産調書提出対象の「居住者」である所得税法上の永住者は、国外源泉所得に対して、非永住者のような制限なくすべてに日本の所得税が課されます。一方、所得税法上の非居住者は、国外源泉所得に対して日本の所得税は課されません。

(5) 相続税上の個人の区分

　相続税法では、納税義務者を無制限納税義務者と制限納税義務者に区分し、さらに無制限納税義務者を居住無制限納税義務者と非居住無制限納税義務者に細分して、次のようにそれぞれ定義しています。

個人の区分			定　義
個人	無制限納税義務者	居住無制限納税義務者	相続又は遺贈（贈与をした者の死亡により効力を生じる贈与を含みます。以下同じ。）、あるいは贈与により、財産を取得した個人で、その財産を取得した時において日本国内に住所を有する者（相法1の3一、1の4一）
		非居住無制限納税義務者	相続又は遺贈、あるいは贈与により財産を取得した次に掲げる者であって、その財産を取得した時において日本国内に住所を有しないもの ⅰ）日本国籍を有する個人（その個人又はその相続若しくは遺贈に係る被相続人（遺贈をした者を含みます。以下同じ。）あるいは贈与をした者がその相続又は遺贈に係る相続の開始前あるいは贈与前5年以内のいずれかの時において日本国内に住所を有していたことが

		ある場合に限ります。） ⅱ）日本国籍を有しない個人（その相続又は遺贈に係る被相続人、あるいは贈与をした者がその相続又は遺贈に係る相続開始の時、あるいは贈与の時において日本国内に住所を有していた場合に限ります。）（相法1の3二、1の4二）
制限納税義務者		相続又は遺贈、あるいは贈与により日本国内にある財産を取得した個人で、その財産を取得した時において日本国内に住所を有さないもの（非居住無制限納税義務者を除きます。）（相法1の3三、1の4三）。

これらの定義から要約すると、相続税上の個人の区分は、次のとおりです。

相続人（又は受贈者）			被相続人（又は贈与者）		個人の区分（相続人又は受贈者）
日本国内に住所を有する			不問		居住無制限納税義務者
日本国内に住所を有さない	日本国籍を有する	相続開始前（又は贈与前）5年以内に日本国内に住所を有する	不問		非居住無制限納税義務者
^	^	相続開始前（又は贈与前）5年以内に日本国内に住所を有さない	日本国内に住所を有する		^
^	^	^	日本国内に住所を有さない	相続開始前（又は贈与前）5年以内に日本国内に住所を有する	^
^	^	^	^	相続開始前（又は贈与前）5年以内に日本国内に住所を有さない	制限納税義務者
^	日本国籍を有さない		相続開始時（又は贈与時）に日本国内に住所を有する		非居住無制限納税義務者
^	^		相続開始時（又は贈与時）に日本国内に住所を有さない		制限納税義務者

(6) 相続税・贈与税の課税財産の範囲

これらの個人の区分に応じて、相続税・贈与税の課税財産の範囲が、次のように異なります。

個人の区分		日本における相続税・贈与税の課税財産の範囲
無制限納税義務者	居住無制限納税義務者	相続又は遺贈、あるいは贈与により取得した財産の全部（相法2①、2の2①）
	非居住無制限納税義務者	
制限納税義務者		相続又は遺贈、あるいは贈与により取得した財産で日本国内にあるもの（相法2②、2の2②）

無制限納税義務者は、相続又は遺贈、あるいは贈与により取得した国内財産のみならず国外財産についても日本の相続税・贈与税が課せられます。一方、制限納税義務者は、国外財産については日本の相続税・贈与税が課せられません。

4 国外財産調書提出対象の「国外財産」とは

(1) 国外財産調書提出対象の「国外財産」とは

国外財産調書提出対象の「国外財産」とは、国外にある財産をいいます（調書法2七）。「財産」とは、金銭に見積ることができる経済的価値のある全てのものをいいます（調書通2-1）。

(2) 国外財産調書提出対象の「国外財産」の所在

国外財産調書提出対象の「国外財産」の所在については、相続税法第10条第1項及び第2項の規定の定めるところによります（調書令10①）。ただし、この相続税法第10条第1項第8号に掲げる有価証券、第7号に掲げる貸付金債権及び第9号に掲げる集団投資信託又は法人課税信託に関する権利に係る有価証券並びに第2項に規定する国債又は地方債（調書規12④）について、国外にある金融機関の営業所等に設けられた口座において管理されている国内有価証券（国内法人等が発行した株式、公社債その他の有価証券をいいます。）は国外財産調書提出の対象に加えられ、国内にある金融機関等の営業所等に設けられた口座において管理されている外国有価証券（外国法人等が発行した株式、公社債その他の有価証券をいいます。）はその対象から除外されます（調書令10②、調書通5-6の2）。

相続税法第10条第1項では、次の各号に掲げる財産（左欄）の所在については、当該各号に規定する場所（中欄）によるとされます。

号	財産の内容	左の財産が所在する場所	補足説明
一	動産若しくは不動産又は不動産の上に存ずる権利	その動産又は不動産の所在	
	船舶又は航空機	船籍又は航空機の登録をした機関の所在	
二	鉱業権若しくは租鉱権又は採石権	鉱区又は採石場の所在	
三	漁業権又は入漁権	漁場に最も近い沿岸の属する市町村又はこれに相当する行政区画	
四	金融機関に対する預金、貯金、積金又は寄託金で、下記に掲げるもの ⅰ）銀行、無尽会社又は株式会社商工組合中央金庫に対する預金、貯金又は積金 ⅱ）農業協同組合、農業協同組合連合会、水産業協同組合、信用協同組合、信用金庫又は労働金庫に対する預金、貯金又は積金（相令1の13）	その預金、貯金、積金又は寄託金の受入れをした営業所又は事業所の所在	

五	保険金(「保険(共済を含みます。)の契約に関する権利(注1)」を含みます(調書規12②)。)	その保険(共済を含みます。)の契約に係る保険会社等の本店又は主たる事務所の所在。日本国内に本店又は主たる事務所がない場合において、日本国内にその保険の契約に係る事務を行う営業所、事務所その他これらに準ずるものを有するときにあっては、その営業所、事務所その他これらに準ずるものの所在。	(注1)「保険(共済を含みます。)の契約に関する権利」とは、その年の12月31日において、まだ保険事故(共済事故を含みます。)が発生していない生命保険契約又は損害保険契約(一定期間内に保険事故が発生しなかった場合において返還金その他これに準ずるものの支払がない保険契約を除きます。)の権利及び年金の方法により支払又は支給を受ける生命保険契約又は損害保険契約に係る保険金(共済金を含みます。)で給付事由が発生しているものに関する権利をいいます(調書通5−5)。
六	退職手当金、功労金その他これらに準ずる給与(注2)	その給与を支払った者の住所又は本店若しくは主たる事務所の所在。日本国内に本店又は主たる事務所がない場合において、日本国内にその契約に係る事務を行う営業所、事務所	(注2) 次に掲げる年金又は一時金に関する権利を含みます。 ⅰ) 確定給付企業年金法に規定する確定給付企業年金規約に基づいて支給を受ける年金又は一時金、企業年金連合会から支給を受ける一時金 ⅱ) 確定拠出年金法に規定する企業型年金規約又は個人型年金規約に基づいて支給を受ける一時金 ⅲ) 適格退職年金契約等に関する信託又は生命保険の契約に基づいて支給を受ける年金又は一時金

		その他これらに準ずるものを有するときにあっては、その営業所、事務所その他これらに準ずるものの所在。	ⅳ) 勤労者退職金共済機構又は特定退職金共済団体が行う退職金共済制度等に基づいて支給を受ける年金又は一時金 ⅴ) 中小企業基盤整備機構の小規模企業共済法又は福祉医療機構の社会福祉施設職員等退職手当共済法に規定する共済契約に基づいて支給を受ける一時金（相令1の3）	
七	貸付金債権	その債務者（注3）の住所又は本店若しくは主たる事務所の所在（注4）	（注3） 債務者が2以上ある場合においては、主たる債務者。主たる債務者がないときは、債務者のうちに日本国内に住所又は本店若しくは主たる事務所を有する者があるときは、その者（その者が2以上あるときは、いずれか一つの者）とし、債務者のうちに日本国内に住所又は本店若しくは主たる事務所を有する者がないときは、その債務者とします（相令1の14）。	（注4） ただし、金融商品取引業者等の営業所又は事務所に開設された口座に係る振替口座簿に記載若しくは記録がされ、又はその口座に保管の委託がされている有価証券の場合には、その有価証券の所在については、その口座が開設された金融商品取引業者等の営業所又は事務所の所在により国外財産の判定を行います（調書令10②）。それ以外の有価証券の場合については、相続税法第10条第1項第7号から第9号に規定する所在により国外財産の判定を行います（調書通5-
八	社債（特別の法律により法人の発行する債券及び外国法人の発行する債券を含みます。）若しくは株式、法人に対する出資又は外国預託証券（株主との間に締結した契約に基づき株券の預託を受けた者が外国において発行する有価証券で、その株式に係る権利を表示する	その社債若しくは株式の発行法人、その出資のされている法人又はその外国預託証券に係る株式の発行法人（相令1の15②）の本店又は主たる事務所の所在。（注4）	（注5） 「株式を無償又は有利な価額で取得することができる権利」には、例えば、ストックオプションが該当しますが、その権利のうちその年の12月31日が権利行使可能期間内に存しないものについては、国外財産調書への記載は不要です（調書通5-5）。 （注6） 「その他これに類する権利」には、株主となる	

	もの）（相令1の15①）。なお、株式には株式に関する権利（株式を無償又は有利な価額で取得することができる権利（注5）その他これに類する権利（注6）を含みます。）を含みます（調書規12②）。		権利、株式の割当てを受ける権利、株式無償交付期待権が含まれます（調書通5-5）。	6の2）。
九	集団投資信託（法法2二十九）又は法人課税信託（法法2二十九の二）に関する権利	これらの信託の引受けをした営業所、事務所その他これらに準ずるものの所在（注4）	
十	特許権、実用新案権、意匠権若しくはこれらの実施権で登録されているもの、商標権又は回路配置利用権、育成者権若しくはこれらの利用権で登録されているもの	その登録をした機関の所在	
十一	著作権、出版権又は著作隣接権でこれらの権利の目的物が発行されるもの	これを発行する営業所又は事業所の所在	
十二	低額譲受により贈与又は遺贈により取得したものとみなされる金銭（相法7）	そのみなされる基因となった財産の種類に応じ、上記に規定する場所	

| 十三 | 上記に掲げる財産以外で、営業所又は事業所を有する者のその営業所又は事業所に係る営業上又は事業上の権利 | その営業所又は事業所の所在 | |

相続税法第10条第2項では、国債又は地方債について、下記の中欄のように規定しています。

財産の内容	左の財産が所在する場所	補足説明
日本国債又は日本の地方債	日本国内	ただし、金融商品取引業者等の営業所又は事務所に開設された口座に係る振替口座簿に記載若しくは記録がされ、又はその口座に保管の委託がされている有価証券の場合には、その有価証券の所在については、その口座が開設された金融商品取引業者等の営業所又は事務所の所在により国外財産の判定を行います（調書令10②）。それ以外の有価証券の場合については、相続税法第10条第2項に規定する所在により国外財産の判定を行います（調書通5-6の2）。
外国又は外国の地方公共団体その他これに準ずるものの発行する公債	その外国	

さらに、次の財産（左欄）については、「内国税の適正な課税の確保を図るための国外送金等に係る調書の提出等に関する法律施行規則」第12条第3項に、下記の場所（中欄）と規定されています。

号	財産の内容	左の財産が所在する場所	補足説明
一	「預託金（注1）」又は「委託証拠金その他の保証金（注2）」（相続税法第10条第1項第4号に掲げる財産（上記）を除きます。）	その預託金等の受入をした営業所又は事務所の所在	（注1）「預託金」には、例えば、預託金のある会員制ゴルフ会員権の預託金が該当します（調書通5-6）。 （注2）「委託証拠金その他の保証金」には、例えば、外国為替証拠金取引に係る証拠金、不動産を賃借したことに伴い敷金又は保証金等の名目で支払った金銭で賃貸

			期間の経過に応じ又は賃貸期間の終了後に返還される部分の金額が該当します（調書通5-6）。
二	金融商品取引法第2条第1項第16号に掲げる有価証券（抵当証券）。 同項第17号に掲げる有価証券（外国又は外国の者が発行する所定の証券）。 同項第19号に掲げる有価証券（オプションを表示する証券等）。 同条第2項の規定によりこれらの有価証券とみなされる権利。	その有価証券の発行者（金融商品取引法第2条第5項に規定する発行者をいう）の本店又は主たる事務所の所在		ただし、それぞれの財産に係る有価証券が金融商品取引業者等の営業所又は事務所に開設された口座に係る振替口座簿に記載若しくは記録がされ、又はその口座に保管の委託がされている有価証券である場合には、その有価証券の所在については、左記にかかわらず、その口座が開設された金融商品取引業者等の営業所又は事務所の所在によります（調書規12③）。それ以外の有価証券の場合については、「内国税の適正な課税の確保を図るための国外送金等に係る調書の提出等に関する法律施行規則」第12条第3項第2号から第4号に規定する所在により国外財産の判定を行います（調書通5-6の2）。
三	民法第667条第1項に規定する組合契約、匿名組合契約その他これらに類する契約に基づく出資（注3）	これらの契約に基づいて事業を行う主たる事務所、事業所その他これらに準ずるものの所在	（注3）「その他これらに類する契約に基づく出資」には、例えば、外国におけるパートナーシップ契約等で共同事業性及び財産の共同所有性を有する事業体に対する出資が該当します（調書通5-6）。	
四	「信託に関する権利（注4）」（上記1号から3号に規定する財産及び相続税法第10条第1項第9号に規定する財産（上記）を除きます。）	その信託の引受けをした営業所、事務所その他これらに準ずるものの所在	（注4）「信託に関する権利」とは、信託法に規定する受益権及び外国の法令上これと同様に取り扱われるものが該当します（調書通5-6）。	

| 五 | 上記1号から4号に規定する財産並びに相続税法第10条第1項及び第2項（調書規12②を含みます。）に規定する相続財産（上記）以外の財産 | その財産を有する者の住所（住所を有さない者にあっては、居所）の所在 | |

(3) 国外財産の所在の判定時期

　上記による国外財産の所在の判定は、その年の12月31日における現況によります（調書令10③）。

5 　国外財産調書提出対象となる国外財産の価額

(1) 国外財産調書提出対象となる国外財産の価額とは

　国外財産調書提出対象となるのは、国外財産の価額の合計額が5,000万円を超える場合です（調書法5①）。

　ここでの国外財産の価額とは、その国外財産のその年の12月31日における時価又は時価に準ずるものとして定める価額です（調書令10④）。

　時価とは、その年の12月31日における財産の現況に応じ、不特定多数の当事者間で自由な取引が行われる場合に通常成立すると認められる価額をいい、その価額は、専門家による鑑定評価額、金融商品取引所等の公表する同日の最終価格（同日の最終価格がない場合には、同日前の最終価格のうち同日に最も近い日の価額）などをいいます（調書通5-7）。

　時価に準ずるものとして定める価額とは、その年の12月31日における国外財産の見積価額です（調書規12⑤）。見積価額とは、その年の12月31日における財産の現状に応じ、その財産の取得価額や売買実例価額などを基に、合理的な方法により算定した価額をいい（調書通5-7）、例えば、次のような価額です（調書規12⑤）。

財産の内容	見積価額	補足説明
所得税法上の事業所得（所法27①）の金額の計算の基礎となった棚卸資産（所法2①十六）	その棚卸資産の評価額	
青色申告書（所法2①四十）を提出する者の不動産所得（所法	その減価償却資産の償却後	・減価償却資産の用途が一般用と事業用の兼用のものである場合には、その価額は、

26①）、事業所得又は山林所得（所法32①）に係る減価償却資産（所法2①十九）	の価額	一般用部分と事業用部分に区分することなく計算した減価償却資産の償却後の価額によることとして差し支えありません（調書通5-9）。 ・青色申告書に係る減価償却資産以外の減価償却資産の見積価額も、これに準じて計算した価額によることとして差し支えありません（調書通5-9）。

　国外財産の別表第一（調書規）に掲げる区分ごとの見積価額の例示は、次のとおりです（調書通5-8）。

区　　分	見積価額の例示		
（一）土地	イ	その財産に対して、外国又は外国の地方公共団体の定める法令により固定資産税に相当する租税が課される場合	その年の12月31日が属する年中に課されたその租税の計算の基となる課税標準額
	ロ	その財産の取得価額を基にその取得後における価額の変動を合理的な方法によって見積もって算定した価額	
	ハ	その年の翌年1月1日から国外財産調書の提出期限までにその財産を譲渡した場合	その場合における譲渡価額
（二）建物	イ	（一）土地のイ、ロ又はハに掲げる価額	
	ロ	その財産が業務の用に供する資産以外のものである場合	その財産の取得価額から、その年の12月31日における経過年数に応ずる償却費の額を控除した金額。 （注）「経過年数に応ずる償却費の額」は、その財産の取得又は建築の時からその年の12月31日までの期間（その期間に1年未満の端数があるときは、その端数は1年とします。）の償却費の額の合計額とする。この場合における償却方法は、定額法によるものとし、その耐用年数は、減価償却資産の耐用年数等に関する省令に規定する耐用年数とします。
（三）山林	（一）土地のイ、ロ又はハに掲げる価額		
（五）預貯金	その年の12月31日における預入高		

（六）有価証券のうち金融商品取引所等に上場等されている有価証券以外の有価証券	イ	その年の12月31日における売買実例価額（その年の12月31日における売買実例価額がない場合には、その年の12月31日前の同日に最も近い日におけるその年中の売買実例価額）のうち、適正と認められる売買実例価額	
	ロ	イがない場合	（一）土地のハに掲げる価額
	ハ	イ及びロがない場合	取得価額
（参考）金融商品取引所等に上場等されている有価証券	金融商品取引所等の公表するその年の12月31日の最終価格（その年の12月31日の最終価格がない場合には、同日前の最終価格のうち最も近い日の価額）		
（七）貸付金	その年の12月31日における貸付金の元本の金額		
（八）未収入金（受取手形を含む。）	その年の12月31日における未収入金の元本の金額		
（九）書画骨とう及び美術工芸品 （十）貴金属類	イ	その年の12月31日における売買実例価額（その年の12月31日における売買実例価額がない場合には、その年の12月31日前の同日に最も近い日におけるその年中の売買実例価額）のうち、適正と認められる売買実例価額	
	ロ	イがない場合	（一）土地のハに掲げる価額
	ハ	イ及びロがない場合	取得価額
（十一）（四）「現金」、（九）「書画骨とう及び美術工芸品」及び（十）「貴金属類」に掲げる財産以外の動産（家庭用動産）	その財産が下記に掲げる財産で、業務の用に供する資産以外の資産である場合 ・機械及び装置 ・船舶 ・航空機 ・車両及び運搬具 ・工具、器具及び備品、家具	（二）建物のロの取扱いに準じて計算した価額	
（十二）その他の財産	イ	「株式を無償又は有利な価額で取得することができる権利」	その目的たる株式がその年の12月31日における金融商品取引所等の公表する最終価格がないものである場合には、その年の12月31日における

第1章●国外財産調書制度

			その目的たる株式の見積価額から1株当たりの権利行使価額を控除した金額に権利行使により取得することができる株式数を乗じて計算した金額。 (注)「その年の12月31日におけるその目的たる株式の見積価額」については、(六)有価証券の取扱いに準じて計算した金額とすることができます。
	ロ	民法第667条第1項に規定する組合契約、匿名組合契約その他これらに類する契約に基づく出資	組合等の組合事業に係るその年の12月31日又は同日前の同日に最も近い日において終了した計算期間の計算書等に基づき、その組合等の純資産価額又は利益の額に自己の出資割合を乗じて計算するなど合理的に算出した価額。ただし、組合等から計算書等の送付等がない場合には、出資額によることとして差し支えありません。
	ハ	信託に関する権利（信託受益権）	
		(イ) 元本と収益との受益者が同一人である場合	信託財産の見積価額
		(ロ) 元本と収益との受益者が元本及び収益の一部を受ける場合	(イ)の価額にその受益割合を乗じて計算した価額
		(ハ) 元本の受益者と収益の受益者とが異なる場合 A：元本を受益するとき B：収益を受益するとき	 A：(イ)の価額から、Bにより算定した収益受益者に帰属する信託の利益を受ける権利の価額を控除した価額 B：受益者が将来受けると見込まれる利益の額の複利現価の額の合計額。ただし、その年の12月31日が属する年中に給付を受けた利益の額に、信託契約の残存年数を乗じて計

		算した金額によることとして差し支えありません。
	二 イからハまでの財産以外の財産	その財産の取得価額を基にその取得後における価額の変動を合理的な方法によって見積もって算定した価額

　なお、国外財産に関する所得税及び復興特別所得税の課税標準並びに相続税及び贈与税の課税価格は、上記の価額でもって国外財産調書に記載される金額にかかわらず、各税に関する法令の規定に基づいて計算されることになります（調書通5-10）。

(2) 国外財産の価額の円換算

　国外財産の価額が外国通貨で表示される場合におけるその国外財産の価額の本邦通貨への換算は、その年の12月31日における為替相場により行うものとされます（調書令10⑤）。
　具体的には、次のとおりです（調書通5-11）。

原　則	取引金融機関（預金等で、取引金融機関が特定されている場合は、その取引金融機関）が公表するその年の12月31日における最終の為替相場（対顧客直物電信買相場又はこれに準ずる相場）
その年の12月31日に為替相場がない場合	12月31日前の為替相場のうち、12月31日に最も近い日の為替相場

(3) 相続又は包括遺贈により取得した国外財産

　相続又は包括遺贈により取得した国外財産について、国外財産調書を提出する場合において、その相続又は包括遺贈により取得した国外財産の全部又は一部が共同相続人又は包括遺贈者によってまだ分割されていないときは、その分割されていない国外財産については、各共同相続人又は包括受遺者が民法の規定による相続分又は包括遺贈の割合に従ってその国外財産を取得したものとして、その価額を計算するものとします（調書令10⑥）。

(4) 共有財産の持分の価額

　共有財産の持分の価額は、次のとおりとされます（調書通5-12）。

	共有財産の持分の価額
原　則	共有者の持分に応じて按分した価額
共有財産について、共有者のそれぞれの持分が定まっていない場合（持分が明らかでない場合を含みます。）	各共有者の持分は相等しいものと推定し、その推定した持分に応じて按分した価額

6 国外財産調書の提出先

　国外財産調書の提出先は、次の左欄に掲げる者の区分に応じ、右欄のとおりです（調書法5①）。

	提出先
その年分の所得税の納税義務がある者	その者の所得税の納税地の所轄税務署長
それ以外の者	その者の住所地(国内に住所がないときは、居所地)の所轄税務署長

第2節 国外財産調書と所得税法第232条第1項に規定する財産債務明細書の関係

　確定申告書を提出する者は、その申告書に記載したその年分の総所得金額、申告分離課税の株式等の譲渡所得等の金額、申告分離課税の上場株式等に係る配当所得の金額、申告分離課税の先物取引の雑所得等の金額、申告分離課税の譲渡所得の金額（特別控除後）及び山林所得金額の合計額が2,000万円を超える場合には、次の左欄の申告書それぞれに、右欄の日又は時において有する財産の種類、数量及び価額並びに債務の金額その他必要な事項を記載した明細書を、その申告書の提出の際、税務署長に提出することとされています（所法232①）。これが所得税法第232条第1項に規定する財産債務明細書です。

確定所得申告（所法120①）	その年の12月31日
年の中途で死亡した場合の確定申告（所法125①）	その死亡の日
年の中途で出国をする場合の確定申告（所法127①）	その出国の日

　国外財産調書の提出対象者が、国外財産の合計額（5,000万円超）により決まるのに対して、財産債務明細書の提出対象者は、その年の所得金額（2,000万円以上）により決定されます。居住者の国外財産と所得の状況に応じて、その居住者の国外財産調書と財産債務明細書の提出の要否は、次のようになります。

居住者の財産と所得の状況		提出の要否	
国外財産合計額	所得金額	国外財産調書	財産債務明細書
5,000万円超	2,000万円以上	要提出	要提出（国外財産調書を提出する場合には、国外財産に係る事項を記載する必要はありません（調書法5②）。）
5,000万円超	2,000万円未満	要提出	提出不要
5,000万円以下	2,000万円以上	提出不要	要提出（国外財産も記載）
5,000万円以下	2,000万円未満	提出不要	提出不要

　なお、国外財産調書の記載対象は、国外財産であり（調書規12①）、国外債務は含まれていません。

第3節 国外財産に関する所得等の申告漏れが発覚した場合における過少申告加算税又は無申告加算税の特例（軽減（優遇措置）と加重（加罰措置））

1 国税通則法による規定

　過少申告加算税と無申告加算税は、国税通則法により、次のように規定されています。
① 過少申告加算税
　期限内申告書（還付請求申告書を含みます。）が提出された場合において、修正申告書の提出又は更正があったときは、その納税者に対し、その修正申告又は更正に基づき納付すべき税額に100分の10の割合を乗じて計算した金額に相当する過少申告加算税が課されます（通法65①）。その納付すべき税額（その修正申告又は更正前に修正申告又は更正があったときは、その国税について修正申告書の提出又は更正に基づき納付すべき税額を加算した金額）がその国税に係る期限内申告税額に相当する金額と50万円とのいずれか多い金額を超えるときは、その超える部分に相当する税額（納付すべき税額がその超える部分に相当する税額に満たないときは、その納付すべき税額）に100分の5の割合を乗じた金額を加算した金額とします（通法65②）。
　修正申告書の提出があった場合において、その提出がその申告に係る国税についての調査があったことによりその国税について更正があるべきことを予知してなされたものでないときは、過少申告加算税は課されません（通法65⑤）。
② 無申告加算税
　次のⅰ）ⅱ）のいずれかに該当する場合には、その納税者に対し、それぞれの申告、更正又は決定に基づき納付すべき税額に100分の15の割合を乗じて計算した金額に相当する無申告加算税が課されます。ただし、期限内申告書の提出がなかったことについて正当な理由があると認められる場合は、この限りではありません（通法66①）。
ⅰ）期限後申告書の提出又は決定（通法25）があった場合
ⅱ）期限後申告書の提出又は決定（通法25）があった後に修正申告書の提出又は更正があった場合
　その納付すべき税額（期限後申告又は決定があった後に修正申告書の提出又は更正があったときは、その国税についてⅰ）期限後申告書の提出又は決定に基づく納付すべき税

額、ⅱ）修正申告書の提出又は更正に基づき納付すべき税額の合計額を加算した金額）が50万円を超えるときは、その超える部分に相当する税額（納付すべき税額がその超える部分に相当する税額に満たないときは、その納付すべき税額）に100分の5の割合を乗じた金額を加算した金額とします（通法65②）。

期限後申告書又は修正申告書の提出があった場合において、その提出がその申告に係る国税についての調査があったことによりその国税について更正又は決定があるべきことを予知してなされたものでないときは、その納付すべき税額に100分の5の割合を乗じて計算した金額とされます（通法66⑤）。

これらの国税通則法の規定を要約すると次のとおりです。

過少申告加算税	期限内申告済みであるものの、その後修正申告又は更正により追加納付する場合	追加納付すべき税額＜「期限内申告税額と50万円の多い方」のケース	10%	
		追加納付すべき税額＞「期限内申告税額と50万円の多い方」のケース	「期限内申告税額と50万円の多い方」までの部分	10%
			上記の金額を超える部分	15%
	期限内申告済みであるものの、その後自主的な修正申告により追加納付する場合	更正があるべきことを予知してなされたものでないとき	課されない	
無申告加算税	期限内申告をしておらず、その後期限後申告又は決定により納付する場合	その納付すべき税額＜50万円のケース	15%	
		その納付すべき税額＞50万円のケース	50万円までの部分	15%
			50万円を超える部分	20%
	期限内申告をしていないものの、その後自主的に期限後申告により納付する場合	更正又は決定があるべきことを予知してなされたものでないとき	5%	

2 過少申告加算税又は無申告加算税の特例（優遇措置と加罰措置）の内容

(1) 過少申告加算税又は無申告加算税の軽減（優遇措置）

　国外財産に関して生ずる所得で所定のものに係る所得税又は国外財産に対する相続税に関し修正申告書若しくは期限後申告書の提出又は更正若しくは決定（「修正申告等」といいます。）があり、国税通則法（通法65、66）により過少申告加算税又は無申告加算税が課される場合において、提出期限内に税務署長に提出された国外財産調書にその修正申告等の基因となる国外財産について定められた記載があるときは、過少申告加算税の額又は無申告加算税の額は、国税通則法の規定（通法65、66）により計算した金額からその過少申告加算税の額又は無申告加算税の額の計算の基礎となるべき税額に100分の5の割合を乗じて計算した金額を控除した金額とします（調書法6①）。

例1 当初申告において次の国外財産に基因して生ずる所得が申告漏れ（当初申告時の国外財産調書にその国外財産を記載済）となっていて、税務調査により指摘されて修正申告しました。なお、国外財産は5,000万円超であるものとします。

課税標準 （所得金額）	国外財産に基因して生ずる所得かそれ以外か	期限内申告 （当初申告）	国外財産調書の所定の記載の有無	修正申告
10,000,000円 （所得控除後）	国内財産に基因して生ずる所得	有	—	—
5,000,000円	国外財産に基因して生ずる所得	無	有	有
計15,000,000円				

国税通則法の規定により計算した金額
ⅰ）当初の期限内申告所得税額等
　10,000,000円×所得税率33％－1,536,000円（税額の速算式より）＝1,764,000円（外国税額控除はないものとします。）
　所得税＋復興特別所得税＝1,764,000円（1円未満切捨て、財確法24①）×102.1％＝1,801,000円（100円未満切捨て、財確法24②）
ⅱ）修正申告により追加納付すべき所得税額等
　15,000,000円×所得税率33％－1,536,000円（所得税額の速算式より）＝3,414,000円（外

国税額控除はないものとします。）

所得税＋復興特別所得税＝3,414,000円（1円未満切捨て、財確法24①）×102.1％＝3,485,600円（100円未満切捨て、財確法24②）

3,485,600円－ⅰ）1,801,000円＝1,684,600円

ⅲ）国税通則法の規定により計算した過少申告加算税

修正申告による追加納付税額が「期限内申告税額と50万円の多い方」を超えないので、1,680,000円（10,000円未満切捨て、通法118③、財確法24④）×10％＝168,000円（100円未満切捨て、通法119④、財確法24⑥）

ⅳ）軽減（優遇措置）を適用した場合の過少申告加算税

イ　その過少申告加算税の額の「計算の基礎となるべき税額」×5％

＝「計算の基礎となる税額」については、10,000円未満切捨て（通法118③、財確法24④）

1,680,000円×5％＝84,000円

ロ　軽減（優遇措置）を適用した場合の過少申告加算税

＝ⅲ）－ⅳ）イ＝168,000円－84,000円＝84,000円

(2) 過少申告加算税又は無申告加算税の加重（加罰措置）

　国外財産に関して生ずる所得で所定のものに係る所得税に関し修正申告書又は期限後申告書の提出又は更正若しくは決定（死亡した者に係るものを除きます。）があり、国税通則法により過少申告加算税又は無申告加算税が課される場合において、税務署長に提出すべき国外財産調書について提出期限内に提出がないとき、又は提出期限内に税務署長に提出された国外財産調書に記載すべきその修正申告等の基因となる国外財産についての記載がないとき（国外財産調書に記載すべき事項のうち重要なものの記載が不十分であると認められるときを含みます。）は、過少申告加算税の額又は無申告加算税の額は、国税通則法の規定により計算した金額に、その過少申告加算税の額又は無申告加算税の額の計算の基礎となるべき税額に100分の5の割合を乗じて計算した金額を加算した金額とします（調書法6②）。

　国外財産調書に記載すべき事項のうち重要なものの記載が不十分であると認められるときとは、国外財産調書の記載事項について誤りがあり、又は記載事項の一部が欠けていることにより、所得の基因となる国外財産の特定が困難である場合をいいます（調書通6－3）。

例2 当初申告において次の国外財産に基因して生ずる所得が申告漏れ（当初申告時の国外財産調書にその国外財産の記載なし）となっていて、税務調査により指摘されて修正申告しました。なお、国外財産は5,000万円超であるものとします。

課税標準 （所得金額）	国外財産に基因して生ずる所得かそれ以外か	期限内申告 （当初申告）	国外財産調書の所定の記載の有無	修正申告
10,000,000円 （所得控除後）	国内財産に基因して生ずる所得	有	—	—
5,000,000円	国外財産に基因して生ずる所得	無	無	有
計15,000,000円				

国税通則法の規定により計算した金額

ⅰ）当初の期限内申告所得税額等

所得税＋復興特別所得税＝1,801,000円（**例1**と同じ）

ⅱ）修正申告により追加納付すべき所得税額等

1,684,600円（**例1**と同じ）

ⅲ）国税通則法の規定により計算した過少申告加算税

1,680,000円（10,000円未満切捨て）×10％＝168,000円（**例1**と同じ）

ⅳ）加重（加罰措置）が適用された場合の過少申告加算税

イ　その過少申告加算税の額の「計算の基礎となるべき税額」×5％

　＝「計算の基礎となる税額」については、10,000円未満切捨て（通法108③、財確法24④）1,680,000円×5％＝84,000円

ロ　加重（加罰措置）を適用した場合の過少申告加算税

　＝ⅲ）＋ⅳ）イ＝168,000円＋84,000円＝252,000円

　過少申告加算税又は無申告加算税の軽減（優遇措置）と加重（加罰措置）を要約すると、次ページのとおりです。

	適用対象となる本税		適用対象となるケース	所得税の修正申告等に「死亡した者に係るもの」が含まれるか否か	国外財産調書の提出の有無と、修正申告等の基因となる国外財産について記載の有無	過少申告加算税の額又は無申告加算税の額の軽減又は加重
	所得税	相続税				
軽減（優遇措置）	○	○	修正申告書又は期限後申告書の提出又は更正若しくは決定があり、国税通則法により過少申告加算税又は無申告加算税が課される場合	含む	提出期限内に提出された国外財産調書にその修正申告等の基因となる国外財産について記載がある	「国税通則法の規定により計算した金額」−「その過少申告加算税の額又は無申告加算税の額の計算の基礎となるべき税額」×5％
加重（加罰措置）	○	×		除く	国外財産調書について提出期限内に提出がないとき、又は提出期限内に提出された国外財産調書に記載すべきその修正申告等の基因となる国外財産についての記載がない	「国税通則法の規定により計算した金額」＋「その過少申告加算税の額又は無申告加算税の額の計算の基礎となるべき税額」×5％

　相続税については、加罰措置を対象外としています。これは、国外財産調書の提出義務者を相続税の申告者となる相続人ではなく、生前の被相続人としているので、国外財産調書の提出義務のない相続人にその記載に関する責任を負わせるのは酷であるためと考えられます。

3　過少申告加算税又は無申告加算税の特例（軽減（優遇措置）と加重（加罰措置））の対象となる所得の範囲

　過少申告加算税又は無申告加算税の特例（軽減（優遇措置）と加重（加罰措置））の対象となる「国外財産に関して生ずる所得で所定のもの」（調書法6①）とは、次ページの表に掲げる所得です。

国外財産に係る所得税（調書令11①）	ⅰ）国外所得から生ずる利子所得	利子所得とは、公社債及び預貯金の利子並びに合同運用信託、公社債投資信託及び公募公社債等運用投資信託の収益の分配に係る所得をいいます（所法23①）。
	ⅱ）国外財産から生ずる配当所得	配当所得とは、法人から受ける剰余金の配当（株式又は出資に係るものに限り、資本剰余金の額の減少に伴うもの等を除きます。）利益の配当、剰余金の分配、基金利息並びに投資信託（公社債投資信託及び公募公社債等運用投資信託を除きます。）及び特定受益証券発行信託の収益の分配に係る所得をいいます（所法24①）。
	ⅲ）国外財産の貸付けによる所得	
	ⅳ）国外財産の譲渡による所得	
	ⅴ）国外財産が発行法人から与えられた株式等を取得する権利（所令84）である場合におけるその権利の行使による株式の取得に係る所得（調書規13一）	
	ⅵ）国外所得が生命保険契約等に関する権利（所令182③）である場合におけるその生命保険契約等に基づき支払を受ける一時金又は年金に係る所得（調書規13二）	
	ⅶ）国外財産が特許権、実用新案権、意匠権若しくは商標権又は著作権その他これらに類するものである場合におけるその特許権等の使用料に係る所得（調書規13三）	
	ⅷ）その他国外財産に基因して生ずる上記ⅰ）からⅶ）に類する所得（調書規13四）。例えば次のようなものが該当します（調書通6-1）。 ・損害保険契約等に関する権利（所令184②）に基づき支払を受ける一時金又は年金に係る所得 ・預託金又は委託証拠金その他の保証金（調書規12③一）に基づく取引から生じた所得 ・民法第667条第1項に規定する組合契約、匿名組合契約その他これらに類する契約に基づく出資（調書規12③三）に基づく所得 ・信託に関する権利（調書規12四）に基づく所得	

人的役務の提供に係る対価及び俸給、給料、賃金、歳費、賞与又はこれらの性質を有す

る給与その他人的役務の提供に対する報酬（株式を無償又は有利な価額で取得することができる権利その他これに類する権利の行使による経済的利益を除きます。）については、上記の優遇措置・加罰措置の対象となる「国外財産に関して生ずる所得で所定のもの」には該当しません（調書通6－2）。

4　適用開始時期

　国外財産調書制度は、平成26年1月1日以後に提出すべき国外財産調書について適用されます（調書法平24附則59）。つまり、平成25年12月31日現在の国外財産を国外財産調書に記載し、平成26年3月15日までに提出する平成25年分から適用開始となります。過少申告加算税又は無申告加算税の特例（軽減（優遇措置）と加重（加罰措置））は、平成26年1月1日以後に提出すべき国外財産調書に記載する国外財産に係る所得税又は国外財産に対する相続税について適用されます（調書法平24附則60）。したがって、過少申告加算税又は無申告加算税の軽減（優遇措置）と加重（加罰措置）は、所得税については平成25年の所得から、相続税については平成25年の相続から適用開始となります。

5　国外財産に係るもの以外の事実等がある場合の過少申告加算税又は無申告加算税の軽減額及び加重額の計算方法

(1)　国外財産に係るもの以外の事実等がある場合の過少申告加算税又は無申告加算税の軽減額の計算方法

　上記のとおり優遇措置を受けた過少申告加算税又は無申告加算税の額は、国税通則法の規定（通法65、66）により計算した金額からその過少申告加算税又は無申告加算税の額の計算の基礎となるべき税額に100分の5の割合を乗じて計算した金額を控除した金額とします（調書法6①）。

　ただし、その税額の計算の基礎となるべき事実でその修正申告等の基因となる国外財産に係るもの以外のもの又は隠蔽し、若しくは仮装されたもの（「国外財産に係るもの以外の事実等」といいます。）があるときは、上記「過少申告加算税又は無申告加算税の額の計算の基礎となるべき税額」は、その国外財産に係るもの以外の事実等に基づく税額として下記のように計算した金額を控除した税額とします（調書法6①かっこ書）。つまり、下記の税額は、過少申告加算税又は無申告加算税の軽減（優遇措置）の対象からはずされます。

「過少申告加算税又は無申告加算税の額の計算の基礎となるべき税額」のうち 次の左欄に掲げる場合の区分に応じその右欄に定める税額の合計額(調書令11②)	
税額の計算の基礎となるべき事実で国外財産に係るもの以外の事実（隠蔽し、又は仮装されていない事実に係るものに限ります。）がある場合	その国外財産に係るもの以外の事実のみに基づいて修正申告等があったものとした場合におけるその修正申告等に基づき納付すべき税額（通法35②）。
税額の計算の基礎となるべき事実で隠蔽し、又は仮装された事実がある場合	過少申告加算税又は無申告加算税に代えて重加算税（注1）を課する場合におけるその過少申告加算税又は無申告加算税の額の計算の基礎となるべき税額（注2）

(注1) 納税者がその国税の課税標準等又は税額等の計算の基礎となるべき事実の全部又は一部を隠蔽し、又は仮装した場合。

ⅰ) その隠蔽し、又は仮装したところに基づき納税申告書を提出したときは、その納税者に対し、過少申告加算税の額の計算の基礎となるべき税額（その隠蔽し、又は仮装されていない事実に基づくことが明らかであるものを含むときは、その事実に基づく税額として所定の計算をした金額を控除した税額）に係る過少申告加算税に代え、その基礎となるべき税額に100分の35の割合を乗じて計算した金額に相当する重加算税が課されます（通法68①）。

ⅱ) その隠蔽し、又は仮装したところに基づき法定申告期限までに納税申告書を提出せず、又は法定申告期限後に納税申告書を提出していたときは、その納税者に対し、無申告加算税の額の計算の基礎となるべき税額（その隠蔽し、又は仮装されていない事実に基づくことが明らかであるものを含むときは、その事実に基づく税額として所定の計算をした金額を控除した税額）に係る無申告加算税に代え、その基礎となるべき税額に100分の40の割合を乗じて計算した金額に相当する重加算税が課されます（通法68②）。

(注2) 過少申告加算税又は無申告加算税に代えて重加算税が課せられる場合において、過少申告加算税又は無申告加算税の額の計算の基礎となるべき事実で隠蔽し、又は仮装されていないものに基づくことが明らかであるものがあるときは、その重加算税の額の計算の基礎となるべき税額は、その過少申告加算税又は無申告加算税の額の計算の基礎となるべき税額からその隠蔽し、又は仮装されていない事実のみに基づいて修正申告等があったものとした場合におけるその修正申告等に基づき納付すべき税額を控除した税額とされます（調書令12②）。

例3 当初申告において次の国外財産及び国内財産に基因して生ずる所得が申告漏れ（当初申告時の国外財産調書にその国外財産を記載済）となっていて、税務調査により指摘されて修正申告しました。なお、国外財産は5,000万円超であるものとします。

課税標準 （所得金額）	国外財産に基因して生ずる所得かそれ以外か	期限内申告 （当初申告）	国外財産調書の所定の記載の有無	修正申告
12,000,000円 （所得控除後）	国内財産に基因して生ずる所得	有	—	—
3,000,000円	国外財産に基因して生ずる所得	無	有	有
2,000,000円	国内財産に基因して生ずる所得（隠蔽又は仮装されていない事実に係るもの）	無	—	有
計17,000,000円 （所得控除後）				

ⅰ）当初の期限内申告所得税額等

12,000,000円×所得税率33％－1,536,000円（税額の速算式より）＝2,424,000円（外国税額控除はないものとします。）

所得税＋復興特別所得税＝2,424,000円（1円未満切捨て、財確法24①）×102.1％＝2,474,900円（100円未満切捨て、財確法24②）

ⅱ）修正申告により追加納付すべき所得税額等

17,000,000円×所得税率33％－1,536,000円（税額の速算式より）＝4,074,000円

所得税＋復興特別所得税＝4,074,000円（1円未満切捨て、財確法24①）×102.1％＝4,159,500円（100円未満切捨て、財確法24②）

4,159,500円－ⅰ）2,474,900円＝1,684,600円

ⅲ）国税通則法の規定により計算した過少申告加算税

修正申告による追加納付税額が「期限内申告税額と50万円の多い方」を超えないので、過少申告加算税については10％。

1,680,000円（10,000円未満切捨て、通法118③、財確法24④）×10％＝168,000円（100円未満切捨て、通法119④、財確法24⑥）

ⅳ）軽減（優遇措置）を適用した場合の過少申告加算税

イ　国外財産に係るもの以外の事実（隠蔽し、又は仮装されていない事実に係るものに限ります。）のみに基づいて修正申告等があったものとした場合におけるその修正申告等に基づき納付すべき税額

（12,000,000円＋2,000,000円）×所得税率33％－1,536,000円（税額の速算式より）＝3,084,000円

　所得税＋復興特別所得税＝3,084,000円（1円未満切捨て、財確法24①）×102.1％＝3,148,700円（100円未満切捨て、財確法24②）

　3,148,700円－ⅰ）2,474,900円＝673,800円

ロ　軽減（優遇措置）が適用された場合の過少申告加算税の軽減額

　ⅱ）－ⅳ）イ＝1,010,000円（10,000円未満切捨て、通法118③、財確法24④）

　1,010,000円×5％＝50,500円・・・優遇措置による過少申告加算税の軽減額

以上より、軽減（優遇措置）が適用された場合の過少申告加算税＝168,000円－50,500円＝117,500円

(2) 国外財産に係るもの以外の事実等がある場合の過少申告加算税又は無申告加算税の加重額の計算方法

　上記のとおり加罰措置を受けた過少申告加算税又は無申告加算税の額は、国税通則法の規定により計算した金額に、その過少申告加算税又は無申告加算税の額の計算の基礎となるべき税額に100分の5の割合を乗じて計算した金額を加算した金額とします（調書法6②）。

　ただし、その税額の計算の基礎となるべき事実でその修正申告等の基因となる国外財産に係るもの以外のもの又は隠蔽し、若しくは仮装されたもの（「国外財産に係るもの以外の事実等」といいます。）があるときは、上記「過少申告加算税又は無申告加算税の額の計算の基礎となるべき税額」は、その国外財産に係るもの以外の事実等に基づく税額として下記のように計算した金額を控除した税額とします（調書法6①かっこ書）。つまり、下記の税額は、過少申告加算税又は無申告加算税の加重（加罰措置）の対象からはずされます。

「過少申告加算税又は無申告加算税の額の計算の基礎となるべき税額」のうち次の左欄に掲げる場合の区分に応じその右欄に定める税額の合計額(調書令11②)	
税額の計算の基礎となるべき事実で国外財産に係るもの以外の事実（隠蔽し、又は仮装されていない事実に係るものに限ります。）がある場合	その国外財産に係るもの以外の事実のみに基づいて修正申告等があったものとした場合におけるその修正申告等に基づき納付すべき税額（通法35②）。
税額の計算の基礎となるべき事実で隠蔽	過少申告加算税又は無申告加算税に代えて重加算

| し、又は仮装された事実がある場合 | 税を課する場合におけるその過少申告加算税又は無申告加算税の額の計算の基礎となるべき税額 |

6 過少申告加算税又は無申告加算税の軽減（優遇措置、調書法6①）と加重（加罰措置、調書法6②）の両方が適用される場合の軽減額及び加重額の計算方法

　過少申告加算税又は無申告加算税の軽減（優遇措置、調書法6①）と加重（加罰措置、調書法6②）の両方が適用される場合には、まず、加重（加罰措置）が適用される国外財産に係る事実（隠蔽し、又は仮装されていない事実に係るものに限ります。）のみに基づいて修正申告等があったものとした場合におけるその修正申告等に基づき納付すべき税額（注1）を「加重（加罰措置）が適用される過少申告加算税又は無申告加算税の額の計算の基礎となるべき税額」とし、次に、国税通則法（通法65、66）による過少申告加算税又は無申告加算税の額の計算の基礎となるべき税額（注2）から、「加重（加罰措置）が適用される過少申告加算税又は無申告加算税の額の計算の基礎となるべき税額」を控除した税額を、「軽減（優遇措置）が適用される過少申告加算税又は無申告加算税の額の計算の基礎となるべき税額」とします。（調書令11③）。

(注1)　税額の計算の基礎となるべき事実で国外財産に係るもの以外の事実（隠蔽し、又は仮装されていない事実に係るものに限ります。）があるときは、その国外財産に係る事実及びその国外財産に係るもの以外の事実のみに基づいて修正申告等があったものとした場合におけるその修正申告等に基づき納付すべき税額から、その国外財産に係るもの以外の事実に基づく税額として計算した金額を控除した税額。

(注2)　税額の計算の基礎となるべき事実で国外財産に係るもの以外の事実等があるときは、その国外財産に係るもの以外の事実等に基づく税額として計算した金額を控除した税額。

例4　当初申告において次の国外財産に基因して生ずる所得が申告漏れ（当初申告時の国外財産調書にその国外財産のうち一部が記載済で一部が記載漏れ）となっていて、税務調査により指摘されて修正申告しました。なお、国外財産は5,000万円超であるものとします。

課税標準 （所得金額）	国外財産に基因して生ずる所得かそれ以外か	期限内申告 （当初申告）	国外財産調書の所定の記載の有無	修正申告
12,000,000円 （所得控除後）	国内財産に基因して生ずる所得	有	―	―
3,000,000円	国外財産に基因して生ずる所得（隠蔽し、又は仮装されていない事実に係るもの）	無	無	有
2,000,000円	国外財産に基因して生ずる所得（隠蔽し、又は仮装されていない事実に係るもの）	無	有	有
計17,000,000円				

ⅰ）当初の期限内申告所得税額等

12,000,000円×所得税率33％－1,536,000円（税額の速算式より）＝2,424,000円（外国税額控除はないものとします）

所得税＋復興特別所得税＝2,424,000円（1円未満切捨て、財確法24①）×102.1％＝2,474,900円（100円未満切捨て、財確法24②）

ⅱ）修正申告により追加納付すべき所得税額等（国税通則法（通法65）による過少申告加算税の額の計算の基礎となるべき税額）

17,000,000円×所得税率33％－1,536,000円（税額の速算式より）＝4,074,000円

所得税＋復興特別所得税＝4,074,000円（1円未満切捨て、財確法24①）×102.1％＝4,159,500円（100円未満切捨て、財確法24②）

4,159,500円－ⅰ）2,474,900円＝1,684,600円

ⅲ）加重（加罰措置）が適用される国外財産に係る事実（隠蔽し、又は仮装されていない事実に係るものに限ります。）のみに基づいて修正申告等があったものとした場合におけるその修正申告等に基づき納付すべき税額

（12,000,000円＋3,000,000円）×所得税率33％－1,536,000円（税額の速算式より）＝3,414,000円

所得税＋復興特別所得税＝3,414,000円（1円未満切捨て、財確法24①）×102.1％＝3,485,600円（100円未満切捨て、財確法24②）

3,485,600円－ⅰ）2,474,900円＝1,010,700円

ⅳ）軽減（優遇措置）が適用される過少申告加算税の額の計算の基礎となるべき税額
ⅱ）－ⅲ）＝670,000円（10,000円未満切捨て、通法118③、財確法24④）

ⅴ）加重（加罰措置）と軽減（優遇措置）が適用された場合の過少申告加算税
イ　国税通則法の規定による過少申告加算税
修正申告による追加納付税額が「期限内申告税額と50万円の多い方」を超えないので、
ⅱ）より1,680,000円（10,000円未満切捨て、通法118③、財確法24④）×10％＝168,000円
ロ　加重（加罰措置）が適用された場合の過少申告加算税
その過少申告加算税の額の「計算の基礎となるべき税額」×5％
＝ⅲ）1,010,000円（10,000円未満切捨て、通法118③、財確法24④）×5％＝50,500円
ハ　軽減（優遇措置）を適用した場合の過少申告加算税
その過少申告加算税の額の「計算の基礎となるべき税額」×5％
＝ⅳ）670,000円（10,000円未満切捨て、通法118③、財確法24④）×5％＝33,500円
ニ　加重（加罰措置）と軽減（優遇措置）が適用された場合の過少申告加算税の額
＝イ＋ロ－ハ＝168,000円＋50,500円－33,500円＝185,000円

7　過少申告加算税又は無申告加算税の軽減（優遇措置）と加重（加罰措置）の適用に際し判断の基とされる国外財産調書とは

　過少申告加算税又は無申告加算税の軽減（優遇措置）と加重（加罰措置）の適用に際し判断の基とされる国外財産調書とは、次の左欄に掲げる場合の区分に応じ、中欄に定めるものとされます（調書法6③）。したがって、下記の国外財産調書に記載がなければ、それ以外の国外財産調書に記載があった場合でも、修正申告等の基因となる国外財産について記載がないものとされるので注意が必要です（調書通6－4）。

所得税に関する修正申告等の場合 {過少申告加算税又は無申告加算税の軽減（優遇措置）と加重（加罰措置）適用}	その修正申告書、期限後申告書、更正又は決定に係る年分に係る国外財産調書	例：×1年分に係る修正申告を×3年に提出したケースでは、×1年分に係る国外財産調書（提出期限：×2年3月15日）が該当
	その年分の年の中途において修正申告等の基因となる国外財産を有しないこととなった場合におけるその国外財産にあっては、その年に提出すべき国外財産調書	例：×1年6月に国外財産を譲渡。×1年分に係る修正申告を×3年に提出したケースでは、×1年3月15日が提出期限である×0年分に係る国外財産調書が該当

相続税に関する修正申告等である場合 {過少申告加算税又は無申告加算税の軽減（優遇措置）のみ適用}	次に掲げる国外財産調書のいずれか。 ⅰ）その相続税に係る相続の開始の日の属する年（「相続開始年」といいます。）に被相続人（遺贈した者を含みます。）が提出すべきであった国外財産調書。相続開始年において提出期限までの間に被相続人が提出すべきであった国外財産調書を提出しないで死亡した場合にあっては、被相続人が相続開始年の前年に提出すべきであった国外財産調書。 ⅱ）相続開始年の翌年に相続人（遺贈により財産を取得したものを含みます。）が提出すべき国外財産調書	ⅰ）例：相続開始年が×1年で、×1年3月15日までに被相続人が国外財産調書を提出している場合は、その×1年3月15日提出期限の被相続人の国外財産調書が該当。 ×1年3月15日までに被相続人が死亡して国外財産調書を提出していない場合は、×0年3月15日提出期限の被相続人の国外財産調書が該当。 ⅱ）例：相続開始年が×1年で、×2年3月15日提出期限の相続人の国外財産調書が該当

　なお、国外財産の価額の合計額が5,000万円以下のため国外財産調書の提出を要しない者から提出された国外財産調書は、過少申告加算税又は無申告加算税の軽減（優遇措置）と加重（加罰措置）の適用に際し判断の基とされる国外財産調書には該当しません（調書通6-5）。

8 提出期限後提出の国外財産調書に係る過少申告加算税又は無申告加算税の軽減（優遇措置）と加重（加罰措置）の適用

　国外財産調書が提出期限後に提出され、かつ、修正申告等があった場合において、その国外財産調書の提出が、その国外財産調書に係る国外財産に係る所得税又は国外財産に対する相続税についての調査があったことによりその国外財産に係る所得税又は国外財産に対する相続税について更正又は決定があるべきことを予知してされたものでないときは、その国外財産調書は期限内に提出されたものとみなして、過少申告加算税又は無申告加算税の軽減（優遇措置）と加重（加罰措置）の適用を行います（調書法6④）。

9 死亡した者に係る修正申告等の場合の過少申告加算税又は無申告加算税の軽減（優遇措置）と加重（加罰措置）が適用される場合における国外財産調書等の取扱い

　確定申告書を提出すべき居住者がその年の翌年1月1日から3月15日（提出期限）までの間に確定申告書を提出しないで死亡した場合には、相続人は、その相続の開始があったことを知った日の翌日から4か月を経過した日の前日までに確定申告書を提出しなければなりません（所法124）。居住者が年の中途において死亡した場合において、その者のその年分の所得税について確定申告を提出しなければならない場合に該当するときは、相続人は、その相続の開始があったことを知った日の翌日から4か月を経過した日の前日までに確定申告書を提出しなければなりません（所法125）。これらの確定申告は、一般的に準確定申告といわれます。

　国外財産に係る所得税につき、確定申告を提出すべき者等がその年の翌年1月1日から3月15日（提出期限）までの間に確定申告書を提出しないで死亡した場合の準確定申告（所法124）又は年の途中で死亡した場合の準確定申告（所法125）の適用があり、かつ、その国外財産につき国外財産調書を提出しないで死亡した場合には、その年の12月31日現在についての国外財産調書の提出が不要です（調書法5①ただし書）。そこで、死亡した者に係る修正申告等があったときにおける過少申告加算税又は無申告加算税の軽減（優遇措置）と加重（加罰措置）の適用については、死亡した日の属する年の前年にその死亡した者が提出すべきであった国外財産調書をもって判定します（調書令12①）。

10 過少申告加算税又は無申告加算税の軽減（優遇措置）と加重（加罰措置）が適用される場合における賦課決定通知書の記載事項

　過少申告加算税又は無申告加算税に係る賦課決定通知書には、それらの加算税の軽減（優遇措置）又は加重（加罰措置）が適用される場合において、その軽減（優遇措置）と加重（加罰措置）の適用がある旨を付記するものとされます（調書規14）。

第4節 国外財産調書に関する罰則等

1 国外財産調書に係る罰則

　国外財産調書の不提出、偽記載や、国税当局職員による質問調査の拒否等に対しては、次のような罰則が規定されています。

罰則の対象者	罰　則
(1)　正当な理由がなくて国外財産調書をその提出期限までに税務署長に提出しなかった者（調書法10②）	1年以下の懲役又は50万円以下の罰金（ただし、情状により刑を免除することができます。）
(2)　国外財産調書に偽りの記載をして税務署長に提出した者（調書法10①）	1年以下の懲役又は50万円以下の罰金
(3)　国税庁、国税局又は税務署の職員の質問に対して答弁せず、若しくは偽りの答弁をし、又は検査を拒み、妨げ、若しくは忌避した者（調書法9三）	
(4)　国税庁、国税局又は税務署の職員からの物件の提示又は提出の要求に対し、正当な理由がなくこれに応じず、又は偽りの記載若しくは記録をした帳簿書類その他の物件を提示し、若しくは提出した者（調書法9四）	

　(1)、(2)については、平成27年1月1日以後に提出すべき国外財産調書について適用されます（調書法平24附則1九）。

2 国外財産調書の提出に関する調査に係る質問調査権

　国税庁、国税局又は税務署の職員は、国外財産調書の提出に関する調査について、必要があるときは、国外財産調書を提出する義務のある者に質問し、その者の国外財産に関する帳簿書類その他の物件を検査し、又はその物件の提示若しくは提出を求めることができます（調書法7②）。また、提出された物件を留め置くことができます（調書法7③）。

この質問調査権は、犯罪捜査のために認められたものと解してはならないと明記されています（調書法7⑤）。

第2章

国外財産調書の具体的な記載事項と事例

第1節 国外財産調書の書式

国外財産調書には、次の事項を記載しなければなりません（調書規12①）。

・提出者の氏名及び住所又は事業所、事務所、居所など
・提出者の有する国外財産の種類、数量、価額、所在その他必要な事項

国外財産調書の書式は次の2つであり、両方とも作成して提出します。

国外財産調書（調書規12⑥、別表第二）	第2節に例示
国外財産調書合計表（調書通5-14、表1）	

国外財産調書の記載事項は、「内国税の適正な課税の確保を図るための国外送金等に係る調書の提出等に関する法律施行規則」別表第一に定められています。国外財産を、（一）土地、（二）建物、（三）山林、（四）現金、（五）預貯金、（六）有価証券、（七）貸付金、（八）未収入金、（九）書画骨とう及び美術工芸品、（十）貴金属類、（十一）（四）、（九）及び（十）に掲げる財産以外の動産、（十二）その他の財産の区分に分け、それぞれの区分ごとにa.「種類別」、b.「用途別」及びc.「所在別」の「価額」及び「数量」等を記載します。ただし、2以上の財産の区分からなる財産について、それぞれの財産区分に分けて価額を算定することが困難な場合には、一体のものとして価額をいずれかの財産区分にまとめて記載することができます（調書通5-4）。

　それぞれの区分ごとの具体的な記載事項は、次のとおりです。

区　分	記載事項	注意点（「国外財産調書」の記載例より）	a. 種類の例示	b. 用途	c. 所在 国名	c. 所在 所在地	c. 所在 氏名又は名称
（調書規12①、別表第一）					（調書通5-4）○：要記載		
（一）土地	b. 用途別及びc. 所在別の①地所数、②面積及び③価額	庭園その他土地に附設したものを含む。「数量」欄の上段に地所数、下段に面積を記入する。	—	一般用及び事業用の別とする。①「事業用」とは、その者の不動産所得、事業所得又は山林所得を生ずべき事業又は業務の	○	○	省略可
（二）建物	b. 用途別及びc. 所在別の①戸数、②床面積及び③価額	附属設備を含む。「数量」欄の上段に戸数を、下段に床面積を記	—		○	○	省略可

		入する。2以上の財産区分からなる財産を一括して記入する場合には「備考」欄に一括して記入する財産の区分等を記入する（例：土地付で取得した建物を一括して記入する場合、「備考」欄に「土地を含む」と記入。）。		用に供することをいう。②「一般用」とは当該事業又は業務以外の用に供することをいう。③ただし、財産の用途が一般用と事業用の兼用である場合、用途は「一般用、事業用」と記載し、価額は、一般用部分と事業用部分を区分することなく記載できる（調書通5-4）。			
（三）山林	b. 用途別及びc. 所在別の①面積及び②価額	林地は、土地に含ませる。	―		○	○	省略可
（四）現金	b. 用途別及びc. 所在別の①価額	「数量」欄の記入は不要。	―		○	○	省略可
（五）預貯金	a. 種類別、b. 用途別及びc. 所在別の①価額	「種類」欄に預貯金の種類を記入する。「所在」欄に預入金融機関の所在地、名称及び支店名を記入する。「数量」欄の記入は不要。	①当座預金、②普通預金、③定期預金等の別とする。		○	○	○

（六）有価証券	a. 種類別、b. 用途別及び c. 所在別の ①数量及び ②価額	「種類」欄に有価証券の種類及び銘柄を記入する。「数量」欄に株数又は口数を記入。「所在」欄は有価証券の保管等を委託している金融機関の所在地、名称、及び支店名を記入する（国内にある金融機関の営業所等に設けられた口座において管理されている有価証券については、この調書への記入自体が不要）。	①株式、②公社債、③投資信託、④特定受益証券発行信託、⑤貸付信託等の別及び銘柄の別とする。	○	○	○
（七）貸付金	b. 用途別及び c. 所在別の ①価額	「所在」は債務者の氏名又は名称及び住所を記載する。「数量」欄の記入は不要。	—	○	○	○
（八）未収入金（受取手形を含む。）(注)	b. 用途別及び c. 所在別の ①価額	「所在」は債務者の氏名又は名称及び住所を記載する。「数量」欄の記	—	○	○	○

		入は不要。				
(九) 書画骨とう及び美術工芸品	a. 種類別、 b. 用途別及び c. 所在別の ①数量及び ②価額	一点10万円未満のものを除く。「種類」欄に書画骨とうの種類を記入する。「数量」欄に点数を記入する。	①書画、 ②骨とう及び ③美術工芸品の別とする。	○	○	省略可
(十) 貴金属類	a. 種類別、 b. 用途別及び c. 所在別の ①数量及び ②価額	「種類」欄に貴金属類の種類を記入する。「数量」欄に点数又は重量を記入する。	①金、 ②白金、 ③ダイヤモンド等の別とする。	○	○	省略可
(十一) (四)、(九)及び(十)に掲げる財産以外の動産（注）	a. 種類別、 b. 用途別及び c. 所在別の ①数量及び ②価額	一個又は一組の価額が10万円未満のものを除く。上記「書画骨とう」に準じて記入する。「数量」欄に適宜に設けた区分に応じた数量を記入する。家具・什器備品等の家財や自動車等の家庭用動産は、例えば、「国外財産の区分」欄に「家庭用動産」、種類に「自動車」などと記入する。	(四)、(九)及び(十)に掲げる財産以外の動産について、適宜に設けた区分とする。	○	○	省略可

(十二) その他の財産（注）	a. 種類別、 b. 用途別及び c. 所在別の ①数量及び ②価額	例えば、ストックオプション、民法に規定する組合契約等に基づく出資、信託受益権など。 上記「貴金属類」に準じて記入する。 「数量」欄に適宜に設けた区分に応じた数量を記入する。	①預託金、 ②株式を無償又は有利な価額で取得することができる権利、 ③信託に関する権利等 の適宜に設けた区分とする。	○	○	○

備考：この表に規定する「預貯金」、「有価証券」、「公社債」、「投資信託」、「特定受益証券発行信託」又は「貸付信託」とは、所得税法第2条第1項に規定する預貯金、有価証券、公社債、投資信託、特定受益証券発行信託又は貸付信託をいいます。

（注）（八）、（十一）及び（十二）の財産の例示は、次のとおりです（調書通5－3）。

	財産の例示
（八）未収入金（受取手形を含む。）	ⅰ）売掛金 ⅱ）その年の12月31日において既に弁済期が到来しているもので、同日においてまだ収入していないもの（未収法定果実、保険金、退職手当金等）
（十一）（四）、（九）及び（十）に掲げる財産以外の動産	ⅰ）商品又は製品（副産物及び作業くずを含む。） ⅱ）半製品 ⅲ）仕掛品（半成工事を含む。） ⅳ）主要原材料 ⅴ）補助原材料 ⅵ）消耗品で貯蔵中のもの ⅶ）ⅰ）からⅵ）に掲げる資産に準ずるもの ⅷ）家財（「（九）書画骨とう及び美術工芸品」及び「（十）貴金属類」を除く。） ⅸ）機械及び装置 ⅹ）船舶 ⅺ）航空機 ⅻ）車両及び運搬具

	xiii）工具、器具及び備品（観賞用、興業用その他これらに準ずる用に供する生物を含む。）
（十二）その他の財産	ⅰ）保険（共済を含む。）の契約に関する権利 ⅱ）株式に関する権利（株式を無償又は有利な価額で取得することができる権利その他これに類する権利を含む。） ⅲ）預託金又は委託証拠金その他の保証金 ⅳ）民法第667条第１項に規定する組合契約、匿名組合契約その他これらに類する契約に基づく出資 ⅴ）信託に関する権利 ⅵ）特許権、実用新案権、意匠権若しくは商標権又は著作権その他これらに類するもの

　なお、別表第二の国外財産調書に記載した財産区分ごとの価額の合計額を記載した合計表を作成して、国外財産調書に添付することとされます。

第2節 国外財産調書の記載事例

設例

居住者甲氏が、×1年12月31日現在、下記の財産を有しています。

×1年12月31日のA国通貨に対する最終の対顧客直物電信買相場（TTB）を100円／ドルとします。

(1) A国に所在する土地

・土地に対してA国の定める法令により課される固定資産税に相当する租税で、×1年12月31日が属する年中に課されたその租税の計算の基となる課税標準額200,000ドル
・取得価額　土地250,000ドル
・面積　300m^2

この不動産は、不動産の所在が国外なので、国外財産に該当します。

国外財産調書に記載される金額については、見積価額の3つの例示（調書通5-8）の中から、A国の定める法令により固定資産税に相当する租税の例が当てはまるので、×1年12月31日が属する年中に課されたその租税の計算の基となる課税標準額200,000ドルを、この設例では選択します。

200,000ドル×100円／ドル＝20,000,000円

(2) A国に所在する銀行支店の預貯金

・A国に所在する銀行支店への×1年12月31日における預入高300,000ドル（定期預金）

この銀行預金は、その預金の受入れをした営業所の所在が国外なので、国外財産に該当します。

国外財産調書に記載される金額は、×1年12月31日における預入高として300,000ドルとなります。

300,000ドル×100円／ドル＝30,000,000円

(3) A国に所在する金融商品取引業者等の口座に保管委託されている外国上場株式

・×1年12月31日においてA国に所在する金融商品取引業者等の口座に保管委託されている外国上場株式1,000株
・A国の金融商品取引所の公表する×1年12月31日の最終価格400ドル／株

この外国上場株式は、国外にある金融機関の営業所に設けられた口座において管理されているので、国外財産に該当します。

　国外財産調書に記載される金額は、金融商品取引所の公表するその年の12月31日の最終価格400ドル／株×1,000株＝400,000ドルとなります。

　400,000ドル×100円／ドル＝40,000,000円

(4) 日本国内に所在する金融商品取引業者等の口座に保管委託されている外国上場株式

・×1年12月31日において国内に所在する金融商品取引業者等の口座に保管委託されている外国上場株式1,000株
・Ａ国の金融商品取引所の公表する×1年12月31日の最終価格450ドル／株

　この外国上場株式は、国内にある金融機関の営業所に設けられた口座において管理されているので、国外財産に該当しません。

(5) Ａ国の居住者であるＦ氏への貸付金

・×1年12月31日現在においてＦ氏への貸付金残高30,000ドル（Ｆ氏との直接相対取引）

　この貸付金は、貸付先Ｆ氏の住所がＡ国にあるので、国外財産に該当します。

　国外財産調書に記載される金額は、×1年12月31日現在の貸付金の元本の金額30,000ドルとなります。

　30,000ドル×100円／ドル＝3,000,000円

(6) Ａ国に保管している美術工芸品１点

・×1年12月頃におけるこの美術工芸品の売買実例価額は、10,000ドル

　この美術工芸品は、動産としての所在がＡ国なので、国外財産に該当します。

　国外財産調書に記載される金額は、×1年12月31日に最も近い日の売買実例価額10,000ドルとなります。

　10,000ドル×100円／ドル＝1,000,000円

(7) Ａ国に所在する普通自動車（家庭用動産）１台

・×1年1月1日に新車として20,000ドルで購入。

　この自動車は、動産としての所在がＡ国なので、国外財産に該当します。

　国外財産調書に記載される金額は、「建物でその財産が業務の用に供する資産以外のも

の」である場合の取扱いに準じて計算した価額とします。具体的には、その財産の取得価額から、その年の12月31日における経過年数に応ずる償却費の額を控除した金額です。

(注)「経過年数に応ずる償却費の額」は、その財産の取得の時からその年の12月31日までの期間(その期間に1年未満の端数があるときは、その端数は1年とします。)の償却費の額の合計額です。この場合における償却方法は、定額法によるものとし、その耐用年数は、減価償却資産の耐用年数等に関する省令に規定する耐用年数です。)

・取得価額　20,000ドル（ア）
・×1年12月31日における経過年数　1年
・耐用年数　6年（減価償却資産の耐用年数等に関する省令より）
・定額法の償却率　0.167

×1年12月31日までの期間の償却費額の合計額＝20,000ドル×0.167＝3,340ドル（イ）

以上より、取得価額から、その年の12月31日における経過年数に応ずる償却費の額を控除した金額は、下記の金額となり、この金額で国外財産調書に記載されます。

　｛（ア）－（イ）｝×100円／ドル＝1,666,000円

以上より、居住者甲氏の×1年12月31日現在における国外財産調書及び国外財産調書合計表は、次のように作成されます。

別表第二（調書規12⑥）

<table>
<tr><td colspan="7" align="center">平成×1年12月31日分　国外財産調書</td></tr>
<tr><td rowspan="2" align="center">国外財産を
有する者</td><td colspan="2">住　所
（又は事業所、事務所、居所など）</td><td colspan="4">大阪市　××区　×××</td></tr>
<tr><td colspan="2">氏　　名</td><td colspan="3">甲　氏</td><td>（電話）×××-××××-××××</td></tr>
<tr><td>国外財産
の区分</td><td>種　類</td><td>用　途</td><td>所　在</td><td>数　量</td><td>価　額</td><td>備　考</td></tr>
<tr><td></td><td></td><td></td><td></td><td></td><td></td><td></td></tr>
<tr><td>土地</td><td></td><td>一般用</td><td>A国×××, ×××, ××</td><td>1
300m²</td><td>20,000,000</td><td></td></tr>
<tr><td>預貯金</td><td>定期預金</td><td>一般用</td><td>A国×××, ×××, ××
（××銀行××支店）</td><td></td><td>30,000,000</td><td></td></tr>
<tr><td>有価証券</td><td>株式
（××Ltd.）</td><td>一般用</td><td>A国×××, ×××, ××
（××Securities, Ltd.）</td><td>1,000株</td><td>40,000,000</td><td></td></tr>
<tr><td>貸付金</td><td></td><td>一般用</td><td>A国×××, ×××, ××
（F氏）</td><td></td><td>3,000,000</td><td></td></tr>
<tr><td>書画骨とう</td><td>美術工芸品</td><td>一般用</td><td>A国×××, ×××, ××</td><td>1点</td><td>1,000,000</td><td></td></tr>
<tr><td>家庭用動産</td><td>自動車</td><td>一般用</td><td>A国×××, ×××, ××</td><td>1台</td><td>1,666,000</td><td></td></tr>
<tr><td></td><td></td><td></td><td></td><td></td><td></td><td></td></tr>
<tr><td></td><td></td><td></td><td></td><td></td><td></td><td></td></tr>
<tr><td colspan="5" align="center">合　計　額</td><td>95,666,000</td><td></td></tr>
<tr><td colspan="7">（摘要）</td></tr>
</table>

表1(合計表)(調書通5-14)

_××_ 税務署長　殿
_×2_年_3_月_15_日

平成×1年12月31日分　　国外財産調書合計表

住所	大阪市××区×××	フリガナ			
又は事業所事務所居所など		氏名	甲　氏		
		性別 男・女	職業 ×××	電話番号 (自宅・勤務先・携帯)	×××－××××－××××
		生年月日	×.×.×	財産債務の明細書の提出有	○
				番号	

(単位は円)

	財産の区分	価額		財産の区分	価額
1	土　地	20,000,000	12その他の財産	保険の契約に関する権利	
2	建　物			株式に関する権利	
3	山　林			預託金等	
4	現　金			組合等に対する出資	
5	預貯金	30,000,000		信託に関する権利	
6	有価証券	40,000,000		無体財産権	
7	貸付金	3,000,000			
8	未収入金				
9	書画骨とう美術工芸品	1,000,000			
10	貴金属類			その他の財産 (上記以外)	
11	動　産 (上記4,9,10以外)	1,666,000		合計額	95,666,000

備考

税理士署名押印

電話番号　　－　－

整理欄
区　分
異　動　　年　月　日
通信日付印(年月日)　(・・)

第3章

居住者の国外財産に係る所得税の取扱い

平成25年度税制改正において金融所得課税の一体化を拡充した改正が行われましたが、この改正はしばらくの期間をおいて平成28年１月１日から適用されますので、この章の第１節から第５節までにおいては、その改正前の取扱いを「①　平成25年度税制改正前の取扱い」で説明し、その改正内容を「②　平成25年度税制改正」で紹介することとします。

第１節　国外株式の配当等

①　平成25年度税制改正前の取扱い

日本国内の個人が、国外で発行された株式の配当等を受けるパターンには、次の２つが挙げられます。
①　国内における支払の取扱者（金融商品取引業者等）を通じて配当等を受ける。
②　国外株式の発行法人又は現地国の支払代理機関から直接配当等を受ける。

いずれのパターンでも、国外株式の発行法人の本店等が所在する国において、配当等に対するその国の所得税が課せられない制度になっている国を除いて、源泉徴収されます。また、②のパターンでは、日本の源泉所得税等が徴収されませんが、①のパターンでは、次のような特例が適用されて日本においても源泉徴収されます。

(1)　国外で発行された株式の配当所得の源泉徴収等の特例

国外において発行された株式の配当等（国外において支払われるものに限ります。）につき、国内における支払の取扱者（金融商品取引業者等）を通じてその支払を受ける場合には、その国外株式の配当等について日本の所得税を納める義務があり、その「支払を受けるべき金額」について20％の税率を適用して所得税が課せられます（措法９の２①）。平成25年１月１日以後の源泉徴収の対象所得の支払の際、併せて復興特別所得税も源泉徴収されることになり（財確法28①）、所得税と復興特別所得税を合わせた税率は20.42％です（財確法28②）。

居住者又は国内法人へ支払われる国外株式の配当等を取り扱う国内における支払の取扱者は、その居住者又は国内法人にその国外株式の配当等を支払う際、その所得税及び復興特別所得税を源泉徴収し、その徴収の日の属する月の翌月10日までに、これを国へ納付しなければなりません（措法９の２②、財確法28①）。

国外株式の配当等の支払の際に源泉徴収される外国所得税（所法95①）の額があるとき

は、「支払を受けるべき金額」は、その国外株式の配当等の額からその外国所得税の額を控除した後の金額とされます（措法9の2③、措令4の5②）。

(2) **上場株式等の配当等に係る源泉徴収税率の特例及び特例に関する経過措置**

上記の日本の所得税を納める義務のある国外株式のうち、国外上場株式の配当等についての源泉所得税率は、その特例に関する経過措置(措法平20附則33②、地法平20附則3⑤)により平成25年12月31日までに支払を受けるべきものについては7％（復興特別所得税を含めると7.147％、さらに住民税（配当割）3％、合計10.147％）、その経過措置が終了する平成26年1月1日以降に支払を受けるべきものについては15％（復興特別所得税も含めると15.315％、さらに住民税5％、合計20.315％）とされています（措法9の3、地法71の28、23①十五、財確法28①②）。

以上、国外株式の配当等に係る源泉徴収税率をまとめると、次のとおりです。

		国外株式の発行法人の本店等が所在する国における源泉徴収	日本の所得税等の源泉徴収税率	
			平成25年12月31日までに支払を受けるべき配当等	平成26年1月1日以降に支払を受けるべき配当等
国外上場株式	国内の支払の取扱者を通じて配当等支払を受ける場合	現地の国ごとに定められた税率で源泉徴収（現地国で課税されない制度になっている国については源泉徴収なし）	所得税及び復興特別所得税 7.147％ 住民税（配当割：注）3％ 計　　　　10.147％	所得税及び復興特別所得税15.315％ 住民税（配当割：注）5％ 計　　　　20.315％
	国外株式の発行法人又は現地国の支払代理機関から直接配当等を受ける場合		源泉徴収不要	源泉徴収不要
国外非上場	国内の支払の取扱者を通じて配当等支払を受ける場合		所得税及び復興特別所得税 20.42％ 住民税　　　—	所得税及び復興特別所得税 20.42％ 住民税　　　—

株式	国外株式の発行法人又は現地国の支払代理機関から直接配当等を受ける場合	源泉徴収不要	源泉徴収不要

(注) 配当割とは、支払を受けるべき特定配当等の額によって課される道府県民税をいいます（地法23①三の三）。特定配当等とは、所得税法の配当所得に係る配当等で上場株式等の配当等に係る源泉徴収税率の特例（措法9の3）の対象とされるものです（地法23①十五）。

国外株式の配当等に係る源泉徴収税額の具体例については、第5章第1節を参照してください。

(3) 外国通貨で支払を受けた配当等を外国通貨で交付する場合の円換算

国内における支払の取扱者が、国外株式の配当等を発行法人又は現地国の支払代理機関から外国通貨によって受け取り、その国外株式の配当等を居住者又は内国法人に外国通貨で支払う場合に、日本の所得税が課せられる「支払を受けるべき金額」の円換算額は、次の為替相場により算定します（措通9-2-2）。

	為替相場
記名の国外株式の配当等	支払開始日と定められている日の対顧客直物電信買相場（TTB）（注）
無記名の国外株式の配当等	現地保管機関等が受領した日におけるTTB（注） （現地保管機関等からの受領の通知が著しく遅延して行われる場合を除き、支払の取扱者がその通知を受けた日のTTBとしても差し支えありません）。

(注) 国内における支払の取扱者の主要取引金融機関（国内における支払の取扱者がその外国通貨に係る東京外国為替市場におけるTTBを公表している場合には、その支払取扱者）のその外国通貨に係る東京外国為替市場のTTB。
　なお、国外株式の配当等から控除する外国所得税の額の円換算については、その国外株式の配当等に係る円換算日におけるTTBによります（所基通95-10）。

(4) 確定申告を要しない配当所得（確定申告不要制度）

内国法人から受ける配当等では、「上場株式等の配当等で、内国法人の発行済株式数等の3％以上を有する者が支払を受けるもの以外のもの（措法8の5①二、8の4①一）」やそれ以外の配当等で「1回に支払を受けるべき金額が10万円に配当計算期間の月数を乗じてこれに12で除して計算した金額以下であるもの（措法8の5①一）」等が、確定申告

を不要とすることができます。

　これに対して、国外株式等の配当等で国内における支払の取扱者を通じてその支払を受ける場合（日本において源泉徴収の対象とされる場合）は、その国外株式の配当等を国内法人から支払を受けるものとみなして租税特別措置法第8条の5の規定を適用します（措法9の2⑤二）。これにより、内国法人から支払を受けるものとみなした国外株式の「租税特別措置法第8条の4第1項第1号に掲げる配当等」は、確定申告を要しない配当所得となります（措法8の5①二）。「租税特別措置法第8条の4第1項第1号に掲げる配当等」とは、外国金融商品市場で売買されている株式等も含む上場株式等（措法37の11の3②一、措令25の10の2⑤二）の配当等で、内国法人の発行済株式数等の3％以上を有する者がその内国法人から支払を受けるもの以外のものです（措法8の4①一）。したがって、国外上場株式の配当等で国内における支払の取扱者を通じてその支払を受ける場合には、発行済株式数等の3％以上を有する大口株主であるか否かにかかわらず、また、1回に支払を受ける金額の大小にかかわらず、確定申告を不要とすることができます（措法9の2⑤二、8の5①二、8の4①一）。この確定申告不要制度は、1回に支払を受けるべき配当等の額ごとに選択できます（措法9の2⑤一、8の5④）。ただし、源泉徴収選択口座内配当等（二以上の源泉徴収選択口座において源泉徴収選択口座内配当等を有する場合には、それぞれの源泉徴収選択口座において有する源泉徴収選択口座内配当等）については、その口座ごとに確定申告不要制度を選択します（措法37の11の6⑨）。

　また、国外非上場株式等の配当等で国内における支払の取扱者を通じてその支払を受ける場合には、その金額（外国所得税額があるときには、その外国所得税額を控除した後の金額）が「10万円に配当計算期間の月数を乗じてこれに12で除して計算した金額以下であるもの」に該当すれば確定申告を不要とすることができます（措法9の2⑤一、8の5①一）。この確定申告不要制度は、1回に支払を受けるべき配当等の額ごとに選択できます（措法9の2⑤一、8の5④）。

　これらの確定申告不要制度を選択した場合には、国外株式の発行法人の本店等が所在する国において源泉徴収された外国所得税と、日本の国内における支払の取扱者が源泉徴収した源泉税をもって所得税については課税関係が完了します。

　国外非上場株式等の配当等で国内における支払の取扱者を通じてその支払を受ける場合のうち、「10万円に配当計算期間の月数を乗じてこれに12で除して計算した金額以下であるもの」に該当するときは、所得税については上記のとおり確定申告を不要とすることができますが、住民税についてはこのような非上場株式の少額配当等の申告不要に関する規定がなく課税されます。そのため、所得税の確定申告書第2表の住民税に関する事項「配

当に関する住民税の特例」欄に、所得税について確定申告不要制度を選択した非上場株式の少額配当等を配当所得に加算した金額で記載します。

また、当初申告において確定申告不要制度を適用していれば、その後においてその者が更正の請求をし又は修正申告書を提出するときも確定申告不要制度を適用することになります。反対に当初申告において確定申告不要制度を適用していなければ、その後の更正の請求又は修正申告により確定申告不要制度を適用することはできません。

なお、国外株式等の配当等で、国内における支払の取扱者を通さず、国外株式の発行法人又は現地国の支払代理機関から直接配当等を受ける場合には、確定申告不要制度の適用がなく（措令４の３①六、措法８の５①）、国外上場株式等・国外非上場株式のいずれも確定申告をしなければなりません。

		確定申告不要制度の選択適用の可否	確定申告不要制度の選択適用単位
国外上場株式	国内の支払の取扱者を通じて配当等支払を受ける場合	可（外国法人の３％以上の個人大口株主であっても可）	１回に支払を受けるべき配当等の額ごとに選択。ただし、源泉徴収選択口座内配当等（二以上の源泉徴収選択口座において源泉徴収選択口座内配当等を有する場合には、それぞれの源泉徴収選択口座において有する源泉徴収選択口座内配当等）は、その口座ごとに確定申告不要制度を選択。
	国外株式の発行法人又は現地国の支払代理機関から直接配当等を受ける場合	不　可	
国外非上場株式	国内の支払の取扱者を通じて配当等支払を受ける場合	１回に支払を受けるべき金額が10万円に配当計算期間の月数を乗じてこれに12で除して計算した金額以下である配当等について所得税は可（住民	１回に支払を受けるべき配当等の額ごとに選択

61

		税は課税)。 それ以外の配当等については不可。
	国外株式の発行法人又は現地国の支払代理機関から直接配当等を受ける場合	不　可

(5) 総合課税と申告分離課税（上場株式等に係る配当所得の課税の特例）

　国外株式の配当等については、(4)の確定申告不要制度を適用する配当等を除き、確定申告において、配当所得として他の所得と合わせて総合課税により所得金額と所得税額を算定するのが原則です（所法22）。さらに、平成25年1月1日以後に生ずる所得に対しては所得税の2.1％を乗じて計算した金額が復興特別所得税として課されます（財確法13）。

　しかし、国外上場企業等の配当等については、選択により申告分離課税（上場株式等に係る配当所得の課税の特例）も適用できます（措法8の4）。すなわち、居住者が国外株式の配当等のうち、上場株式等の配当等を有する場合において、上場株式等の配当等に係る配当所得につき、「上場株式等に係る配当所得の課税の特例」としての申告分離課税の選択適用を受けようとする旨の記載のある確定申告書を提出したときは、その上場株式等の配当に係る配当所得については、原則の総合課税によらず、他の所得と区分し、その年中のその上場株式等の配当等に係る配当所得の金額に対し、その課税配当所得の7％（これは平成25年12月31日までの間に支払を受けるべき配当等についての所得税。さらに住民税3％。平成26年1月1日以降に支払を受けるべき配当等については所得税15％、さらに住民税5％）に相当する額の所得税が課されます（措法平20附則32①、地法平20附則3⑫、8⑩、措法8の4①、地法附則33の2①⑤）。平成25年1月1日以後に生ずる所得に対しては所得税額の2.1％を乗じて計算した金額が復興特別所得税として課されます（財確法13）。

　上場株式等の配当等で、内国法人の発行済株式数等の3％以上を有する個人大口株主は、申告分離課税の選択適用対象からはずされていますが、内国法人から支払を受けるもの以外の個人株主は、大口株主の制限なく申告分離課税の選択適用対象とされます（措法8の4①一）ので、国外上場株式等の配当等の支払を受ける場合には、その外国法人の3％以上の個人大口株主であっても、申告分離課税を選択適用することができます。

| | | 申告分離課税（上場株式等に係る配当所得の課税の特例）を適用した場合における税率 ||
		平成25年12月31日までに支払を受けるべき配当等	平成26年1月1日以降に支払を受けるべき配当等
国外上場株式（外国法人の3％以上の個人大口株主も含む）	国内の支払の取扱者を通じて配当等支払を受ける場合	所得税 7％ 復興特別所得税 　所得税額×2.1％ 住民税（所得割）3％	所得税15％ 復興特別所得税 　所得税額×2.1％ 住民税（所得割）5％
	国外株式の発行法人又は現地国の支払代理機関から直接配当等を受ける場合		

　上場株式等に係る配当所得について、申告分離課税を選択適用する場合には上場株式等の譲渡損失と損益通算できます（措法37の12の2①、8の4③二）が、総合課税を適用する場合には上場株式等の譲渡損失と損益通算できません（所法69①）。

　確定申告不要制度を選択適用する配当等を除き、居住者がその年中に支払を受けるべき上場株式等の配当等に係る配当所得のすべてについて、総合課税と申告分離課税のいずれかを選択しなければならず、その年に支払を受けた一部の上場株式等の配当等に係る配当所得について総合課税を適用すれば、同一の年中の支払を受けるべき他の上場株式等の配当等に係る配当所得について申告分離課税は適用されません（措法8の4②）。

　上場株式等に係る配当所得について申告分離課税を適用したところにより確定申告書を提出した場合には、その後においてその者が更正の請求又は修正申告書を提出するときにおいても、申告分離課税を適用することになります（措通8の4-1）。反対に、当初申告において申告分離課税を適用していなければ、その後の更正の請求又は修正申告により申告分離課税を適用することはできません。

(6) **配当控除**

　国内株式に係る配当所得については、原則として総合課税による場合に、その配当所得について、配当控除の適用を受けることができます（所法92①）。しかし、上場株式等に

係る配当所得について申告分離課税を適用した場合に、その上場株式等の配当等に係る配当所得については、配当控除の適用は受けられません（措法8の4①）。確定申告不要制度を選択した場合にも、配当控除の適用はありません。

　一方、外国法人から受ける配当等（外国法人の国内にある営業所、事務所その他これらに準ずるものに信託された証券投資信託の収益の分配に係るものを除きます。）は、配当控除の対象となる配当所得からはずされています（所法92①）。したがって、外国株式の配当については、総合課税による場合でも、国内株式の取扱いとは異なって、配当控除の適用がありません。

外国法人から受ける配当等（外国法人の国内にある営業所、事務所その他これらに準ずるものに信託された証券投資信託の収益の分配に係るものを除きます。）	配当控除の適用不可

(7) 外国税額控除

　外国法人から受ける配当については、国外株式の発行法人の本店等が所在する国において、配当等に対するその国の所得税が課せられない制度になっている国を除いて、源泉徴収されます。

　国外株式に係る配当所得を確定申告するには、国外上場株式等の配当等については、総合課税又は申告分離課税のいずれかにより、また、国外非上場株式の配当等については、総合課税によります。これらの確定申告の際には、国外株式の発行法人の本店等が所在する国において、配当等に対するその国の所得税が源泉徴収されていれば、その外国所得税について外国税額控除の適用を受けることができます（所法95①）。

　しかし、確定申告を要しない配当所得（措法9の2⑤、8の5①）の適用を受けた国外株式の配当等につきその支払の際に徴収された外国所得税額については、外国税額控除を適用しません（措令4の5⑪）。

国外株式に係る配当等について		外国税額控除の適用の可否
確定申告する場合（注）	総合課税を適用するとき	可
	申告分離課税を選択適用するとき	
確定申告不適用制度を選択する場合		不可

(注) 配当所得をその計算の基礎とした外国所得税額について、外国税額控除は適用できます（所法95①）が、必要経費又は支出した金額に算入することはできません。したがって、国外株式に係る配当所得の収入金額は、国外株式の配当等の支払の際に源泉徴収される外国所得税（所法95①）の額があるときは、その外国所得税の額を控除する前の金額です。

2　平成25年度税制改正

　平成25年度税制改正において、家計の安定的な資産形成を支援し、経済成長に必要な成長資金の供給拡大を促進するため、日本版ISAの創設と金融所得課税の一体化の拡充が行われました。

(1)　日本版ISA（NISA）の概要

　日本版ISAは、平成25年12月31日をもって上場企業等の配当等及び譲渡所得等に係る10％軽減税率（所得税7％、住民税3％）が廃止される代わりに創設された新制度で、所定の非課税期間に非課税口座内の少額上場株式等について生じた配当所得及び譲渡所得等を非課税とする措置です。この制度の概要は、次のとおりです。（平成26年1月1日以後に支払を受けるべき非課税口座内上場株式等の配当等及び同日以後の非課税口座内上場株式等の譲渡について適用されます。）

非課税口座を開設できる者	非課税口座を開設する年の1月1日において20歳以上である居住者等（措法37の14⑤）
非課税口座を開設できる期間	平成26年1月1日から平成35年12月31日
非課税期間（この非課税期間内に、支払を受けるべき配当等、金融商品取引業者等の売委託等により譲渡したその譲渡所得等が、非課税の対象となります。）	非課税口座に非課税管理勘定を設けた日から同日の属する年の1月1日以後5年を経過する日までの期間（措法37の14①）
非課税管理勘定の受入れできる額	毎年、年間100万円以下の上場株式等（毎年100万円受入したならば5年分で合計500万円が最大）
非課税管理勘定に受入れできる上場株式等	・非課税口座を開設した金融商品取引業者等を通じて新たに取得した上場株式等 ・非課税期間が終了する12月31日に有する非課税口座内上場株式等については、翌年1

	月1日に新たに設定される非課税管理勘定に移管することが可能
非課税適用確認書の交付申請（同一の勘定設定期間に重複して非課税適用確認書を提出不可（措法37の14⑫））	・居住者が、住民票の写し等を添付して、勘定設定期間の開始の日の属する年の前年10月1日からその勘定設定期間の終了日の属する年の9月30日までの間に、金融商品取引業者等の営業所に提出しなければならない（措法37の14⑥）。 ・金融商品取引業者等の営業所の長は、その提出を受けた後速やかにその申請事項を、所轄税務署長へ提供しなければならない（措法37の14⑨）。

(2) 金融所得課税の一体化拡充の概要

　平成25年度税制改正において、金融所得課税の一体化を進める観点から、公社債等及び株式等に係る所得に対する課税が見直され、公社債等の利子及び譲渡損失並びに上場株式等に係る所得等の金融商品間の損益通算範囲の拡大がなされました。この改正は、平成28年1月1日から適用されます。

　具体的には、平成28年1月1日以後に居住者等が支払を受けるべき特定公社債等の利子等については、20.315％（所得税15％、復興特別所得税0.315％、住民税5％）源泉分離課税の対象から除外し、20.315％（所得税15％、復興特別所得税0.315％、住民税5％）の税率による申告分離課税の対象とされます。

　また、居住者等が、平成28年1月1日以後に特定公社債等の譲渡をした場合には、その特定公社債等の譲渡による譲渡所得等については、非課税の対象から除外し、20.315％（所得税15％、復興特別所得税0.315％、住民税5％）の税率による申告分離課税の対象とされます。

　そして、上場株式等の譲渡損失及び配当所得の損益通算の特例の対象に、特定公社債等の利子所得及び譲渡所得等を加え、これらの所得間並びに上場株式等の配当所得（申告分離課税を選択したものに限られます。）及び譲渡所得等との損益通算を可能としました。この結果、平成28年1月1日以後、支払を受けるべき配当等のうち、上場株式等に係る配当所得について、申告分離課税を選択適用する場合、上場株式等の譲渡損失のみならず、特定公社債等の譲渡損失とも損益通算できることになります。

しかし、株式等に係る譲渡所得等の分離課税について、上場株式等に係る譲渡所得等と非上場株式等に係る譲渡所得等を別々の分離課税制度とした上で、ⅰ）特定公社債等及び上場株式等に係る譲渡所得等の分離課税と、ⅱ）一般公社債等及び非上場株式等に係る譲渡所得等の分離課税に改組されました。この結果、平成28年1月1日以後、支払を受けるべき配当等のうち、上場株式等に係る配当所得について、申告分離課税を選択適用する場合には上場株式等の譲渡損失と損益通算できます（措法37の12の2①）が、非上場株式等の譲渡損失との損益通算はできなくなります。

第2節　国外株式の譲渡所得等

１　平成25年度税制改正前の取扱い

(1)　外国株式の譲渡所得等の申告分離課税

　居住者が株式等の譲渡（ゴルフ会員権の譲渡に類似する株式等の譲渡は除かれます（措法37の10②）。）をした場合には、その株式等の譲渡（有価証券の受渡しが行われることとなる金融商品先物取引等の方法による株式の譲渡は除かれます。）による譲渡所得、事業所得及び雑所得（土地等の譲渡に類似する株式等の譲渡で、土地等の短期譲渡所得として分離課税の対象とされるものを除きます。）については、給与所得等の他の所得と区分し、その年中のその株式等に係る譲渡所得、事業所得及び雑所得の金額に対し、所得税15％（住民税5％、合計20％）が課されます（措法37の10①）。ある年の株式等の譲渡による譲渡所得等の赤字の合計額は、同じ年の株式等の譲渡による譲渡所得等の黒字の合計額から控除できますが、その控除をしてもなお控除しきれない赤字の残額は、給与所得等の他の所得区分の所得（申告分離課税を選択適用した上場企業等の配当所得を除きます。）の黒字の金額から控除することはできません。また、不動産所得等の他の所得区分の所得に赤字の金額があっても、その赤字の金額を、株式等の譲渡による譲渡所得等の黒字の金額から控除することもできません。

　この申告分離課税の適用対象となる株式には、外国法人に係るものも含むものとされています（措法37の10②）ので、外国株式の売却に係る譲渡所得等も国内株式と同じように申告分離課税により課税されることになります。平成25年1月1日以後に生ずる所得に対しては、さらに、所得税額の2.1％を乗じて計算した金額が復興特別所得税として課されます（財確法13）。

(2) **上場株式等を譲渡した場合の株式等に係る譲渡所得等の軽減税率の特例**

　居住者が金融商品取引所に上場されているもの「その他これに類するものとして所定のもの」等（「上場株式等」といいます。）は、「金融商品取引業者等を通じて売却」した場合には、その上場株式等の譲渡による所得について、申告分離課税の税率が、所得税7％（これは平成25年12月31日までの間に譲渡した場合についての課税の特例。さらに住民税3％、合計10％。平成26年1月1日以後に譲渡した場合についてはこの軽減税率の特例がなくなり、所得税15％、住民税5％、合計20％）とされます（措法37の11①、措法平20附則43②、地法平20附則3⑲、8⑰、措法37の10①、地法附則35の2①⑥）。

　また、平成25年1月1日以後に生ずる所得に対しては所得税額の2.1％を乗じて計算した金額が復興特別所得税として課されます（財確法13）。

　「その他これに類するものとして所定のもの」には、店頭売買登録銘柄として登録されている株式等や外国金融商品市場において売買されている株式等とされます（措法37の11の3②、措令25の10の2⑤）。外国金融商品市場とは、金融商品取引法第2条第8号第3号ロに規定する「取引所金融商品市場に類似する市場で外国に所在するもの」をいいますが、日本証券協会の規則に基づき各証券会社が適格外国金融商品市場としている市場は、これに該当します（措通37の11の3-2）。

　「金融商品取引業者等を通じての売却」とは、ⅰ）金融商品取引法第2条第9項に規定する第1種金融商品取引業（同法28①）を行うもの（証券会社）又は同法第2条11項に規定する登録金融機関（銀行等）への売委託により行う譲渡や、ⅱ）金融商品取引法第2条第9項に規定する第1種金融商品取引業（同法28①）に対する譲渡など（注）です（措法37の12の2②）。このような日本の金融商品取引法等に規定される日本国内で営業する金融商品取引業者等を通じて行われる上場株式等の譲渡等に、この軽減税率の特例は限られます。

　上場外国株式には、外国金融商品市場において売買される株式等のみならず、日本国内の金融商品取引所に上場されている株式等もあります。いずれも「その他これに類するものとして所定のもの」として「上場株式等」には該当します。しかし、上記ⅰ）ⅱ）など所定の「金融商品取引業者等」に該当しない、例えば、国内にある金融商品取引業者等を通さずに譲渡したケースなど「金融商品取引業者等を通じて売却」に該当しない場合には、この軽減課税の特例が適用されず、(1)の税率により申告分離課税されることになります。

(注)　「金融商品取引業者等を通じての売却」とは、ⅰ）ⅱ）以外にも次の方法による譲渡も含まれます。

ⅲ）	金融商品取引法第 2 条第11項に規定する登録金融機関又は投資信託及び投資法人に関する法律第 2 条第11項に規定する投資信託委託会社に対する一定の譲渡
ⅳ）	法人の合併などみなし譲渡課税の対象となる上場株式等の権利の移転又は消滅
ⅴ）	上場株式等を発行した法人の行う株式交換又は株式移転による株式交換完全親法人又は株式移転完全親法人に対する譲渡
ⅵ）	上場株式等を発行した法人に対して会社法の規定に基づいて行う単位未満株式の譲渡
ⅶ）	取得条項付新株予約権又は取得条項付新株予約権が付された新株予約権付社債の発行法人に対する譲渡で一定のもの
ⅷ）	上場株式等を発行した法人に対して改正前の商法の規定に基づいて行う端株の譲渡
ⅸ）	上場株式等を発行した法人が行う会社法第234条第 1 項の規定等による一株又は一口に満たない端株に係る上場株式等の競売その他一定の譲渡
ⅹ）	信託会社（信託業務を営む金融機関を含みます。）の国内にある営業所に信託されている上場株式等のその営業所を通じた外国証券業者への売委託による譲渡又は外国証券業者に対する譲渡

(3) 上場株式等に係る譲渡損失の損益通算及び繰越控除の特例

　居住者が上場株式等の譲渡（土地等の譲渡に類似する株式等の譲渡で、土地等の短期譲渡所得として分離課税の対象とされるものを除きます。）のうち「金融商品取引業者等を通じて売却」したことにより生じた譲渡損失の金額で、その譲渡をした日の属する年分の申告分離課税における株式譲渡所得等の金額の計算上控除しきれない部分の金額は、配当所得について「上場株式等に係る配当所得の課税の特例」としての申告分離課税の選択適用を受ける旨の記載のある確定申告書を提出したときは、配当所得の金額と損益通算ができます（措法37の12の 2 ①②）。

　また、居住者がその年の前年以前 3 年内の各年において生じた上場株式等の譲渡（土地等の譲渡に類似する株式等の譲渡で、土地等の短期譲渡所得として分離課税の対象とされるものを除きます。）のうち「金融商品取引業者等を通じて売却」したことにより生じた譲渡損失の金額（前年以前に控除済のものを除きます。）を有する場合には、その年分の上場株式等に係る譲渡所得等の金額及び上場株式等に係る配当所得の金額（その年分の上場株式等に係る譲渡所得等の金額及び上場株式等に係る配当所得の金額を限度とします。）から繰越控除できます（措法37の12の 2 ⑥、⑦）。

　ここでの上場株式等には、金融商品取引法第 2 条第 8 項第 3 号ロに規定する外国金融商品市場において売買されている株式等が含まれます（措令25の10の 2 ⑤、措法37の11の 3 ②一）。

「金融商品取引業者等を通じての売却」とは、既述のとおりⅰ）金融商品取引法第2条第9項に規定する第1種金融商品取引業（同法28①）を行うもの（証券会社）又は同法第2条11項に規定する登録金融機関（銀行等）への売委託により行う譲渡や、ⅱ）金融商品取引法第2条第9項に規定する第1種金融商品取引業（同法28①）に対する譲渡などです（措法37の12の2②）。このような日本の金融商品取引法等に規定される日本国内で営業する金融商品取引業者等上記所定の「金融商品取引業者等」に該当するものを通じて行われる上場株式等の譲渡等に係る譲渡損失に、この配当所得との損益通算及び繰越控除の特例は限られます。

(4) 特定口座内保管上場株式等の譲渡等に係る所得計算等の特例

居住者が特定口座内保管上場株式等を譲渡した場合には、それぞれの特定口座ごとに、その特定口座内保管上場株式等の譲渡による譲渡所得等の金額と、それ以外の株式等の譲渡所得等の金額とを区分して、これらの金額を計算することとされます（措法37の11の3①）。この特定口座制度は、源泉分離課税が廃止された後、納税者の事務負担軽減を図るべく平成15年から導入された制度で、概要は次のとおりです。

	特定口座 (金融商品取引業者等に特定口座開設届出書を提出　措令25の10の2⑥)	
種　類	源泉徴収選択口座	簡易申告口座
内　容	源泉徴収を選択した特定口座（金融商品取引業者等に特定口座源泉徴収選択届出書を提出）	源泉徴収を選択しない特定口座
配当等の受入の選択	上場株式等の配当等の受入を選択する場合には、金融商品取引業者等に源泉徴収選択口座内配当等受入開始届出書を提出。選択は年単位（措法37の11の6①、②）。	―
特定口座年間取引報告書	金融商品取引業者等が年間の譲渡所得を計算し、特定口座年間取引報告書を作成（措法37の11の3⑦）	

税率	源泉徴収選択口座内調整所得金額に下記の税率を乗じた金額が金融商品取引業者等に源泉徴収（措法37の11の4、措法平20附則45①）されて納税が完結し、確定申告が不要（措法37の11の5）。	特定口座年間取引報告書を添付して、確定申告が必要。譲渡所得等に対する税率は下記のとおり。
平成25年分	所得税及び復興 特別所得税　　7.147％ 住民税（所得割）　3％ 計　　　　　　10.147％	所得税 7％ 復興特別所得税 　所得税額×2.1％ 住民税（所得割）3％
平成26年分以後	所得税及び復興 特別所得税　　15.315％ 住民税（所得割）　5％ 計　　　　　　20.315％	所得税15％ 復興特別所得税 　所得税額×2.1％ 住民税（所得割）5％
その他	下記の場合などには、特定口座年間取引報告書を添付して、確定申告が必要。 ⅰ）源泉徴収選択口座の譲渡所得等の赤字の金額（上場株式等の配当等の受入を選択している場合には配当等との損益通算後）をその源泉徴収選択口座以外の株式等の譲渡所得等の黒字の金額と相殺する場合又は、 ⅱ）上場株式等に係る譲渡損失の損益通算及び繰越控除の特例の適用を受ける場合	－

　ここでの上場株式等には、金融商品取引法第2条第8項第3号ロに規定する外国金融商品市場において売買されている株式等が含まれます（措令25の10の2⑤、措法37の11の3②一）。

　特定口座に受け入れることができる上場株式等（特定口座内保管上場株式等）とは、ⅰ）特定口座の開設後にその金融商品取引法第2条第9項に規定する第1種金融商品取引業（同法28①）、同法第2条第11項に規定する登録金融機関又は投資信託及び投資法人に関する法律第2条第11項に規定する投資信託委託会社（「金融商品取引業者等」といいます。）

への買付けの委託（買付けの委託の媒介、取次ぎ又は代理を含みます。）により取得をした上場株式等又はその金融商品取引業者等から取得をした上場株式等で、その取得後直ちに特定口座に受け入れるもの、ⅱ）他の金融商品取引業者等に開設されている特定口座から移管される上場株式等などです（措法37の11の3③二）。

ただし、居住者が特定口座開設届出書を提出して特定口座を開設する「金融商品取引業者等」の営業所は、国内にある営業所又は事務所に限られます（措法37の11の3③一）。

(5) 外貨で表示されている株式等に係る譲渡所得等の算定

日本国内の金融商品取引所に上場されている外国株式のように、円貨で売買されている外国株式については、その譲渡所得等の金額も国内株式と同じように円貨で算定することになります。

一方、外国金融商品市場において売買される株式や非上場の外国株式等で、外貨建にて売買される株式については、その譲渡所得等の金額の算定に当たり、譲渡対価の額や取得対価の額を円換算する必要があります。これらの円換算方法は次のとおりです（措通37の10-8）。

譲渡対価の額	外貨で表示されている株式等の譲渡対価の額に、金融商品取引業者と株式譲渡者との間の取引約款で定められている約定日におけるその支払をする者の主要取引金融機関（その支払をする者がその外貨に係る対顧客直物電信買相場「TTB」を公表している場合には、その支払をする者）のその外貨に係る対顧客直物電信買相場「TTB」により円貨に換算した金額によります。
取得対価の額	取得対価の額の円貨換算については、対顧客直物電信売相場「TTS」により、上記に準じて行います。株式等の取得の約定日が平成10年3月以前である場合には、外国為替公認銀行の公表したTTSによることとされています。

外貨で表示されている株式等の譲渡対価の額が上記のとおり円換算されるので、為替差損益が譲渡損益に含められるため、譲渡所得とは別に為替差損益を把握する必要がありません。

＜例＞居住者が、国外上場株式を国内の金融商品取引業者を通じて、8,000ドル（購入約

定日の為替相場100円／ドル、購入手数料440円）で購入し、今年10,000ドル（売却約定日の為替相場90円／ドル、売却手数料550円）で売却。（源泉税については省略。）

譲渡対価の円換算額　10,000ドル×売却時の為替相場90円／ドル＝900,000円

取得費の円換算額　8,000ドル×取得時の為替相場100円／ドル＋440＝800,440円

譲渡に要した費用の額550円

譲渡所得＝900,000円－（800,440円＋550円）＝99,010円

2　平成25年度税制改正

平成25年度税制改正における日本版ISAの創設と金融所得課税の一体化の拡充については、既述したとおりです。

平成28年1月1日以後において、上場株式等の譲渡損失は、非上場株式等の譲渡所得と損益通算ができなくなりますが、特定公社債等の利子所得及び譲渡所得等とは損益通算ができるようになります。

第3節　国外公社債の利子

1　平成25年度税制改正前の取扱い

日本国内の個人が、国外で発行された公社債の利子を受けるパターンには、次の2つが挙げられます。

① 国内における支払の取扱者（金融商品取引業者等）を通じて利子を受ける。
② 外国公社債の発行法人又は現地国の支払代理機関から直接利子を受ける。

いずれのパターンでも、外国公社債の発行法人の本店等が所在する国において、利子に対するその国の所得税が、課せられない制度になっている国を除いて、源泉徴収されます。また、②のパターンでは、日本の源泉所得税等が徴収されませんが、①のパターンでは、次のように日本でも源泉徴収されます。

(1) 国外で発行された公社債等の利子所得の分離課税等（国内における支払の取扱者を通じて利子を受けるケース）

居住者が、国外において発行された公社債又は公社債投資信託若しくは公募公社債等運用投資信託の受益権の利子又は収益の分配に係る利子等（国外において支払われるものに

限ります。「国外公社債等の利子等」といいます。）につき、国内における支払の取扱者で国外公社債等の利子等の支払を受ける者のその国外公社債等の利子等の受領の媒介、取次ぎ又は代理（業務として又は業務に関連して国内においてするものに限ります。）をする者（「支払の取扱者」といいます。）を通じてその交付を受ける場合には、その支払を受けるべき国外公社債等の利子等については、給与所得等他の所得と区分し、その支払を受けるべき金額に対し所得税15％（さらに住民税５％）が課されます（措法３の３①、措令２の２②）。また、平成25年１月１日以後に生ずる所得に対しては所得税額の2.1％を乗じて計算した金額が復興特別所得税として課されます（財確法13）。

　居住者に対して支払われる国外公社債等の利子等の国内における支払の取扱者は、その居住者にその国外公社債等の利子等の交付をする際、その交付をする金額（外国所得税の額があるときは、その額を加算した金額）に15％を乗じた金額の所得税（さらに５％を乗じた金額の住民税及び復興特別所得税）を徴収し、その徴収の日の属する月の翌月10日までに国等へ納付しなければなりません（措法３の３③）。つまり、国外公社債等の利子等で、国外において支払われるものを、国内の支払の取扱者を通じて支払を受ける場合には、その支払を受ける際に、所得税、住民税及び復興特別所得税が源泉徴収されて、納税が完結するという源泉分離課税が適用されます。

　この場合において、居住者が支払を受けるべき国外公社債等の利子等につきその支払の際に課される外国所得税（所法95①。措令２の２③で定めるものを含みます。）の額があるときは、その外国所得税の額（注）は、前記の規定により徴収して納付すべきその国外公社債等の利子等に係る所得税の額を限度としてその所得税の額から控除します。これが、いわゆる「差額徴収方式」です。この場合において、その居住者に対する外国税額控除（所法95①）の適用については、その外国所得税についてはないものとします（措法３の３④）。

　つまり、国外公社債等の利子等の支払の際に源泉徴収された外国所得税の額があるときは、国内の支払の取扱者を通じて支払を受ける場合、日本で源泉徴収される税額は外国所得税の額の控除前の国外公社債等の利子等の額に税率を乗じた金額に基づいて算定され、そのように算定された所得税の額から外国所得税の額を控除する「差額徴収方式」が採用されます。これに対して、国外株式の配当等の支払の際に源泉徴収された外国所得税の額があるときは、国内の支払の取扱者を通じて支払を受ける場合、「差額徴収方式」ではなく、日本で源泉徴収される税額はその国外株式の配当等の額からその外国所得税の額を控除した後の金額に税率を乗じた金額とされます（措法９の２③、措令４の５②）。

（注）　国外公社債等の利子等に係る所得税の額から控除する外国所得税の額には、みなし外国税額控除に相当する額も含まれます（措通３の３-９）が、租税条約に定める限度税額を超えて源泉徴収され

たその限度税額を超える部分に相当する外国所得税の額は含まれません（措通3の3-10）。

(2) 外国通貨で支払を受けた利子等を外国通貨で交付する場合の円換算

国内における支払の取扱者が、現地国の支払代理機関等から外国通貨によって国外公社債等の利子等の支払を受け、その国外公社債等の利子等を居住者に外国通貨で交付する場合には、その支払を受けた外国通貨の金額（国外公社債等の利子等の支払を受けた際に源泉徴収された外国所得税の額があるときは、その金額を加算した金額）の円換算額は、次の為替相場により算定し、これを日本の所得税が課せられる「交付をする金額」として源泉徴収税額を計算します（措通3の3-6）。

	為替相場
記名の国外公社債等の利子等	支払開始日と定められている日の対顧客直物電信買相場（TTB）（注）
無記名の国外公社債等の利子等	現地保管機関等が受領した日におけるTTB（注） （現地保管機関等からの受領の通知が著しく遅延して行われる場合を除き、支払の取扱者がその通知を受けた日のTTBとしても差し支えありません）

（注）　国内における支払の取扱者の主要取引金融機関（国内における支払の取扱者がその外国通貨に係る東京外国為替市場におけるTTBを公表している場合には、その支払取扱者）のその外国通貨に係る東京外国為替市場のTTB。

　なお、国外公社債等の利子等に係る所得税から控除する外国所得税の額の円換算については、その国外公社債等の利子等に係る円換算日におけるTTBによります。

(3) 外国通貨で支払を受けた利子等を円貨で交付する場合の利子等の金額

国内における支払の取扱者が現地国の支払代理機関から外国通貨によって国外公社債等の利子等の支払を受け、その国外公社債等の利子等を居住者に円貨で交付する場合には、その交付する金額を利子等の金額（支払を受けた外国通貨の金額（国外公社債等の利子等の支払を受けた際に源泉徴収された外国所得税の額があるときは、その金額を加算した金額）を円換算日におけるTTBにより円換算した金額）とその他の金額とに区分し、この利子等の金額を日本の所得税が課せられる「交付をする金額」として源泉徴収税額を計算します（措通3の3-7）。

(4) 外国公社債の発行法人又は現地国の支払代理機関から直接利子を受ける国外公社債

　国外公社債等の利子等につき、国内における「支払の取扱者」を通さず、外国公社債の発行法人又は現地国の支払代理機関から直接その支払を受ける場合には、その支払を受けるべき国外公社債等の利子等については、原則として国内で源泉徴収されず、源泉分離課税が適用されません（措法3の3①）。総合課税により利子所得として確定申告することになります。

(5) 民間国外債等の利子の取扱い

　民間国外債とは、内国法人又は外国法人により国外において発行された債券で、その利子の支払が国外において行われるものをいいます。ただし、外国法人により発行された債券にあっては、その外国法人が国内において行う事業に係るものとして次の債券に限ります（措法6①）。

・国内に支店、工場その他事業を行う一定の場所を有する外国法人（法141一）により国外において発行された債券の利子の全部又は一部がその事業を行う一定の場所を通じて国内において行う事業に帰せられる場合におけるその債券

・国内において建設作業等を1年を超えて行う外国法人（法141二）又は国内において代理人等を置く外国法人（法141三）により国外において発行された債券の利子の全部又は一部がこれらの事業に帰せられる場合におけるその債券（措令3の2の2①）

　居住者は民間国外債につき支払を受けるべき利子について所得税を納める義務があるものとし、内国法人により発行された民間国外債の利子にあっては、その支払を受けるべき金額に対し15％（復興特別所得税も含めると15.315％、住民税はありません。）の税率を、外国法人により発行された民間国外債の利子にあっては、その外国法人が国内において行う事業に係わるものとして次に掲げる金額に対し15％（復興特別所得税も含めると15.315％、住民税はありません。）の税率を適用して所得税が課されます（措法6①、財確法28①②）。

・国内に支店、工場その他事業を行う一定の場所を有する外国法人（法141一）により発行された民間国外債につき支払を受けるべき利子の金額のうちその事業を行う一定の場所を通じて国内において行う事業に帰せられる部分に相当する金額

・国内において建設作業等を1年を超えて行う外国法人（法141二）又は国内において代理人等を置く外国法人（法141三）により発行された民間国外債につき支払を受けるべき利子の金額のうちこれらの事業に帰せられる部分に相当する金額（措令3の2の2②）

民間国外債につき、居住者に対しその利子の支払をする者は、その支払の際、内国法人により発行された民間国外債の利子にあっては、その支払をする金額の15％（復興特別所得税も含めると15.315％、住民税はありません。）の税率を、外国法人により発行された民間国外債の利子にあっては、その外国法人が国内において行う事業に係わるものとしての上記の金額に対し15％（復興特別所得税も含めると15.315％、住民税はありません。）の税率を乗じた金額の所得税を徴収し、その徴収の日の属する月の翌月末日までに、これを国へ納付しなければなりません（措法6②、財確法28①②）。

このような民間国外債の利子の取扱いは、外貨公債の発行に関する法律第2条第1項又は第4条に規定する外貨債のうち、国外において発行されたもので、その利子の支払が国外において行われるものについても準用されます（措法6⑪）。

居住者が受ける民間国外債及び外貨債の利子については、総合課税により利子所得として確定申告することになります。

国外において発行された公社債等の利子等

		国外公社債等の発行法人の本店等が所在する国における源泉徴収	日本の所得税等の源泉徴収税率	課税方式	確定申告の要否
国内における支払の取扱者を通じてその交付を受ける場合（注）		現地の国ごとに定められた税率で源泉徴収（現地国で課税されない制度になっている国については源泉徴収なし）	所得税及び復興特別所得税15.315％ 住民税（所得割） 5％ ただし、差額徴収方式による。	源泉分離課税	不要
発行法人又は現地国の支払代理機関から直接その支払を受ける場合	下記以外の国外公社債等（注）		源泉徴収されない	総合課税	必要
	居住者が受ける民間国外債（外国法人により発行された債券に		所得税及び復興特別所得税15.315％ 住民税（所得割）なし	総合課税	必要

	あっては、その外国法人が国内において行う事業に係るものに限る）及び外貨債の利子			

(注) 国外公社債等の利子等に係る源泉徴収税額の具体例については、第5章第2節を参照してください。

(6) 国内で発行された公社債のうち所定の国際機関が発行するもの

　国内で発行された公社債の利子については、原則として、源泉分離課税により納税が完了します。しかし、国内で発行された公社債であっても、下記の国際機関が発行する公社債の利子については、条約や法律により源泉徴収義務の規定（所法181、212）を適用しないこととされています（措法3①、措令1の4③）。これらは、国内で源泉徴収されていなければ、総合課税により利子所得として確定申告することになります。

国際通貨基金（IMF）	米州開発銀行（IDB）
国際復興開発銀行（世界銀行、IBRD）	欧州復興開発銀行（EBRD）
国際開発協会（IDA）	アジア開発銀行（ADB）
国際金融公社（IFC）	アフリカ開発基金（ADF）
投資紛争解決国際センター（ICSID）	アフリカ開発銀行（AFDB）

(7) みなし外国税額控除

　みなし外国税額とは、相手国等の法律の規定又はその相手国等との間の租税条約の規定により軽減され又は免除されたその相手国等の租税の額で、その租税条約の規定に基づき納付したものとみなされるものをいいます（租税条約等の実施に伴う所得税法、法人税法及び地方税法の特例等に関する法律の施行に関する省令（以下「租税条約等実施特例省令」とします。）1十一）。

① 国内において発行された公社債で、その利子の支払が国内において行われるものの利子の場合であって、みなし外国税額控除による還付請求ができるケース

　居住者が国内において支払を受けた外国法人等が発行した債券等の利子（日本の分離課税の適用を受ける利子等）につき、租税条約の相手国の租税（みなし外国税額を含みます。）

が課されている場合において、その居住者が、その相手国の租税の額を控除する旨定めるその相手国との間の租税条約の規定による所得税の還付（みなし外国税額控除）を受けられるケースには、次に掲げる事項を記載・添付して所轄税務署長に提出し（租税条約等実施特例省令13の2①）、その還付を受けます。

租税条約に関する源泉徴収税額の還付請求書				
記載事項	ⅰ）利子等の支払を受ける者の氏名、住所			
	ⅱ）利子等の支払者の名称、本店所在地			
	ⅲ）利子等の支払の取扱者の名称、本店所在地			
	ⅳ）	債券の場合	種類・名称、額面金額、数量、取得日、利子等の金額・支払期日	
		債券以外のものの場合	契約日、契約金額、契約期間、利子等の金額・支払期日	
	還付を受けることができる事情の詳細	ⅴ）源泉徴収された所得税及び復興特別所得税の額		
		ⅵ）支払の際に課される相手国の租税の額（みなし外国税額を含みます。）		
		還付を受けようとする金額（ⅴ）とⅵ）のいずれか少ない方の金額）		
		ⅶ）適用する租税条約名と条文		
	ⅷ）その他参考となるべき事項			
添付書類	ⅴ）の金額を証する書類			
	ⅵ）の金額を証する書類			

相手国の租税の額（みなし外国税額を含みます。）を控除する旨を定めるその相手国との間の租税条約の規定による復興特別所得税の還付を受けようとする場合にも、上記規定（租税条約等実施特例省令13の2）の適用があるものとされ、復興特別所得税又は所得税

に係る上記の還付請求と還付は併せて行わなければならないものとされています（復興特別所得税に関する省令（以下「復特所令」とします。）8③四）。

この還付請求書を受理した税務署長は、徴収された所得税の額並びにその所得税の額に係る復興特別所得税の額（復興所令8③四）を限度としてその相手国の租税の額に相当する金額をその居住者に対して還付します。この還付により、代わりに、その居住者の外国税額控除の適用においては、その相手国の租税の額は、外国所得税の額には含まれないものとされます（租税条約等実施特例省令13の2②）。

相手国の租税の額（みなし外国税額を含みます。）を控除する旨を定めるその相手国との間の租税条約の規定が、住民税（道府県民税及び都民税）についても適用がある場合において、相手国の租税の額のうち、所得税の額及び復興特別所得税の額の合計額で控除しきれない額があるときは、その利子等に係る利子割の額を限度として、相手国の租税の額のうち、所得税の額及び復興特別所得税の額の合計額を越える部分に相当する金額が、還付されます（租税条約等実施特例省令13の2④）。

居住者が、この租税条約の規定による住民税の還付（みなし外国税額控除）を受けるには、次に掲げる事項を記載・添付して利子割の特別徴収義務者の営業所等の所在地の都道府県知事に提出します（租税条約等実施特例省令13の2③）。

租税条約に関する都道府県民税利子割額の還付請求書	
記載事項	源泉所得税の還付請求書に記載されるⅰ）からⅷ）の事項
	利子等の特別徴収義務者の営業所等の所在地・本店所在地・名称
	地方税法の規定により徴収された利子割の額
添付書類	源泉所得税の還付請求書に添付される書類、利子割の金額を証する書類
	源泉所得税及び復興特別所得税の還付を受けたことを証する書類

国外公社債等の利子等に係るみなし外国税額控除の具体例を示すと、次のとおりです。

例1

＜前提条件＞
・日本国内で発行され、日本国内で利子が支払われる円建ブラジル連邦共和国債。
・日本国とブラジル連邦共和国との間に租税条約（日伯租税条約）あり。
・租税条約に、居住者がその相手国の租税の額を日本の租税から控除すると定めている。

・この日本の租税には日本の住民税を含む（下記）。

> 日伯租税条約：第22条(2)
> (a)（ｉ）日本国の居住者がこの条約の規定に従ってブラジルにおいて租税を課される所得をブラジルにおいて取得するときは、その所得について納付されるブラジルの租税の額は、その居住者に対して課される日本国の租税から控除する。ただし、その控除の額は、日本国の租税の額のうちその所得に対応する部分を超えないものとする。
> (d)（2）の規定の適用上、「日本国の租税」には、住民税を含む。

・国債の利子の支払の際に課されるブラジル側の実際の源泉徴収税額は、ゼロ。

> 日伯租税条約：第10条
> (1) 一方の締約国内（この例ではブラジル）で生じ、他方の締約国（この例では日本）の居住者に支払われる利子に対しては、当該他方の締約国（この例では日本）において租税を課することができる。
> (2) (1)の利子に対しては、当該利子が生じた締約国（この例ではブラジル）において、その締約国の法令に従って租税を課することができる。その租税の額は、当該利子の金額の12.5％を超えないものとする。
> (6) 利子は、その支払者が一方の締約国（この例ではブラジル）又はその地方政府若しくは地方公共団体若しくは居住者であるときは、その締約国内（この例ではブラジル）で生じたものとされる。・・・・・

・租税条約に定めるみなし外国税額は、利子の金額の20％（下記）。

> 日伯租税条約：第22条(2)(b)（ｉ）(B) 第10条(2)の規定が適用される利子については20％の率で納付されたものとみなす。

・居住者（非永住者以外の者）甲氏は、日本国内における金融商品取引業者等を通じてその支払を受けます。

	円建金額
ブラジル国債の利子（ア）	1,000,000円
ブラジルにおける源泉徴収税率	なし
ブラジルにおける源泉税（イ）	0円

差額徴収方式	日本における源泉徴収税率 　所得税　　　　　15％ 　復興特別所得税　所得税額の2.1％ 　住民税（所得割）　5％	
	日本における所得税と復興特別所得税の源泉徴収税額の合計額 （ア）×所得税率15.315％＝（ウ）	153,150円
	外国所得税の額を控除した額 （ウ）－（イ）＝（エ）	153,150円
	日本における住民税の源泉徴収税額 （ア）×住民税率5％＝（オ）	50,000円
	源泉徴収税額の合計 （イ）＋（エ）＋（オ）＝（カ）	203,150円
	差引入金額（ア）－（カ）	796,850円

　「租税条約に関する源泉徴収税額の還付請求書」の提出により、徴収された所得税の額150,000円並びにその所得税の額に係る復興特別所得税の額（復興所令8③四）3,150円の合計額153,150円を限度として、その相手国の租税の額に相当する金額（みなし外国税額を含みます。）をその居住者に対して還付します。

　日本における所得税と復興特別所得税の源泉徴収税額の合計額＝上記（ウ）153,150円
　利子の支払の際に課されるブラジルの租税の額（外国税額）＝0円
　利子の支払の際に課されるとみなされるブラジルの租税の額（みなし外国税額）
　　　　　　　　　＝利子の額1,000,000円×みなし源泉税率20％＝200,000円
よって、居住者への還付額は153,150円となります。

　さらに、相手国の租税の額のうち、所得税の額及び復興特別所得税の額の合計額で控除しきれない額があるときは、「租税条約に関する都道府県民税利子割額の還付請求書」の提出により、その利子等に係る利子割の額を限度として、相手国の租税の額のうち、所得税の額及び復興特別所得税の額の合計額を超える部分に相当する金額が、還付されます。

　利子の支払の際に課されるブラジルの租税の額（みなし外国税額を含む）　＝200,000円
　日本における所得税の額及び復興特別所得税の額の合計額　　　　　　　　＝153,150円
　　差引　　　　　　　　　　　　　　　　　　　　　　　　　　　　　　　46,850円
　この金額が、居住者への還付額となります。

以上より、居住者への還付額は、153,150円＋46,850円＝200,000円です。

「租税条約に関する源泉徴収税額の還付請求書」及び「租税条約に関する都道府県民税利子割額の還付請求書」記載例は、次のとおりです。ここでは、平成24年12月時点の用紙を参考にして例示します（その後各年分の「租税条約に関する都道府県民税利子割額の還付請求書」の様式の変更箇所を確認する必要があります。）。

租税条約に関する源泉徴収税額の還付請求書
（利子所得に相手国の租税が賦課されている場合の外国税額の還付）

〒
住　所　_____
（フリガナ）
_____税務署長　　　氏　名　_____㊞
_____年___月___日提出　　電話番号 _____

租税条約等の実施に伴う所得税法、法人税法及び地方税法の特例等に関する法律の施行に関する省令第13条の2の規定により、下記のとおり請求します。

還付請求に関する事項	還付を受けようとする金額	希望する還付金の受領場所		
	下記③の金額を移記してください。	（受取には便利な銀行等振込みをできるだけ御利用ください。）		
		イ　銀行等　銀行・ 　　金庫・組合 　　　　　　農協・漁協	本店・本所 出　張　所 支店・支所	口座 預金 番号
	円	ロ　ゆうちょ銀行の貯金口座 　　貯金口座の記号番号 ___ー___	ハ　郵便局等窓口 _____	

利子等の支払者	本店又は主たる事務所の所在地（住所又は居所）	×××，×××，×××
	名称（氏名）	ブラジル連邦共和国

利子等の支払の取扱者	本店又は主たる事務所の所在地（住所又は居所）	××× ××× ××× 電話 ___ー___ー___
	名称（氏名）	××証券会社　××支店

債券の内容等	銘柄・回号（種類・名称）	記号番号（登録番号）	名義人の氏名又は名称	
	円建ブラジル連邦共和国債(××)	×××	×××	
	額面金額	数量	取得年月日	利子等の支払期日	利子等の金額
	×××	×	×．×．×	×．×．×	×× 円

債券以外のものの内容等	支払の基因となった契約の内容		契約の締結年月日	
	契約金額	契約期間	利子等の支払期日	利子等の金額
				円

還付を受けることができる事情の詳細等	日本国と ブラジル連邦共和国 との間の租税条約第22条第2項 b の適用		
	源泉徴収された所得税及び復興特別所得税の額　①	支払の際に課される相手国の租税の額（みなし外国税額を含む。）②	還付を受けようとする金額（①と②とのいずれか少ない方の金額）③
	153,150 円	200,000 円	153,150 円

・この還付請求書には、①及び②の金額を証する書類を添付してください。
・この還付請求書の記載に当たっては、裏面の注意事項を参照してください。

※以下の欄には記載しないでください。

税務署処理欄	起案	・・	決裁	署長	副署長	統括官	上席	担当者	整理簿
	決裁	・・							
	施行	・・							
	承認処理	請求金額	円	通信日付印	年月日	検討事項		
		還付金額	円	確認印				
	その他	（理由）						

（規格A4）

24.12改正

第3章●居住者の国外財産に係る所得税の取扱い

平成　年　月　日

県総合（県税）事務所長　殿

(受付印)

住所
（フリガナ）
氏名　　　　　　　　　　　　印
電話　　　　（　　）

租税条約に関する県民税利子割額の還付請求書

租税条約の実施に伴う所得税法、法人税法及び地方税法の特例等に関する法律の施行に関する省令第13条の2の規定により、次のとおり請求します。

還付請求に関する事項	還付を受けようとする金額 （下記⑥の金額を移記してください） 46,850 円	振込口座名 ××　銀行　　××　支店 　　金庫　　　　　支所 預金種別　普 ・ 当　　口座番号　×××××		
県民税利子割の特別徴収義務者取扱営業所等	所在地	×××　×××　×××	本店又は主たる事務所所在地	××　都道府県
	名称	××証券会社　××支店	利子等の支払期日	×　年　×　月　×　日
還付を受けることができる事情の詳細等	日本国とブラジル連邦共和国との間の租税条約第２２条　第２項 b の適用			
	源泉徴収された所得税及び復興特別所得税の額　①	支払の際に課される相手国の租税の額（みなし外国税額を含む）　②		還付を受けた所得税及び復興特別所得税の額　③
上記の特別徴収義務者取扱営業所等に係るものに限る	153,150 円	200,000 円		153,150 円
	所得税及び復興特別所得税で控除しきれなかった額（②－③）　④	徴収された県民税利子割の額　⑤		還付を受けようとする金額（④と⑤とのいずれか少ない方の金額）　⑥
	46,850 円	50,000 円		46,850 円

所得税の還付請求書(写し)を添付していただいた場合は、以下の記載を省略することができます。

利子等の支払者	本店又は主たる事務所の所在地	
	名称	電話　　（　　）
利子等の支払の取扱者	本店又は主たる事務所の所在地	
	名称	電話　　（　　）

債権の内容等	銘柄・回号(種類・名称)	記号番号(登録番号)	名義人の氏名又は名称	
	額面金額	数量	取得年月日	利子等の支払期日	利子等の金額
			年　月　日		円

債権以外のものの内容等	支払の基因となった契約の内容		契約の締結年月日	
	契約金額	契約期間	利子等の支払期日	利子等の金額
				円

備考　1　この還付請求書には、①、②、③及び⑤の欄の金額を証する書類を添付してください。
　　　2　①、②及び③の欄は、所得税の還付請求書に準じて記入してください。

② 国外において発行された公社債で、その利子の支払が国外において行われるものの利子につき、国内の支払の取扱者を通じて支払を受ける場合であって、みなし外国税額控除も折り込んだ差額徴収方式により国内で源泉徴収されたケース

　国外において発行された公社債で、その利子の支払が国外において行われるものの利子につき、租税条約の相手国の租税（みなし外国税額を含みます。）が課されている場合において、その居住者が、その相手国の租税の額を控除する旨定めるその相手国との間の租税条約の規定による所得税の還付（みなし外国税額控除）については、国内の支払の取扱者を通じて支払を受けるときは、日本で源泉徴収される税額は外国所得税の額の控除前の国外公社債等の利子等の額に税率を乗じた金額に基づいて算定され、そのように算定された所得税の額から外国所得税の額を控除する「差額徴収方式」が採用されます（措法3の3④）。ここでの外国所得税の額には、みなし外国税額控除に相当する額も含まれます（措通3の3-9）（租税条約に定める限度税率を超えて源泉徴収されたその限度税率を超える部分に相当する外国所得税の額は含まれません（措通3の3-10））。したがって、このようにみなし外国税額控除も折り込んだ差額徴収方式による場合には、①の場合のように、「租税条約に関する源泉徴収税額の還付請求書」や「租税条約に関する都道府県民税利子割額の還付請求書」の提出による還付請求をするまでもなく、国内の支払の取扱者を通じて利子の支払を受ける際に日本で源泉徴収される税額が、既にみなし外国税額控除を適用して算定されていることになります。

例2

例1の前提条件を、国外で発行されたブラジル国債で、国外で利子が支払われるものに置き換えると、次のとおりです。この場合は、国内の支払の取扱者が、差額徴収方式によりみなし外国税額控除を適用して、日本での源泉徴収を行います。

	円建金額
ブラジル国債の利子（ア）	1,000,000円
ブラジルにおける源泉徴収税率	なし
ブラジルにおける実際の源泉税（イ）	0円
ブラジルにおけるみなし税率	20%
ブラジルにおけるみなし外国税額（キ）	200,000円

差額徴収方式	日本における源泉徴収税率 所得税　　　　15％ 復興特別所得税　所得税額の2.1％ 住民税（所得割）5％	
	日本における所得税と復興特別所得税の源泉徴収税額の合計額 （ア）×所得税率15.315％＝（ウ）	153,150円
	外国所得税の額を控除した額（注1） （ウ）－（イ）－（キ）＝（エ）	0円
	日本における住民税の源泉徴収税額 （ア）×住民税率5％－みなし外国税額控除（注2）＝（オ）	3,150円
	源泉徴収税額の合計 （イ）＋（エ）＋（オ）＝（カ）	3,150円
	差引入金額（ア）－（カ）	996,850円

（注1）　みなし外国税額（キ）200,000円が、（ウ）153,150円よりも大きいので、0円となります。
（注2）　（キ）200,000円－（ウ）153,150円＝46,850円

2　平成25年度税制改正

金融所得課税の一体化の拡充

　既述のとおり、平成25年度税制改正において、上場株式等の譲渡損失及び配当所得の損益通算の特例の対象に、特定公社債等の利子所得及び譲渡所得等を加え、これらの所得間並びに上場株式等の配当所得（申告分離課税を選択したものに限られます。）及び譲渡所得等との損益通算を可能としました。この改正は、平成28年1月1日から適用されます。公社債等は特定公社債等と一般公社債等に区分されます。

① 特定公社債等

　特定公社債とは、次の公社債（いわゆる金融債で預金保険の対象となっているものを除きます。）です（措法37の11②、3①）。

特定公社債	国債、地方債、外国国債、外国地方債
	会社以外の法人が特別の法律により発行する債券（外国法人に係るもの並びに投資法人債、短期投資法人債、特定社債及び特定短期社債を除きます。）
	公募公社債、上場公社債
	発行日の前6月以内に有価証券報告書等を提出している法人が発行する社債
	国外において発行された公社債で、次に掲げるもの（取得後引き続き保護預りがされているものに限ります。） ⅰ）国内において売出しに応じて取得した公社債 ⅱ）国内における売付け勧誘等に応じて取得した公社債（ⅰ）を除きます。）で、その取得の日前6月以内に有価証券報告書等を提出している法人が発行するもの
	金融商品取引所又は外国金融商品取引所において公表された公社債情報（一定の期間内に発行する公社債の上限額、発行者の財務状況等その他その公社債に関する基本的な情報をいいます。）に基づき発行される公社債で、目論見書にその公社債情報に基づき発行されるものである旨の記載のあるもの
	次の外国法人が発行し、又は保証する社債 ⅰ）出資金額等の2分の1以上が外国の政府により出資されている外国法人 ⅱ）外国の特別の法令に基づき設立された外国法人で、その業務がその外国の政府の管理の下で運営されているもの
	国際間の取極に基づき設立された国際機関が発行し、又は保証する公社債
	国内又は国外の法令に基づいて銀行業又は金融商品取引業を行う法人又はその法人との間に完全支配関係がある法人等が発行する社債（その取得者が1人又はその関係者のみであるものを除きます。）
	平成27年12月31日以前に発行された公社債（発行時に源泉徴収がされた割引債を除きます。）

　特定公社債等は、特定公社債、公募公社債投資信託の受益権、証券投資信託以外の公募投資信託の受益権及び特定目的信託（その社債的受益権の募集が公募により行われたものに限ります。）の社債的受益権です（措法3①）。
　居住者等が平成28年1月1日以後に支払を受けるべき特定公社債等の利子等の取扱い

は、具体的に次のように改正されます。

	平成25年度税制改正前	改正後の特定公社債等の利子等
適用時期	平成27年12月31日まで	平成28年1月1日以後
利子所得の課税方式（原則）	20.315％（所得税15％、復興特別所得税0.315％、住民税5％）の税率による源泉分離課税	20.315％源泉分離課税の対象から除外し、20.315％（所得税15％、復興特別所得税0.315％、住民税5％）の税率による申告分離課税の対象とされます（措法3①）。
確定申告の要否（原則）	源泉分離課税により確定申告不要	申告分離課税による確定申告の対象。ただし、一定の特定公社債等の利子等（源泉徴収が行われたものに限ります。）を有する居住者は、その特定公社債等の利子等については、申告不要とすることができます（措法8の5、3①）。
居住者が受ける利子等の支払の際に源泉徴収された外国所得税の額があり、国内の支払の取扱者を通じて支払を受ける場合における日本で源泉徴収される税額	外国所得税の額の控除前の国外公社債等の利子等の額に税率を乗じた金額に基づいて算定され、そのように算定された所得税の額から外国所得税の額を控除する「差額徴収方式」	申告分離課税の対象となる利子等については、その国外公社債等の利子等の額からその外国所得税の額を控除した後の金額に税率を乗じた金額（「差額徴収方式」でない方法）（措法3の3②④）

② 一般公社債等

　一般公社債等とは、特定公社債以外の公社債、私募公社債投資信託の受益権、証券投資信託以外の私募投資信託の受益権及び特定目的信託（その社債的受益権の募集が公募以外の方法により行われたものに限ります。）の社債的受益権です。

一般公社債等の利子等の取扱いは、次のとおりです。

	平成25年度税制改正前	改正後の一般公社債等の利子等
適用時期	平成27年12月31日まで	平成28年1月1日以後
利子所得の課税方式（原則）	20.315％（所得税15％、復興特別所得税0.315％、住民税5％）の税率による源泉分離課税	20.315％（所得税15％、復興特別所得税0.315％、住民税5％）の税率による源泉分離課税を維持します（措法3①）。
同族会社が発行した社債の利子でその同族会社の役員など同族会社の判定の基礎となった株主等が支払を受けるもの		総合課税の対象となります。

第4節 国外債券の譲渡所得等

1 平成25年度税制改正前の取扱い

(1) 居住者が国外債券を譲渡したことによる所得の課税の有無及び課税方式

	所得とされる譲渡内容		主な公社債例	課税方式
原則	下記以外の公社債の譲渡による所得は所得税が課されず（措法37の15①一）、反対に、その譲渡損失は所得の計算上ないものとみなす（措法37の15②一）。			
割引の方法により発行さ	国外で発行される（募集又は売出しを行う地域が国外である）割引発行の公社債で、国内において譲渡（措法37の16①一、措通37の16-1）		ゼロクーポン債	総合課税の譲渡所得として他の所得とともに確定申告（注）（ただし、営利目的で継続的な
	利子が支払われ、割引発行の公社債に類する右記の公	利子の利率が所定の著しく低いもの	ディープ・ディスカウント債、ロークーポン債	

れる公社債等の譲渡による所得の課税の特例	社債で、国内において譲渡（措法37の16①二、措令25の15②）	元本と利子を切り離してそれぞれ独立して取引されるもの	ストリップス債	譲渡の場合には、総合課税の事業所得又は雑所得）
		利子の計算期間が1年を超えるもの又は利子の計算期間のうちに1年を超える利子の計算期間があるもの（例：最初の数年間は利払いなしで、その後利払いがあるもの）	ディファード・ペイメント債	
		利子の「最高利率÷最低利率」が150％以上であるもの（利子を付さない期間を含みます。）	ディファード・ペイメント債と同様のものとされる公社債	
	国内で割引発行の公社債で、所定の法人が発行するもの（措法37の16①三、措令25の15③）		住宅金融支援機構、都市再生機構、外国政府、外国の地方公共団体、国際機関等の公社債	
	国内外で発行された、利子が支払われない公社債（割引発行の公社債を除きます。）（措法37の16①四）		ETFS金上場投信等の投資法人債券	
	特定短期割引公社債（国内で割引発行の公社債で、発行日から償還日までの期間が1年以下であって、その償還差益に源泉分離課税が適用されない所定のもの）（措法41の12⑨⑩）			
原則除外	新株予約権付社債（資産の流動化に関する法律に規定する転換特定社債、新優先出資引受権付特定社債、従来の転換社債、新株引受権付社債等を含みます。）（措法37の10②三、措法37の15①）			株式等に係る譲渡所得等

(注) 総合課税の譲渡所得の金額は、次のように集計されます。
　短期譲渡所得＝取得日から譲渡日までが5年以内の資産譲渡益－特別控除額※（最高50万円）
　長期譲渡所得＝取得日から譲渡日までが5年超の資産譲渡益－特別控除額（50万円から※を差し引いた残額）（所法33⑤）
　長期譲渡所得の金額の1／2に相当する金額を、短期譲渡所得の金額、その他の所得の金額と総合して、総所得金額を算定します。

(2) 外貨で表示されている公社債等の係る譲渡所得等の算定

　外貨建にて売買される公社債について、その譲渡所得等の金額の計算は、外貨で表示されている株式等の係る譲渡所得等の算定方法（措通37の10-8）に準じて、まず譲渡対価の額や取得対価の額を円換算し、それから譲渡所得等を円貨ベースで算定します。このように外貨で表示されている譲渡対価の額が円換算されて為替差損益が譲渡損益に含められるため、譲渡所得とは別に為替差損益を把握する必要はありません。なお、円貨で売買されている外貨建公社債については円換算が不要で、その譲渡所得等の金額も実際に授受されたその円貨でもって算定します。

2　平成25年度税制改正

金融所得課税の一体化の拡充

　既述のとおり、平成25年度税制改正において、上場株式等の譲渡損失及び配当所得の損益通算の特例の対象に、特定公社債等の利子所得及び譲渡所得等を加え、これらの所得間並びに上場株式等の配当所得（申告分離課税を選択したものに限られます。）及び譲渡所得等との損益通算を可能としました。この改正は、平成28年1月1日から適用されます。

　具体的には、居住者等が平成28年1月1日以後に特定公社債等の譲渡をした場合には、次のように改正されます。

	平成25年度税制改正前	改正後の特定公社債等の譲渡
適用時期	平成27年12月31日まで	平成28年1月1日以後
譲渡所得等の課税方式	公社債の譲渡については、非課税。公社債の償還差益は、雑所得として総合課税（所基通35-1）。なお、償還差損となった場合には、課税所得	特定公社債等の譲渡による譲渡所得等については、非課税の対象から除外され、20.315％（所得税15％、復興特別所得税0.315％、住民税5％）の税率による申告分離課税の対象とされます（措法37の11①）。特定公社債等の償還又は一部解約等により支

	の計算上、その損失はなかったものとされます。	払を受ける金額を特定公社債等の譲渡所得等に係る収入金額とみなすことにより、20.315％（所得税15％、復興特別所得税0.315％、住民税5％）の税率による申告分離課税の対象とされます（措法37の11③④）。損失が生じた場合には、他の特定公社債等の譲渡所得等から控除することが可能になります。
上場株式等の譲渡損失及び配当所得の損益通算並びに繰越控除の特例の対象範囲の拡充	―	上場株式等の譲渡損失及び配当所得の損益通算の特例の対象に、特定公社債等の利子所得及び譲渡所得等を加え、これらの所得間並びに上場株式等の配当所得（申告分離課税を選択したものに限ります。）及び譲渡所得等との損益通算を可能としました（措法37の12の2①②）。平成28年1月1日以後の特定公社債等の譲渡により生じた損失の金額のうち、その年に損益通算をしても控除しきれない金額については、翌年以後3年間にわたり、特定公社債等の利子所得等及び譲渡所得等並びに上場株式等の配当所得（申告分離課税を選択したものに限ります。）及び譲渡所得等からの繰越控除が可能となります（措法37の12の2⑤⑥）。
特例対象となる譲渡の範囲	―	上記の特例の対象となる譲渡の範囲に、公社債を発行した法人が行う買入消却による公社債の譲渡が加わります（措法37の11③、37の10③七、37の12の2②四）。
特定口座の取扱い	―	居住者等が特定口座を開設している金融商品取引業者等への買付けの委託により取得した特定公社債等又はその金融商品取引業等から取得した特定公社債等を、その特定口座へ受け入れることができることになります。この場合には、特定口座内の特定公社債等に

	係る譲渡所得等の金額と特定口座以外の特定公社債等に係る譲渡所得等の金額は、区分してこれの金額を計算することになります（措法37の11の3）。
	居住者等が金融商品取引業者等の営業所を通じて特定公社債等の利子等の支払を受ける場合において、その居住者等がその金融商品取引業者等の営業所に源泉徴収選択口座を開設しているときは、その利子等をその源泉徴収選択口座に受け入れることができることになります（措法37の11の6）。
	源泉徴収選択口座に受け入れた特定公社債等の利子等又は上場株式等の配当等に対する源泉徴収税額を計算する場合において、その源泉徴収選択口座内における特定公社債等又は上場株式等の譲渡所得等の金額の計算上生じた損失の金額があるときは、その利子等又は配当等の額からその譲渡損失の金額を控除（源泉徴収選択口座内における損益通算）した金額に対して20.315％（所得税15％、復興特別所得税0.315％、住民税5％）の税率を乗じて徴収すべき所得税、復興特別所得税及び住民税の額を計算することになります（措法37の11の6⑥）。
	居住者等が平成27年12月31日以前に特定口座を開設している金融商品取引業者等を通じて取得した特定公社債等について、平成28年1月1日に特定口座に受け入れることができることとされました。 平成28年1月1日から同年12月31日までの間は、自己が保管する特定公社債等を実際の取得日及び取得価額で特定口座に受け入れることができます。

次に、居住者等が、平成28年1月1日以後に一般公社債等の譲渡をした場合には、次のように改正されます。

	平成25年度税制改正前	改正後の一般公社債等の譲渡
適用時期	平成27年12月31日まで	平成28年1月1日以後
譲渡所得等の課税方式	公社債の譲渡については、非課税。 公社債の償還差益は、雑所得として総合課税（所基通35-1）。なお、償還差損となった場合には、課税所得の計算上、その損失はなかったものとされます。	一般公社債等の譲渡による譲渡所得等については、非課税の対象から除外され、20.315％（所得税15％、復興特別所得税0.315％、住民税5％）の税率による申告分離課税の対象とされます（措法37の10①）。 一般公社債等の償還又は一部解約等により支払を受ける金額（私募公社債投資信託及び証券投資信託以外の私募投資信託にあっては、信託元本額までに限ります。）を一般公社債等の譲渡所得等に係る収入金額とみなすことにより、20.315％（所得税15％、復興特別所得税0.315％、住民税5％）の税率による申告分離課税の対象とされます（措法37の10③④）。 損失が生じた場合には、他の一般公社債等の譲渡所得等から控除することが可能になります。
株式等に係る譲渡所得等の分離課税の改組	—	上場株式等に係る譲渡所得等と非上場株式等に係る譲渡所得等を別々の分離課税制度とした上で、ⅰ）特定公社債等及び上場株式等に係る譲渡所得等の分離課税と、ⅱ）一般公社債等及び非上場株式等に係る譲渡所得等の分離課税に改組されました。この結果、一般公社債等の譲渡所得等は、非上場株式等の譲渡所得等との損益通算が可能になります。
社債の償還金でその同族会社の役員など	—	同族会社が発行した社債の償還金でその同族会社の役員など同族会社の判定の基礎となった株主等が支払を受けるものは、総合課税の

		対象となります（措法37の10③七）。
が支払を受けるもの		

　また、居住者等が、平成28年1月1日以後に割引債の譲渡及び償還をした場合の主な改正点は、次のとおりです。

	平成25年度税制改正前	改正後の割引債の譲渡及び償還
適用時期	平成27年12月31日まで	平成28年1月1日以後
譲渡及び償還による所得の課税方式	割引債の譲渡については、総合課税の譲渡所得として他の所得とともに確定申告。割引債の償還差益は、雑所得として総合課税。	割引債の譲渡及び償還による所得は、公社債の譲渡所得等として20.315％（所得税15％、復興特別所得税0.315％、住民税5％）の税率による申告分離課税の対象とされるのが原則です。

第5節　国外債券の償還差益

1　平成25年度税制改正前の取扱い

(1)　発行時の通貨と同一の通貨で償還される国外公社債の償還差益と為替差益

　公社債の償還差益とは、償還金額（又は償還により受ける金額）がその発行価額（又は取得価額）を超える場合におけるその差額をいいます（措法41の12⑦、41の13①②）。その経済的実質は預金利子と類似していますが、利子所得ではなくて、雑所得として総合課税されます（所基通35-1）。なお、償還差損となった場合には、課税所得の計算上、その損失はなかったものとされます。

　外貨建取引を行った場合には、外貨建取引を行った時における外国為替の売買相場により換算した金額によりその者の各年分の所得の金額を計算するものとされています（所法57の3①）ので、為替差益に係る雑所得の収入金額は、償還時の為替相場で円換算した金額となります。ここでの為替相場は、原則としてその者の主たる取引金融機関の償還日における電信売買相場の仲値によります（所基通57の3-2）。

例1 国外公社債

　　取得価額1,000米ドル、取得時の為替相場80円／米ドル

　　償還価額1,000米ドル、償還時の為替相場100円／米ドル

　　償還後1,000米ドルのまま預金として保有

償還差益＝償還価額1,000米ドル－取得価額1,000米ドル＝0

償還差益なし。

為替差益＝1,000米ドル×償還時の為替相場100円／米ドル

　　　　　－1,000米ドル×取得時の為替相場80円／米ドル＝20,000円

　この為替差益20,000円を所得として認識するか否かは、収入金額とすべき金額又は総収入金額に算入すべき金額として実現しているか否かによります。1,000米ドルで取得した公社債を1,000米ドルで償還して1,000米ドルのまま預金として保有している場合には、同一の外国通貨のままである限り、為替差益20,000円に相当する経済的価値が実現しているとは認められず、単に取得時と償還時の円換算額の評価差額にすぎません。したがって、この20,000円は所得として認識する必要はありません。（国税庁ホームページ『質疑応答事例集』の「外貨建債券が償還された場合の償還差益及び為替差損益の取扱い」）

例2 例1の償還後米ドル預金として保有していた1,000米ドルを払い出して、米ドル建MMF（公社債投資信託）に投資。

　　米ドル建MMF

　　取得価額1,000米ドル、取得時の為替相場101円／米ドル

為替差益＝1,000米ドル×償還時の為替相場101円／米ドル

　　　　　－1,000米ドル×取得時の為替相場80円／米ドル＝21,000円

　例1のように外貨建国外公社債が償還されて、米ドル建預金という同一の外国通貨のまま保有している時点では、為替差益は実現していません。しかし、それを円や他の外貨に換えた時点、又は土地・建物・有価証券等他の財産の取得に充当した時点では、為替差益が実現します。外貨建預金を外貨建MMFに投資した場合、その投資時点における新たな経済価値を持った公社債投資信託の受益権という資産が外部から流入したことによって、それまでは評価差額にすぎなかった為替差額21,000円が収入すべき金額として実現したものと考えられます。この為替差益21,000円は雑所得の収入金額になり、所得として認識されます。（国税庁ホームページ『質疑応答事例集』の「預け入れていた外貨建預貯金を払い出して外貨建MMFに投資した場合の為替差損益の取扱い」）

(2) 発行時の通貨と異なる通貨で償還される国外債券の償還差益と為替差益

　発行時の通貨と異なる通貨で償還される国外債券の場合には、その償還差益は、外貨で表示されている株式等の係る譲渡所得等の算定方法（措通37の10−8）に準じて、まず償還金額や取得対価の額を円換算し、それから償還差益を円貨ベースで算定します。このように外貨で表示されている償還金額が円換算されて為替差損益が譲渡損益に含められるため、譲渡所得とは別に為替差損益を把握する必要はありません。なお、円貨で売買されている外貨建債券については円換算が不要で、その譲渡所得等の金額も実際に授受されたその円貨でもって算定します。

例3 発行時の通貨と異なる通貨で償還される国外公社債

　　　取得価額500英ポンド、取得時の為替相場160円／英ポンド
　　　償還価額1,000米ドル、償還時の為替相場100円／米ドル

償還差益＝1,000米ドル×償還時の為替相場100円／米ドル
　　　　　　−500英ポンド×取得時の為替相場160円／英ポンド＝20,000円

償還差益20,000円は、雑所得の収入金額となります。

② 平成25年度税制改正

金融所得課税の一体化の拡充

　既述のとおり、平成25年度税制改正において、償還による所得は、公社債の譲渡所得等として20.315％（所得税15％、復興特別所得税0.315％、住民税5％）の税率による申告分離課税の対象とされます。この改正は、平成28年1月1日から適用されます。

第6節　外貨建取引の換算

① 外貨建取引の円換算

(1) 外貨建取引の円換算の原則的方法

　居住者が、外貨建取引を行った場合には、その外貨建取引の金額の円換算額はその外貨建取引を行った時における外国為替の売買相場により換算した金額として、その者の各年分の各種所得を計算するものとされています（所法57の3①）。

(2) 外貨建取引とは

ここでの外貨建取引とは、外国通貨で支払が行われる資産の販売及び購入、役務の提供、金銭の貸付及び借入その他の取引をいいます。例えば、債権債務の金額が外貨通貨で表示されている場合であっても、その支払が円貨で行われるものは、ここでいう外貨建取引には該当しません（所基通57の3-1）。

(3) 外貨建取引を行った時における外国為替の売買相場とは、次のとおりです（所基通57の3-2）。

	外貨建取引を行った時における外国為替の売買相場とは	補足説明
原則	取引日における対顧客直物電信売相場（TTS）と対顧客直物電信買相場（TTB）の仲値（TTM）です。	TTS、TTB、TTMについては、その者の主たる取引金融機関のものによることを原則としますが、合理的なものを継続して使用することも認められます。為替相場の算出の基礎とする日に為替相場がない場合には、同日前の最も近い日の為替相場によります。為替相場の算出の基礎とする日に為替相場が2以上ある場合には、その日の最終相場（取引日である場合には、取引発生時の相場）によります。ただし、取引日の相場については、取引日の最終の相場によっているときもこれを認めることになっています。
不動産所得、事業所得、山林所得又は雑所得を生ずべき業務に係るこれらの所得の金額の計算において適用可（継続適用を条件）	売上その他の収入又は資産については取引日のTTB、仕入その他の経費（原価及び損失を含みます。）又は負債については取引日のTTSによることができます。また、その外貨建取引の内容に応じてそれぞれ合理的と認められる次のような為替相場も使用することができます。 ⅰ）取引日の属する月若しくは週の前月若しくは前週の末日又は当月若しくは当週の初日のTTB若しくはTTS又はこれらの日におけるTTM ⅱ）取引日の属する月の前月又は前週の平均相場のように1月以内の一定期間におけるTTM、TTB又はTTSの平均値	

収入、経費等と直接かかわりのない外貨取引で、右記の場合	円貨により外貨通貨を購入し直ちに資産を取得し若しくは発生させる場合のその資産、又は外国通貨による借入金に係るその外国通貨を直ちに売却して円貨を受け入れる場合のその借入金については、現にその支出した、又は受け入れた円貨の額をその円換算額とすることができます。	例：1米ドル借入（借入時レート90円／米ドル）し、直ちに1米ドルを円貨に換金（換金時レート80円／米ドル）。 （借方）現　金　80 　　　　　　　（貸方）借入金　80 換金時レート80円／米ドル 　　　　　　　　　　×1米ドル
いわゆる外貨建円払の取引の場合	その取引の円換算額を外貨建取引の円換算の例に準じて見積もるものとします。 この場合、その見積額とその取引に係る債権債務の実際の決済額との間に差額が生じたときは、その差額はその債権債務の決済をした日の属する年分の各種の金額の計算上総収入金額又は必要経費に算入します。	例：製品1米ドルを外貨建て円払いにより掛けで販売。販売日の為替相場90円／米ドル。 （借方）売掛金90 　　　　　　（貸方）売上90 翌月入金。入金日の為替相場100円／米ドル （借方）現金100 　　　　　　（貸方）売掛金90 　　　　　　　　　　売　上10
取引に関して受け入れた前受金又は支払った前渡金	その前受金又は前渡金の帳簿価額をもって収入又は経費の額とし、改めてその収入又は経費の計上を行うべき日における為替相場による円換算を行わないことができます（所基通57の3-5）。	例：原材料仕入に先立ち前渡金1米ドルを支払。支払日の為替相場90円／米ドル。 （借方）前渡金90 　　　　　　（貸方）現　金90 原材料を仕入、残額10米ドルを支払。支払日の為替相場100円／米ドル。 （借方）原材料仕入1,090 　　　　　（貸方）前渡金　　90 　　　　　　　　　現　金1,000

(4) 多通貨会計を採用している場合の外貨建取引の換算

　不動産所得、事業所得、山林所得又は雑所得を生ずべき業務に係るこれらの所得の金額の計算において、それらの業務において生ずるすべての外貨建取引を取引発生時には外国

通貨で記録し、各月末、各年末等の一定の時点において損益計算書又は収支内訳書の項目を円貨に換算する会計処理（いわゆる多通貨会計）を採用している場合については、各月末等の規則性を有する１月以内の一定期間ごとの一定の時点を外貨建取引の発生時であるものとして円換算を行うことができます。この場合、円換算に係る為替相場については、その一定期間を基礎として計算した平均値を使用することができます（所基通57の３－３）。

(5) 国外で業務を行う者の損益計算書等に係る外貨建取引の換算

国外において不動産所得、事業所得、山林所得又は雑所得を生ずべき業務を行う個人で、その業務に係る損益計算書又は収支内訳書を外国通貨表示により作成している者については、継続適用を条件として、その業務に係る損益計算書又は収支内訳書の項目（前受金等の収益性負債の収益化額及び減価償却資産等の費用性資産の費用化額を除きます。）の全てをその年の年末における為替相場により換算することができます（所基通57の３－７）。この円換算に当たっては、継続適用を条件として、収入金額及び必要経費の換算につき、その年においてその業務を行っていた期間内におけるTTM、TTB又はTTSの平均値を使用することができます（所基通57の３－７（注））。

２ 外貨建取引の円換算の特例

先物為替予約等がある場合の外貨建取引の換算は、次のとおりです。

	外貨建取引の円換算	補足説明
① 先物外国為替契約等により外貨建資産等の決済時の円換算額を確定させた場合における外貨建取引の円換算	不動産所得、事業所得、山林所得又は雑所得を生ずべき業務を行う居住者が、先物外国為替契約等により外貨建資産又は負債の決済時の円換算額を確定させた場合には、その外貨建資産又は負債を先物外国為替契約等の為替相場により円換算して、その者の各年分の不動産所得の金額、事業所得の金額、山林所得の金額又は雑所得の金額を計算します（所法57の３②）。	例：製品１米ドルを掛けで販売。販売日の為替相場90円／米ドル。同日中にその売掛金１ドルに対して100円／米ドルの先物為替契約を締結。 （借方）売掛金 100 　　　（貸方）売　　上 90 　　　　　　　為替差益 10

② 先物外国為替契約等により外貨建資産・負債の発生時の外国通貨の円換算額を確定させた場合における外貨建取引の円換算	不動産所得、事業所得、山林所得又は雑所得を生ずべき業務を行う居住者が、先物外国為替契約により外貨建資産・負債の取得又は発生の基因となる外貨建取引に伴って授受する外国通貨の金額の円換算額を確定させた場合には、その外貨建資産・負債については、先物外国為替契約の為替相場により円換算をして、その者の各年分の不動産所得の金額、事業所得の金額、山林所得の金額又は雑所得の金額を計算します（所令167の6①）。	例：国外建物賃貸物件を1,000,000米ドルで購入。購入引渡日に先立って、80円／米ドルの購入時の先物外国為替を締結。購入引渡日の為替相場85円／米ドル。 （借方）建物 80,000,000 　　（貸方）預金 80,000,000
③ 先物外国為替契約等がある場合の収入、経費の換算等	外貨建取引に係る売上その他の収入又は仕入その他の経費につき円換算を行う場合において、その計上を行うべき日までに、その収入又は経費の額に係る円貨の額を先物外国為替契約等により確定させているときは、その収入又は経費の額については、その確定させている円貨の額をもってその円換算額とすることができます。 　この場合、その収入又は経費の額が先物外国為替契約等により確定しているかどうかは、原則として個々の取引ごとに判定するのであるが、外貨建取引の決済約定の状況等に応じ、包括的に先物外国為替契約等を締結してその予約額の全部又は一部を個々の取引に比例配分するなど合理的に割り当てることもできます（所基通57の3-4）。	例：製品1米ドルを掛けで販売。販売日の為替相場90円／米ドル。同日中にその売掛金1ドルに対して100円／米ドルの先物為替契約を締結。 （借方）売掛金 100 　　（貸方）売　　上 100

(注) ①から③については、帳簿書類等に、それぞれの規定に該当する旨、先物外国為替契約等の契約金額、締結の日、履行の日、外貨建取引の種類・金額、その他参考となるべき事項の記載が必要です（所規36の8②、36の7②）。

第7節 為替差損益

1 外国通貨又は外貨建預金の為替差損益

(1) 同一の外国通貨で行われる外貨建預金の預入及び払出しに係る為替差損益

居住者が外貨建取引を行った場合には、その外貨建取引の金額の円換算額は、その外貨建取引を行った時における外国為替の売買相場により換算した金額として、その者の各年分の各種所得の金額を計算するものとされます。

外貨建取引とは、外国通貨で支払が行われる資産の販売及び購入、役務の提供、金銭の貸付け及び借入れその他の取引をいいます（所法57の3①）。

しかし、外国通貨で表示された預貯金を受け入れる銀行その他の金融機関を相手方とするその預貯金に関する契約に基づき預入が行われるその預貯金の元本に係る金銭により引き続き同一の金融機関に同一の外国通貨で行われる預貯金の預入は、外貨建取引に該当しないものとされます（所令167の6②）。

例1 円を米ドルに交換し同時に、X銀行に米ドル建定期預金を1,000米ドル預入（預入時の為替相場80円／米ドル）。その後、この定期預金満期到来時に1,000米ドル全額引出（引出時の為替相場100円／米ドル）し、Y銀行へ米ドルのまま預入。

為替差益＝1,000米ドル×引出時の為替相場100円／米ドル
　　　　－1,000米ドル×取得時の為替相場80円／米ドル＝20,000円

外貨建取引に該当しない預貯金の預入として、上記の所得税法施行令第167条の6第2項では、同一の金融機関への預入の場合と規定されていますが、これは例示規定と解されます。元本部分については、同一の外国通貨で預入及び払出が行われる限り、その金額の増減はなく、実質的には外国通貨を保有し続けている場合と変わりません。このような外貨の保有状態に実質的変化がない外貨建預貯金の預入及び払出については、その都度これらを外貨建取引とすることにより為替差損益が認識されることは実情に即しません。したがって、他の金融機関Y銀行への預入の場合であっても、同一の外国通貨で行われる限り、その預金の預入及び払出は、所得税法施行令第167条の6第2項でいう外国通貨での

預貯金の預入に類するものと解され、外貨建取引に該当せず、為替差益20,000円を所得として認識しないと考えられています（国税庁ホームページ『質疑応答事例集』の「外貨建預貯金の預入及び払出に係る為替差損益の取扱い」）。

例2 例1のY銀行定期預金1,000米ドルと、それとは別に過去に円から米ドルへ交換して預入したZ銀行定期預金10,000米ドル（預入時の為替相場90円／米ドル）を払い出して国外にある貸付用の建物を10,500米ドル（取得時の為替相場99.09円／米ドル）で取得。残り500ドルは米ドル通貨のまま保有。
Y銀行定期預金1,000米ドルとZ銀行定期預金10,000米ドルの取得時為替相場の平均相場（所令118①に準じて、総平均法に準ずる方法にて算定）
｛1,000米ドル×80円／米ドル＋10,000米ドル×90円／米ドル｝÷11,000米ドル
＝89.09円／米ドル
為替差益＝（99.09円／米ドル－89.09円／米ドル）×10,500米ドル＝105,000円

例1のように、米ドル建預金という同一の外国通貨のまま保有している時点では、為替差益は実現していません。しかし、それを円や他の外貨に換えた時点、又は土地・建物・有価証券等他の財産の取得に充当した時点では、為替差益が実現します。

本例のように、米ドル建預金で米ドル建の貸付用建物を取得した場合、その取得時点における新たな経済価値を持った貸付用建物という資産が外部から流入したことによって、それまでは評価差額にすぎなかった為替差額105,000円が収入すべき金額として実現したものと考えられ、この為替差益105,000円は所得として認識されます（国税庁ホームページ『質疑応答事例集』の「預け入れていた外貨建預貯金を払い出して貸付用の建物を購入した場合の為替差損益の取扱い」）。

なお、取得した建物は、その取得時における為替相場による円換算額を取得価額として、その後の不動産所得の金額を計算する上での減価償却費を算定します。また、その建物を譲渡する場合の取得費は、その取得価額を基に算定します（所法57の3①）。

(2) 外国通貨を他の外国通貨に交換した時の為替差損益

例3 円を米ドルに交換し同時に、X銀行に米ドル建定期預金を1,000米ドル預入（預入時の為替相場80円／米ドル）。その後、この定期預金満期到来時に1,000米ドル全額引出（引出時の為替相場100円／米ドル）し、500英ポンド（交換時の為替相場200円／英ポンド）に交換。

為替差益
＝500英ポンド×交換時の為替相場200円／英ポンド－1,000米ドル×80円／米ドル
＝20,000円

　米ドル建預金という同一の外国通貨のまま保有している時点では、為替差益は実現していません。しかし、それを円や他の外貨に換えた時点、又は土地・建物・有価証券等他の財産の取得に充当した時点では、為替差益が実現します。米ドル通貨から英ポンド通貨へ交換する時に、その英ポンド通貨の額をその交換時の為替相場により円換算した金額との差額20,000円は、収入すべき金額として実現したと考えられ、この為替差益20,000円は所得として認識されます（国税庁ホームページ『質疑応答事例集』の「保有する外国通貨を他の外国通貨に交換した場合の為替差損益の取扱い」）。

2 国外不動産を譲渡した場合の為替差損益

　居住者が、外貨建取引を行った場合には、その外貨建取引の金額の円換算額はその外貨建取引を行った時における外国為替の売買相場により換算した金額として、その者の各年分の各種所得を計算するものとされています（所法57の3①）。したがって、外貨建にて売買される国外不動産について、その譲渡所得の金額の計算は、まず譲渡対価の額や取得対価の額を円換算し、それから譲渡所得等を円貨ベースで算定します。

　譲渡対価の額については、不動産を譲渡した時における為替相場により円換算します。取得対価の額について、不動産取得時の為替相場による円換算額を取得価額とし、建物等減価償却資産においてはその後の不動産所得の金額を計算する上での減価償却費を控除して、その不動産を譲渡する場合の取得費とします。このように算定された譲渡対価の額の円換算額から、取得費の円換算額と譲渡費用を控除して、譲渡所得を計算します。

　このように外貨で表示されている譲渡対価の額が円換算されて為替差損益が譲渡損益に含められるため、譲渡所得とは別に為替差損益を把握する必要はありません。

例 居住者が、外国に所在する土地を10年前に10,000米ドル（取得時の為替相場80円／米ドル）で購入し、今年9,000米ドル（売却時の為替相場100円／米ドル）で売却。譲渡費用はないものとします。

譲渡対価の円換算額　9,000米ドル×売却時の為替相場100円／米ドル＝900,000円
取得費の円換算額　10,000米ドル×取得時の為替相場80円／米ドル＝800,000円
譲渡所得＝900,000円－800,000円＝100,000円

第4章

居住者の外国税額控除

1　外国税額控除の一例

　外国税額控除の一例を、米国の会社が日本の居住者へ配当を支払う例で説明します。例を簡略化するため、日本の居住者は非永住者以外の者（以下、「永住者」とします。）で、米国の会社は非上場会社とし、日本の居住者は米国の会社へ１％出資し、日本の居住者は、日本国内における支払の取扱者（金融商品取引業者等）を通さず、米国の会社から直接配当1,000万円を受ける（日本の所得税等の源泉徴収がない）ものとします。この配当以外に日本の居住者の所得はないものとします。

　日米租税条約では配当について次のように規定しています。一方の締約国（この例では米国）の居住者である法人が他方の締約国（この例では日本）の居住者に支払う配当に対しては、当該他方の締約国（この例では日本）において租税を課することができます。その配当に対しては、これを支払う法人が居住者とされる締約国（この例では米国）においても、当該締約国（この例では米国）の法令に従って租税を課することができます。その租税の額は、当該配当の受益者が他方の締約国の居住者（この例では日本の居住者）である場合には、原則として、議決権のある株式の50％超を所有する法人で所定の要件を満たす法人の場合は０％、議決権のある株式の10％以上を直接又は間接に所有する法人である場合は５％、それ以外の場合は10％を超えないものとされます（日米租税条約10）。この例では、源泉税10％の場合に該当することとします。

　下の図のように、米国の会社が配当1,000万円を支払う際に、この日米租税条約に基づいてその10％である100万円を源泉徴収して米国税務当局へ納税し（米国が10％源泉徴収課税　1,000万円×10％＝100万円）、残り900万円を日本の居住者に送金します。

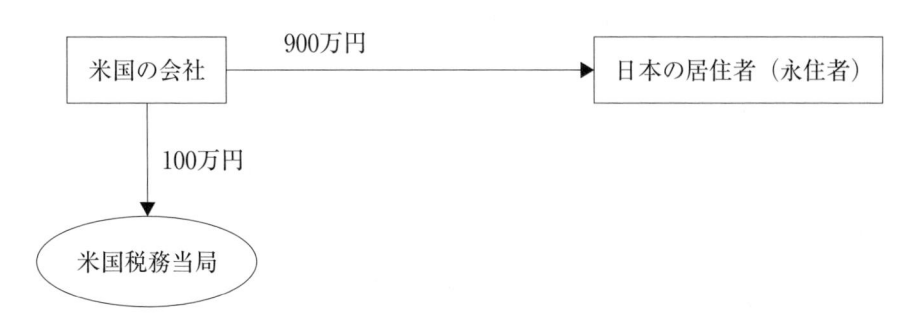

```
┌─────────┐    900万円    ┌──────────────────┐
│ 米国の会社 │─────────────▶│ 日本の居住者（永住者） │
└─────────┘               └──────────────────┘
     │
     │ 100万円
     ▼
┌─────────────┐
│  米国税務当局  │
└─────────────┘
```

　しかし、日本側では居住者のうち永住者に対しては全世界所得課税（国内源泉所得＋国外源泉所得）であり（所法７①）、上記租税条約上も日本において課税することができるとされていますので、日本においても、1,000万円は日本の居住者（永住者）の課税所得になります。簡便的に所得税概算値（例を簡略化するため平均的な税率を仮に16％とし、

所得控除等を無視します。実際の税額とは異なります。)だけで計算すると、この配当1,000万円に対して、160万円（1,000万円×所得税率16％＝160万円）が日本の居住者（永住者）へ課税されます。

　この結果、日本の居住者(永住者)は、配当1,000万円に対して、米国で10％の100万円、日本でも16％の160万円、合計26％の260万円が課税され、そのうち、10％部分の100万円が米国と日本で二重課税となっています。

（外国税額控除前）

	税率	税額
米　国	10％	100万円
日　本	16％	160万円
計	26％	260万円

（このうち、10％　100万円が、二重課税）

　日米租税条約での二重課税の排除について、次のように規定しています。日本国の居住者が条約の規定に従って合衆国において租税を課される所得（この例では配当1,000万円）を合衆国において取得する場合には、当該所得について納付される合衆国の租税の額（この例では100万円）は、当該居住者に対して課される日本国の租税の額（この例では160万円）から控除します（日米租税条約23）。

　つまり、日本の居住者は、日本の所得税確定申告書において、日本の所得税160万円から米国で源泉納付した100万円を控除し、その控除後税額である60万円を日本の税務署へ納付します。この日本の所得税確定申告書において100万円を控除することが、外国税額控除の一例です。

　この結果、日本の居住者の負担税額は、米国の源泉税100万円と、日本の所得税申告納付額60万円の合計160万円となって、米国と日本での二重課税が解消されることになります。

（外国税額控除後）

	税率	税額
米　国	10％	100万円
日　本	16％－外国税額控除100万円	60万円
	16％	160万円

2　外国税額控除の手順

このような外国税額控除は、次の手順で行います。

	外国税額控除の手順	イメージ
第1作業	二重課税された控除対象外国所得税額の把握	玉を拾い集める
第2作業	外国税額が無制限に居住者の所得税等から控除できるわけではない。控除限度額を算定。	玉を入れるサイズを計算してそのサイズのかごを作る
第3作業	控除限度額以内におさまる控除対象外国所得税額の部分（その年の控除税額）を決定	かごに玉をつめる
完　了	それを居住者のその年分の所得税額等から控除	かごにつめられた玉の数だけお持ち帰り

　まず、第1作業として、上記の例の配当1,000万円に対して米国で課せられた10％の源泉税100万円のような、二重課税となっている外国所得税額を把握します。

　しかし、上記の例のように無条件に、外国所得税額100万円がすぐに日本の所得税等から控除されるわけではありません。第2作業として、国外所得等を用いた所定の計算方法により、控除限度額を算定します。

　第3作業として、この控除限度額の範囲内におさまる金額の控除対象外国所得税の部分を決定し、これが当期に控除できる額となります。これらの作業を終えてはじめて日本の所得税等から外国税額を控除することになります。本書では以後のページにおいて、これらの第1作業から第3作業の順に記述します。また、申告実務上、控除対象外国所得税額と控除限度額の両者が混乱すると外国税額控除の算定金額を誤るおそれがあり、イメージでわかりやすくするため、本書では、あえて控除対象外国所得税額を「玉」、控除限度額を「かご」に例えて説明していくこととします。

第1節 第1作業：控除対象外国所得税額の把握

1 外国所得税の範囲

　居住者における外国税額控除は、居住者のある一つの所得に対する自国と外国との二重課税を排除するために行われるので、外国税額控除の対象とされる外国所得税とは、所得を課税標準とする居住者の所得税です。したがって、仮に日本の税金にあてはめて考えると、所得税、個人住民税の所得割などのような課税形態である外国の税金が、ここでいう外国所得税に該当し、単に課税売上高を課税標準とする消費税等、資産の評価額を課税標準とする固定資産税、一定額を課せられる個人住民税の均等割、過少申告加算税・延滞税・利子税のように所得税に附帯して課される附帯税などのような課税形態である外国の税金は、外国所得税に該当しません。

　一方、外国の税金は多種多様であり、日本の税制では見られないものもあるので、所得税法施行令第221条において下記左欄のように外国所得税に含まれるものと外国所得税に含まれないものが掲げられており、これらを基準にして、外国税額控除の対象とされる外国所得税か否かを判定します。

（所得税法施行令第221条）	（参考例）
第1項　外国所得税とは、外国の法令に基づき外国又はその地方公共団体により個人の所得を課税標準として課される税をいう。	日本の所得税のような課税形態の所得税
第2項　次に掲げる税は、外国所得税に含まれるものとする。	
第1号　超過所得税その他個人の所得の特定の部分を課税標準として課される税	典型的な所得を課税標準としないが、超過所得や一定の留保所得等所得の特定部分を課税標準とするので、所得課税の性格を有するため
第2号　個人の所得又はその特定の部分を課税標準として課される税の附加税	日本の復興特別所得税（課税標準が所得ではなくて所得税額。所得税本体に一定の税率を乗じて算定する税金）のような課税形態の税

	金
第3号　個人の所得を課税標準として課される税と同一の税目に属する税で、個人の特定の所得につき、徴税上の便宜のため、所得に代えて収入金額その他これに準ずるものを課税標準として課されるもの	利子、配当の収入金額を課税標準とする源泉所得税（注）
第4号　個人の特定の所得につき、所得を課税標準とする税に代え、個人の収入金額その他これに準ずるものを課税標準として課される税	例えば、個人所得税としての位置づけで、所得を課税標準とする税に代えて収入金額を課税標準とするもの
第3項　次に掲げる税は、外国所得税に含まれないものとします。	
第1号　税を納付する者が、当該税の納付後、任意にその金額の全部又は一部の還付を請求することができる税	実質的に所得税に相当する税でない
第2号　税の納付が猶予される期間を、その税の納付をすることとなる者が任意に定めることができる税	無制限に納税を延期でき、実質的に所得税負担がないのと同等
第3号　複数の税率の中から税の納付をすることとなる者と、外国若しくはその地方公共団体又はこれらの者により税率の合意をする権限を付与された者との合意により、税率が決定される税の右記の金額の部分	複数の税率のうち最も低い税率（その最も低い税率が合意のないものとした場合に適用されるべき税率を上回る場合にはその適用されるべき税率）を上回る部分に限る。
第4号　外国所得税に附帯して課される附帯税に相当する税その他これに類する税	過少申告加算税、延滞税、利子税

（注）　外国税額控除の対象とされる外国所得税とは、所得を課税標準とする個人の所得税ですが、このように所得に代えてその所得自体の基礎となる収入金額を課税標準とする税も含まれます。

　日本の所得税に関する法令により所得税が課されないことになっている金額を課税標準として外国の法令により外国所得税として課される次のような外国所得税の額は、日本と外国との二重課税が生じないため、外国税額控除の対象から除外されます。

みなし配当の発生事由により交付を受ける金銭の額又はその他の資産の価額に対して課される税（その交付の基因となった株式の取得価額を超える部分の金額に対して課される部分を除きます。）（所令222の2③一）	交付金額がその交付の基因となった株式の取得価額以下である場合、株主である日本の個人では所得が発生せず、二重課税の調整が不要であるため。
非課税口座内の少額上場株式等に係る配当所得の非課税（措法9の8、NISA）に規定する非課税口座内上場株式等の配当等に対して課される外国所得税の額（所令222の2③二）	株主である日本の個人では所得が発生せず、二重課税の調整が不要であるため。この非課税口座は、平成26年1月1日から開設できます。
居住者がその年以前の年において非居住者であった期間内に生じた所得に対して課される外国所得税の額（所令222の2④一）	非居住者等のそれらの国外源泉所得は日本の所得税が課税されず、二重課税の調整が不要であるため。
非永住者がその課税所得の範囲とされる所得以外の所得に対して課された外国所得税の額（所基通95-13）	
合算課税された直接保有の外国法人から居住者が配当等を受ける場合、その配当等の額のうち配当日の属する年及びその年の前年3年内に合算課税された金額に達するまでの金額は、居住者が配当所得の金額の計算上控除します（措法40の5①）。この配当所得の金額の計算上控除された配当等の額を課税標準として課される外国所得税の額（所令222の2④三）。	合算課税（雑所得として課税）と配当所得（配当所得から控除）の二重課税が排除済みのため。
「外国法人（海外子会社）」経由で「他の外国法人（海外孫会社）」から配当等を受ける場合で、かつ、居住者が「他の外国法人（海外孫会社）」を合算課税してきた場合、『配当日の属する年及びその前年以前2年内の各年において、「外国法人（海外子会社）」が「他の外国法人（海外孫会社）」から受けた配当等	

の額のうち、居住者の有する「外国法人（海外子会社）」の直接保有の株式等の数に対応する部分の金額』及び、『「他の外国法人（海外孫会社）」に係る課税対象金額又は部分課税対象金額で、「配当日に属する年分」又は「その前年以前2年内の各年分」において合算課税によりその年分又は各年分の雑所得に算入されるもののうち、居住者の有する「他の外国法人（海外孫会社）」の間接保有の株式等の数に対応する部分の金額』のいずれか少ない金額に達するまでの金額は、居住者が配当所得の金額の計算上控除します（措法40の5②）。この配当所得の金額の計算上控除された配当等の額を課税標準として課される外国所得税の額（所令222の2④三）。

また、次の外国所得税の額も、外国税額控除の対象となりません。

租税条約の規定において外国税額控除の適用に当たって考慮しないものとされる外国所得税の額（所令222の2④二）	租税条約の規定を優先適用。
租税条約に規定される限度税率を超える税率により外国所得税が課された場合で、その外国所得税の額のうち限度税率を超える部分の金額（所基通95-5）	左の金額は、還付を受けるまでは必要経費又は支出した金額に算入しないものとします。

さらに、次の外国所得税は、外国税額控除の適用を受ける外国所得税の額に該当しないもの又は外国税額控除の適用についてはないものとみなされます。

確定申告を要しない配当所得（措法9の2⑤、8の5①）の適用を受ける国外株式の配当等につきその支払の際に徴収された外国所得税額（措令4の5⑪）	確定申告不要制度を選択した場合には、国外株式の発行法人の本店等が所在する国において源泉徴収された外国所得税と、日本の国内における支払の取扱者が源泉徴収した源泉税

	をもって課税関係が完了するためです。
国外で発行された公社債等の利子所得の分離課税等（措法3の3）及び国外私募公社債等運用投資信託等の配当等に係る配当所得の分離課税等（措法8の3）の適用を受けた利子・配当に係る外国所得税額（源泉徴収額から控除）（措法3の3④、8の3④）	国内の支払の取扱者を通じて支払を受ける場合、日本で源泉徴収されて、納税が完結するという源泉分離課税が適用されるためです。国外公社債等の利子等及び国外私募公社債等運用投資信託等の配当等の支払の際に源泉徴収された外国所得税の額があるときは、日本で源泉徴収される税額は、外国所得税の額の控除前の国外公社債等の利子等の額に税率を乗じた金額に基づいて算定され、そのように算定された所得税の額から外国所得税の額を控除するいわゆる「差額徴収方式」が採用されています（措法3の3④、8の3④）。

2 通常行われる取引と認められない取引に基因して生じた所得に対する外国所得税

　次の取引に基因して生じた所得に対する外国所得税の外国税額控除を無制限に認めると、本来日本の所得税となるはずの税金が外国へ流出してしまうおそれがあります。そこで、次の取引は、通常行われるものとは認められない取引としてこれらの取引に基因して生じた所得に対して課される外国所得税の額は外国税額控除の対象から除外しました（所法95①、所令222の2①②）。

居住者が、その借入先等と特殊の関係にある者に対し、その借入相当額等を貸付けする取引で、その貸付利率等がその借入利率等に比べて特に有利であるもの
貸付債権等を譲受した居住者が、その貸付債権等の債務者から利子を受ける取引で、その債務者がその貸付債権等の譲渡者と特殊の関係にある者であり、かつ、その利子の額が所定の額である場合

3 控除対象外国所得税額を外国税額控除する時期

　居住者自身が実際に外国所得税額を直接納付するパターンは、利子、配当、使用料等の

所得のようにそれらの額を居住者へ支払う際に外国税額を源泉徴収するケースと、不動産所得その他の所得のように現地国の税務当局への申告又は現地の税務当局からの賦課決定等の手続により外国税額を納付するケースに分けられます。

(1) 利子、配当、使用料等の源泉所得税

利子、配当、使用料等の源泉所得税を税額控除する（厳密には、後述の「第3作業：その年に控除できる外国所得税額の決定」の段階で、控除限度額がなくてその年に外国税額控除できない場合もありえます。第1作業における「その年の控除対象外国所得税額」とするという意味です。説明を簡略化するため、控除限度額が十分にある場合を想定してその年に外国税額控除できるものとしています。(2)も同様。）居住者の所得税申告の対象の年は、源泉徴収の対象となった利子、配当、使用料等の支払日を含む年分です。

(2) 申告又は賦課決定により納付する外国所得税

現地国の税務当局への申告又は現地の税務当局からの賦課決定により外国所得税を納付するケースにおいて、その外国所得税を税額控除する居住者での所得税申告の対象の年は、次のいずれかを含む年分です（所基通95-3）。

原則法	申告又は賦課決定等の手続により外国所得税について具体的にその納付すべき税額が確定して租税債務が確定した日（申告納税方式の場合には、納税者の申告書により申告があったとき、賦課課税方式の場合には、税務当局から賦課決定通知書により税額の告知を受けたとき）
例外法（居住者が継続して実際に納付した日の属する年分において外国税額控除を適用している場合に限ります。）	実際に納付した日

外国所得税の予定納付又は見積納付等を税額控除する居住者の所得税申告期は、次のいずれかを含む年分です（所基通95-4）。

	居住者の外国所得税申告期	補足説明
原則法	予定納付等の税額が確定した日	予定納付等の後でその税額が確定した事業年度において、予定納付等の額と確定税額との差を外国税額控除の増額もしくは減額として調整します。
例外法（居住者が毎期継続して右記のとおり適用している場合）	予定納付等に係る年分の外国所得税について、確定申告（申告納税方式の場合）又は確定賦課（賦課課税方式の場合）等があった日	予定納付等に係る事業年度の外国所得税について、確定申告又は確定賦課等があるまで外国税額控除を適用せず、その後確定申告又は賦課決定等があった日の属する年に予定納付等も含めて外国税額控除を適用している場合です。

　なお、申告納税方式と賦課課税方式は、納付税額確定の２つのパターンであり、各国がいずれの方式を制度として採用しているかについて確認しておく必要があります。

	申告納税方式	賦課課税方式
内　容	納税者自身が税額を算定して申告	納税者が課税所得算定資料を提出し、税務当局が税額を算定して通知
税額の確定時	納税者が申告する時	税務当局が税額を通知する時
税額記載文書	申告書	賦課決定通知書

4　控除対象外国所得税額の円換算方法

　控除対象外国所得税額の円換算方法について、次のとおりです。

①　源泉徴収される外国所得税	その利子、配当、使用料等の額の換算の為替相場（所基通95-10）

② ①以外による外国所得税	所得税法に規定（所法57の3①）する外貨建取引に係る経費の金額の換算に適用する為替相場（所基通95-10）	原則		取引日におけるTTM（電信売買相場の仲値）（所基通57の3-2）
		例外(不動産所得、事業所得、山林所得又は雑所得の業務に係る所得の金額の計算において、毎期継続して右記のとおり適用している場合)	売上その他の収入又は資産	取引日におけるTTB（電信買相場）（所基通57の3-2）
			仕入その他の経費（原価又は損失を含みます。）又は負債	取引日におけるTTS（電信売相場）（所基通57の3-2）
みなし直接税額控除の適用対象の外国法人税	上記のうち、外国所得税を納付したものとする場合に適用する為替相場			

5 みなし外国税額控除（タックス・スペアリング・クレジット）

　居住者の外国に源泉がある所得のうち特定の所得について、日本が外国と締結した租税条約に、その租税条約や外国の法令に基づきその外国が課すべき外国所得税を軽減又は免除した場合の軽減額又は免除額を、居住者が納付したものとみなして外国税額控除を行う旨の定めがある場合、居住者は、その納付したものとみなされる外国所得税の額（これを「みなし外国税額」といいます。）について外国税額控除の適用を受けることができます。

　開発途上国が、自国経済発展の目的により外国からの投資に対してインセンティブとなるような税制優遇措置をとっているケースがあります。この外国でのインセンティブが、日本の居住者が自国と外国との二重課税を外国税額控除により排除する過程でなくならないようにすることが、みなし外国税額控除のねらいです。

　この一例をX国の会社が日本の居住者（永住者）へ配当1,000万円を支払う例で説明します。X国の会社は非上場会社とし、日本の居住者はX国の会社へ1％出資し、日本の居住者は、日本国内における支払の取扱者（金融商品取引業者等）を通さず、X国の会社から直接配当1,000万円を受ける（日本の所得税等の源泉徴収がない）ものとします。この配当以外に日本の居住者の所得はないものとします。

X国の会社が配当1,000万円を支払う際に、日本とX国間の租税条約に基づいて仮にその10％である100万円を源泉徴収してX国税務当局へ納税し（X国が10％源泉徴収課税1,000万円×10％＝100万円）、残り900万円を日本の居住者に送金することとします。

　簡便的に所得税概算値(例を簡略化するため平均的な税率を仮に16％とし、所得控除等は無視します。実際の税額とは異なります。)だけで計算すると、この配当1,000万円に対して、160万円（1,000万円×所得税率16％＝160万円）が日本の居住者（永住者）へ課税されます。みなし外国税額控除の適用がない場合には、日本の居住者は、日本の所得税確定申告書において、日本の所得税160万円からX国で源泉納付した100万円を控除し、その控除後税額である60万円を日本の税務署へ納付します。この日本の所得税確定申告書において100万円を控除することが、実際に納付した外国所得税額についての外国税額控除です。

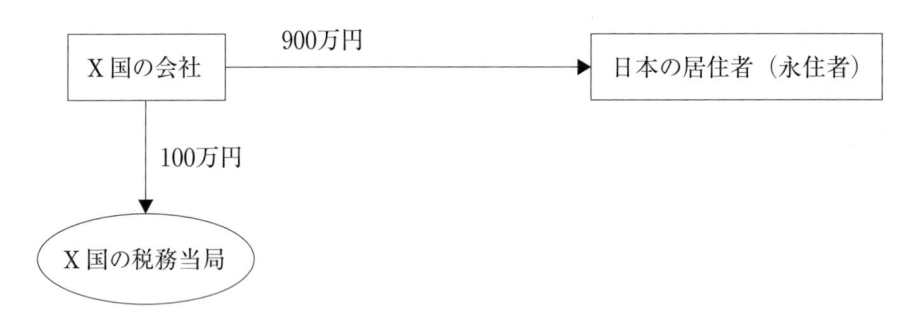

```
┌─────────┐    900万円    ┌──────────────┐
│ X国の会社 │ ─────────→ │日本の居住者（永住者）│
└─────────┘              └──────────────┘
     │
     │ 100万円
     ↓
 ╭─────────╮
 │X国の税務当局│
 ╰─────────╯
```

　さらに、日本とX国間の租税条約おいて、X国の租税は、配当については15％で支払われたものとみなすと規定されているとします。この場合、日本の居住者は、15％で支払われるものとみなされる外国所得税（みなし外国税額）について外国税額控除の適用を受けることができます。

　具体的には、日本の居住者は、所得税確定申告書において、X国で実際に10％源泉納付した100万円だけでなく、15％で支払われるものとみなされる150万円まで源泉納付したものとして、この150万円を所得税160万円から控除して、差引10万円を日本の税務署へ納付します。この所得税申告書において実際納付以外にさらに50万円を上乗せして控除する部分が、みなし直接外国税額控除です。この結果、日本の居住者の負担税額は、日本の所得税10万円とX国での源泉所得税100万円の合計110万円となります。

日本所得税16％	160万円
外国税額控除	△100万円
みなし外国税額控除	△50万円

差引日本所得税額	10万円
X国での源泉所得税	100万円
日本・X国の所得税合計	110万円

　このように、X国の租税は配当については15％で支払われたものとみなすという優遇規定が、みなし外国税額控除によって、日本の居住者に負担税額の50万円減という効果をもたらしています。

　みなし外国税額控除がなければ、下記左欄のとおり日本の居住者（永住者）は全世界合算ベースで160万円ですが、下記右欄のようにX国での源泉所得税の実際税率が15％のままであった場合と同じ税負担になります。

日本での所得税	みなし外国税額控除がない場合	X国での源泉税が15％のままであった場合
日本所得税16％	160万円	160万円
外国税額控除	△100万円	△150万円
みなし外国税額控除	△0万円	△0万円
差引日本所得税	60万円	10万円
X国での源泉所得税	100万円	150万円
両国合計の所得税	160万円	160万円

　このように、みなし外国税額控除がなければ、せっかくX国が10％の源泉税を軽減するインセンティブを設けても、日本の居住者が自国と外国との二重課税を外国税額控除により排除する過程で、X国での50万円源泉税減が外国税額控除50万円減すなわち差引日本所得税50万円増となって、そのインセンティブの効果が生じないことになります。

6　みなし外国税額を外国税額控除する時期

　みなし外国税額につき外国税額控除の適用を受ける居住者の所得税申告の対象の年は、本来であればその外国所得税の納付が確定したとされる日の属する年分であり、居住者自

身が実際に外国所得税額を直接納付した場合の税額控除の控除時期に合わせます。

7 控除対象外国所得税額を外国税額控除するときの居住者の確定申告書添付書類と保存書類

　居住者が控除対象外国所得税の額を外国税額控除するには、確定申告書、修正申告書又は更正の請求書に控除を受けるべき金額及びその計算に関する明細を記載した書類、控除対象外国所得税の額を課されたことを証する書類その他の書類の添付がある場合に限り、適用されます。この場合、外国税額控除を受けるべき金額は、その金額として記載された金額を限度とされます（所法95⑤）。具体的には添付要件とされる書類は、居住者が控除対象外国所得税の額を外国税額控除する場合、まずは次の書類です。

添付要件とされる書類	具体例	
外国税額控除に関する明細書	ここに、控除対象外国所得税の額、その税を課する外国又は地方公共団体の名称、外国の法令により課される税の名称、金額、納付確定日、納付日等を記載（所規41一）	
控除対象の外国所得税の額が課されたことを証する書類（その税に係る申告書の写し又はこれに代わるべきその税に係る書類及びその税が既に納付されている場合にはその納付を証する書類）（所規41三）	申告納付方式の場合	例：申告書の写し又は納税証明書、更正若しくは決定に係る通知書（所基通95-15）
	賦課決定方式の場合	例：賦課決定通知書、納税告知書（所基通95-15）
	源泉徴収の場合	例：源泉徴収票（所基通95-15）
国外所得総額の計算に関する明細を記載した書類（所基通95-14）	各種所得ごとの国外所得の金額及びその計算過程も記載します。	

　また、外国の税金は多種多様であり、日本の国税当局が外国所得税に該当するすべての税金を把握しているわけではなく、特に居住者がよく外国税額控除に適用する一般的な外国所得税でない場合もあるので、その税が外国所得税に該当することについての説明を記載した書類の添付が要求されます（所規41一）。

　みなし外国税額について外国税額控除の適用を受けようとする場合には、みなし外国税額の計算の明細と、これを証明する書類の添付が必要です。

　なお、平成23年12月の税制改正において、外国税額控除の当初申告要件及び適用額の制

限について、下記のように改正されています。下記の改正後の取扱いは、平成23年分以後の所得税について適用されます（平23年12月所法附則2）。

	改正前の取扱い	改正後の取扱い
当初申告要件	外国税額控除の適用を受けるには、当初申告の確定申告書に外国税額控除を受けるべき金額の記載があり、上記の添付要件とされる書類の添付がある場合に限りました。当初申告の確定申告書に外国税額控除の適用を受けていない場合には、修正申告や更正の請求によって新たに外国税額控除の適用を受けることはできませんでした。	左記の当初申告要件が廃止されました。 当初申告の確定申告書において外国税額控除の適用を受けていない場合であっても、修正申告書や更正請求書に外国税額控除を受けるべき金額を記載した書類及び上記の添付要件とされる書類を添付することにより、修正申告や更正の請求によって新たに外国税額控除の適用を受けることができることとなりました（所法95⑤）。
適用額の制限	外国税額控除を受けるべき金額は、当初申告の確定申告書に記載された金額を限度とされました。	外国税額控除を受けるべき金額は、当初申告の確定申告書だけでなく、修正申告書又は更正請求書に添付された書類に外国税額控除を受けるべき金額として記載された金額を限度とすることになりました（所法95⑤後段）。これにより、修正申告や更正の請求によって、当初申告の確定申告書に記載された外国税額控除を受ける金額を増額させることができることとなりました。

　以上の居住者（所得税）の取扱いを内国法人（法人税）の取扱いと比較すると次のとおりです。

	居住者（所得税）の取扱い	内国法人（法人税）の取扱い
外国税額控除を受けるべき金額	外国税額控除を受けるべき金額を記載した書類を確定申告書、修正申告書又は更正請求書へ添付することが要件	
当初申告要件の廃止	修正申告や更正の請求によって新たに外国税額控除の適用を受けることができる。	
適用額の制限の緩和	修正申告や更正の請求によって、当初申告の確定申告書に記載された外国税額控除を受ける金額を増額させることができる。	
外国税額控除に関する明細書	確定申告書、修正申告書又は更正請求書に添付することが要件	
控除対象の外国所得税の額が課されたことを証する書類	確定申告書、修正申告書又は更正請求書に添付することが要件	保存することが要件

第2節　第2作業：控除限度額の算定

　控除限度額は、所得税、道府県民税、市町村民税のそれぞれについて算定します。

1　所得税の控除限度額

　外国税額の控除限度額は、居住者のその年分の所得税の額に、その年分の所得総額のうちにその年分の国外所得総額の占める割合を乗じて計算した金額とします（所令222①）。
　所得税の控除限度額の式は、次のとおりです。

$$\text{所得税の控除限度額} = \text{その年分の所得税の額} \times \frac{\text{その年分の国外所得総額}}{\text{その年分の所得総額}}$$

2　その年分の所得税の額

　所得税の控除限度額の算定式におけるその年分の所得税の額とは、居住者のその年分の下記の左欄の項目を適用しないで計算した場合の税額であり、下記の右欄の項目を控除した税額で、附帯税を除きます（所令222①）。

適用しない項目	控除する項目
外国税額控除	①　外国税額控除以外の税額控除 ・配当控除 ・住宅借入金等特別税額控除等の所得税額の特別控除 ②　災害被害者に対する所得税の軽減又は免除

③　その年分の所得総額

　所得税の控除限度額の算式におけるその年分の所得総額とは、下記の金額の合計額です。ただし、その年分の合計額がその年分の国外所得総額に満たない場合には、その年分の国外所得総額に相当する金額です（所令222②）。

総合課税の総所得金額（純損失の繰越控除（所法70①②）、雑損失の繰越控除（所法71①）、居住用財産の買換え等の場合の譲渡損失の繰越控除（措法41の5、措令26の7⑱、特定居住用財産の譲渡損失の繰越控除（措法41の5の2、措令26の7の2⑭）の適用前）	左記の所得金額を「総所得金額」といいます。
分離課税の土地等に係る事業所得又は雑所得の金額（措法28の4①、平成10年1月1日から平成25年12月31日までの間は適用停止、措法28の4⑥）	
申告分離課税の上場企業等に係る配当所得の金額	
分離課税の長期譲渡所得又は短期譲渡所得の金額	
申告分離課税の株式等に係る譲渡所得等の金額（上場企業等に係る譲渡損失の損益通算及び繰越控除（措法37の12の2）又は特定中小企業が発行した株式に係る譲渡損失の繰越控除（措法37の13の2）等の適用前）	
申告分離課税の先物取引に係る雑所得等の金額（先物取引の差金等決済に係る損失の繰越控除（措法41の15）の適用前）	
退職所得金額	
山林所得金額	

4　その年分の国外所得総額の算定

(1)　その年分の国外所得総額とは

　所得税の控除限度額の算式における「その年分の国外所得総額」とは、その年において生じた国内源泉所得（所法161）に係る所得以外の所得のみについて所得税を課するものとした場合に課税標準となるべきその年分の総所得金額、退職所得金額及び山林所得金額の合計額に相当する金額です（所令222③）。

　「その年分の国外所得総額」は、現地における外国所得税の課税上その課税標準とされた所得の金額そのものでなく、その年分において生じた国外源泉所得の金額に係る総所得金額、退職所得金額及び山林所得金額の合計額（申告分離課税の所得金額を含みます。）です（所基通95-6）。また、「その年分の国外所得総額」は、青色申告者の純損失の繰越控除（所法70①）、若しくは、変動所得の損失及び被災事業用資産の損失の繰越控除（所法70②）、又は雑損失の繰越控除（所法71①）を適用しないで計算したところの金額によります（所基通95-7）。

〈給与所得及び退職所得に係る国外所得の計算〉

　国外所得総額を計算するに当たって、給与所得及び退職所得に係る国外所得総額の計算の基礎となる所得金額は、それぞれ次の区分に応じ、次の算式により計算した金額とします。

給与所得	給与所得の金額 × $\dfrac{\text{給与等の総額のうちその源泉が国外にあるものの金額}}{\text{給与等の総額}}$
退職所得	退職所得の金額 × $\dfrac{\text{退職手当等の総額のうちその源泉が国外にあるものの金額}}{\text{退職手当等の総額}}$

例　居住者（永住者）A氏の×1年における給与収入金額14,500,000円。うち8,700,000円が日本勤務に基づく給与収入金額、5,800,000円が国外勤務に基づく給与収入金額の場合

まず、給与収入金額14,500,000円の所得金額を計算します。

給与所得の金額＝収入金額－給与所得控除額

　　　　　　　＝14,500,000円－（14,500,000円×5％＋1,700,000円）＝12,075,000円

給与所得に係る国外所得総額

$$=給与所得の金額 \times \frac{給与等の総額のうちその源泉が国外にあるものの金額}{給与等の総額}$$

$$=12,075,000円 \times \frac{5,800,000円}{14,500,000円}$$

$$=4,830,000円$$

〈共通費用の配賦〉

　居住者のその年分の不動産所得の金額、事業所得の金額又は雑所得の金額（事業所得の金額及び雑所得の金額のうち山林の伐採又は譲渡に係るものを除きます。）の計算上必要経費に算入された金額のうちに、販売費、一般管理費その他の費用で、国内源泉所得に係る所得を生ずべき業務と国外源泉所得に係る所得を生ずべき業務との双方に関連して生じた「共通費用」があるときは、その「共通費用」の額は、これらの所得を生ずべき業務に係る収入金額、資産の価額、使用人の数その他の基準のうちその居住者の行うこれらの業務の内容及び費用の性質に照らして合理的と認められる基準により国内源泉所得に係る所得及び国外源泉所得に係る所得の金額の計算上の必要経費として配分するものとします（所令222⑥）。

5 復興特別所得税

　東日本大震災からの復興に必要な財源を確保するため、平成25年から平成49年までの各年分の所得税に係る基準所得税額に2.1％の税率を乗じた額（財確法13）を復興特別所得税として課すことになりました（財確法8）。基準所得税額は、外国税額控除額を控除する前の所得税額です（財確法10）。

　外国税額控除（所法95①）の適用を受ける場合において、その年の控除対象外国所得税の額が所得税の控除限度額（所法95①、所令222①）を超えるときは、その年分の復興特別所得税の額のうち、その年において生じた所得でその源泉が国外にあるものに対応するものとして、居住者のその年分の復興特別所得税の額に、その年分の所得総額のうちにその年分の国外所得総額の占める割合を乗じて計算した金額（財確令3、所令222①）を限度として、その超える金額をその年分の復興特別所得税の額から控除します（財確法14①）。

　復興特別所得税の控除限度額

$$=その年分の復興特別所得税の額 \times \frac{その年分の国外所得総額}{その年分の所得総額}$$

　なお、復興特別所得税から外国税額控除を受けるには、復興特別所得税申告書、修正申

告書又は更正請求書に外国税額控除を受けるべき金額及びその計算に関する明細を記載した書類の添付があることが必要です。また、その外国税額控除を受けるべき金額は、その記載された金額を限度とします（財確法14②）。

6 道府県民税・市町村民税の控除限度額

道府県民税及び市町村民税の控除限度額は、いずれも地方税法施行令で定めるところにより計算した額とされ（地法37の3、314の8）、次のとおりです。

	地方税法施行令で定めるところにより計算した額
道府県民税の控除限度額	所得税（国税）の控除限度額×12％（地令7の19③）
市町村民税の控除限度額	所得税（国税）の控除限度額×18％（地令48の9の2④）

以上の居住者（所得税）の取扱いを内国法人（法人税）の取扱いと比較すると次のとおりです。

	居住者（所得税）の取扱い	内国法人（法人税）の取扱い	
		標準税率を用いる方法	実際税率を用いる方法
控除限度額の算定方法	地方税法施行令で定める所定の率を乗じて計算する方法のみ	標準税率を用いる方法と実際税率を用いる方法とが選択可（地令9の7④、48の13⑤）	
道府県民税の控除限度額	所得税の控除限度額×12％	法人税の控除限度額×5.0％（法人税割の標準税率）	都道府県ごとに下記の算式により算定した金額の合計額（東京都特別区における都民税については、法人税割の実際税率を道府県民税部分と市町村民税部分に分けてそれぞれの控除限度額に含めます。） 法人税の控除限度額×$\dfrac{各道府県の従業者数}{従業者の総数}$×

			各道府県の法人税割の実際税率
市町村民税の控除限度額	所得税の控除限度額×18%	法人税の控除限度額×12.3%（法人税割の標準税率）	市町村ごとに下記の算式により算定した金額の合計額 法人税の控除限度額× $\dfrac{\text{各市町村の従業者数}}{\text{従業者の総数}}$ ×各市町村の法人税割の実際税率

　道府県民税・市町村民税の控除限度額の詳細な計算方法と具体例については、**第5章第1節**を参照してください。

第3節　第3作業：その年に控除できる外国所得税額の決定

　申告実務上、控除対象外国所得税額と控除限度額の両者を混同して外国税額控除の算定金額を誤るおそれがあります。そこで、イメージでわかりやすくするために、ここではあえて控除対象外国所得税額を「玉」、控除限度額を「かご」に例えて説明していくこととします。

　第3作業では、第1作業において把握・集計した控除対象外国所得税額（玉）から、第2作業において算定した控除限度額（第2作業で決められたサイズのかご）の範囲内におさまる金額の控除対象外国所得税額の部分を決定します。これが当期に控除できる額となります。控除対象外国所得税額と控除限度額の関係は、次のとおりです。

1　控除限度超過額と控除余裕額

　その年の控除対象外国所得税額（玉）とその年の控除限度額（かご）のいずれが大きいかによって、控除限度超過額又は控除余裕額が生じます（所令224④⑤⑥）。
　それぞれの具体例については、**第5章**の下記の節を参照してください。

	控除限度超過額	控除余裕額
内容	その年の控除対象外国所得税額（玉）が、その年の控除限度額（かご）を超える場合、その超過部分が控除限度超過額（あふれた玉）です（所令224⑥）。ここでの控除限度額は、復興特別所得税の控除限度額を含みます（財確法33①、所法95②、財確令13①、所令224⑥）。	その年の控除対象外国所得税額（玉）が、その年の控除限度額（かご）に満たない場合、その満たない部分を控除余裕額（かごの空き部分）とします（所令224④⑤）。 その年の控除限度額は、所得税の控除限度額、復興特別所得税の控除限度額、道府県民税の控除限度額及び市町村民税の控除限度額から構成され、（かごの中が所得税、復興特別所得税、道府県民税、市町村民税のエリアに区分されており、）この控除余裕額（かごの空き部分）は、その年の控除対象外国所得税額（玉）を所得税→復興特別所得税→道府県民税→市町村民税の順（地令7の19④、48の9の2⑤）に各控除限度額（かご）まで埋めていった残りの空き部分です。 ただし、復興特別所得税については特例的な税であるため、控除余裕額として繰越する規定がありません（財確法33①、所法95②、財確令13①、所令223、224④⑤⑥）。つまり、その年の控除対象外国所得税額（玉）をその年の控除限度額（かご）へ埋めていって、所得税、道府県民税、市町村民税のそれぞれ全部又は一部が埋めきれずに残った金額については、控除余裕額として繰越すことができますが、復興特別所得税の控除限度額（かご）の全部又は一部が埋めきれずに残った金額については、控除余裕額として繰越することはできません（財確令13①、所令223、224④⑤⑥）。
第5章の設例	第1節、第4節、第6節	第2節、第3節、第5節

2　控除限度超過額の繰越控除と控除余裕額の繰越使用

　国外所得の発生する年（すなわち、その国外所得を既述した第2作業での外国所得税の控除限度額の算式に反映する年）と、その国外所得に対する外国所得税額が確定する年（すなわち、その外国所得税額を既述した第1作業での控除対象外国所得税額として集計する年）が1年以上ズレることがありますが、そのような場合でも外国所得税額とそれに対する控除限度額が対応して外国税額控除できるように、3年以内の間、控除限度超過額の繰越控除と控除余裕額の繰越使用を認めています。ここでの3年間は、控除限度超過額の繰越控除又は控除余裕額の繰越使用を用いて外国税額控除を適用する年からみると、前3年以内の各年（その年の前年以前3年内の各年）となります（所法95②③、所令223、224①、225①）。ただし、復興特別所得税については、特例的な税であることから、控除限度超過額の繰越控除や控除余裕額の繰越使用の制度が採られていません（財確令13①、所令223、224④⑤⑥）。

　具体例については、それぞれ**第5章の下記の節**を参照してください。

	控除限度超過額の繰越控除	控除余裕額の繰越使用
内　容	控除限度超過額（あふれた玉）については、3年間繰越され、その間の各事業年度に生じた控除余裕額（かごの空き部分）に、古い発生年度の控除限度超過額（あふれた玉）から入れていきます（地令7の19②、48の9の2②）。	控除余裕額（かごの空き部分。上記のとおり復興特別所得税については含みません。）については、3年間繰越され、その間の各事業年度に生じた控除限度超過額（あふれた玉）を、古い発生年度の控除余裕額（かごの空き部分）から、所得税→道府県民税→市町村民税の順に各控除限度額まで埋めていきます（地令7の19④、48の9の2⑤）。
第5章の設例	第2節	第4節、第6節

3　控除限度超過額と控除余裕額の切捨て

　3年以内の間に控除限度超過額の繰越控除や控除余裕額の繰越使用がされなかった金額については、次のように切り捨てられます。

	控除限度超過額の切捨て	控除余裕額の切捨て
内容	3年以内に、その間の各年に生じた控除余裕額（かごの空き部分）に入れられなかった控除限度超過額（あふれた玉）は、切り捨てます。	3年以内に、その間の各年に生じた控除限度超過額（あふれた玉）で埋めきれなかった控除余裕額（かごの空き部分）は、切り捨てます。

4 控除限度超過額の繰越控除と控除余裕額の繰越使用に際しての確定申告書添付書類と保存書類

　控除限度超過額の繰越控除と控除余裕額の繰越使用は、繰越控除限度額又は繰越控除対象外国所得税額に係る最も古い年以後の各年分の確定申告書、修正申告書又は更正請求書に、その各年の控除限度額及び控除対象外国所得税額を記載した書類の添付があり、かつ、控除限度超過額の繰越控除又は控除余裕額の繰越使用を適用する年の確定申告書、修正申告書又は更正請求書に、この適用により控除を受けるべき金額、繰越控除限度額又は繰越控除対象外国所得税額の計算の基礎となるべき事項を記載した書類、控除対象外国所得税の額を課されたことを証する書類その他第1節の7で既述した添付書類と合わせて提出することが適用要件とされます（所法95⑥、所規42）。

5 外国税額についての所得税における還付と道府県民税・市町村民税における繰越控除

　既述の第3作業により決定したその年の控除税額（控除できる外国所得税）が、その事業年度の所得税額や道府県民税・市町村民税の所得割額から控除しきれない場合があります。その場合、所得税と道府県民税・市町村民税とで取扱いが次のように異なります。復興特別所得税については、当年の税額控除のみの取扱いとされます。

	所得税における還付	道府県民税・市町村民税における繰越控除	復興特別所得税は当年の税額控除のみ
内容	その年の所得税額よりもその年に控除できる外国所得税（3年間の控除限度超過額の繰越	道府県民税・市町村民税について左記所得税の場合と同様、所得割額から控除しきれない控除未済	その年分の控除対象外国所得税額が所得税の控除限度額を超えるときに、その年の復興特別所得税の控除限度額の範

控除と控除余裕額の繰越使用によりその年で控除できるものを含みます。）の額の方が大きいため、その年の所得税額から控除しきれない場合、この控除しきれなかった金額をその年の申告書に記載して、還付を受けます(所法120①四、138①)。	外国税額が生じた場合、その後3年間繰越し、その期間の各年の所得割額から控除します（所得税の場合のように確定申告の都度すぐに還付される取扱いではありません。）(地令7の19⑥、48の9の2⑦)。 道府県民税・市町村民税について、繰り越された控除未済外国税額が3年以内に控除しきれなかった場合、切り捨てられます。	囲内で、復興特別所得税額から控除するのみです（財確法14①)。復興特別所得税には、控除限度超過額の繰越控除や控除余裕額の繰越使用の制度が採られていない（財確令13①、所令223、224④⑤⑥）ため、税額控除される金額は、控除余裕額の繰越分によって上乗せされることがなく、既述の式によるその年のみの控除限度額の範囲内に限られ、「所得税における還付」や「道府県民税・市町村民税における繰越控除」に相当するものはありません。

6　外国税額控除の控除順序

外国税額控除の金額は、次の所得税額から順次控除されます（所法92②前段、95⑦)。

①	課税総所得金額に係る所得税額
②	申告分離課税の上場株式等に係る課税配当所得の金額
③	分離課税の課税事業所得等の金額に係る所得税額
④	分離課税の課税長期譲渡所得、課税短期譲渡所得の金額に係る所得税額
⑤	申告分離課税の株式等に係る課税譲渡所得等に係る所得税額
⑥	申告分離課税の先物取引に係る課税雑所得等に係る所得税額
⑦	課税山林所得金額に係る所得税額
⑧	課税退職所得金額に係る所得税額

第4節 外国税額控除と必要経費等の選択

居住者が控除対象外国所得税額について、必要経費又は支出した金額（必要経費等といいます。）に算入せずに外国税額控除の適用を受けるか、それとも外国税額控除の適用を受けずに必要経費等に算入するかは、不動産所得、事業所得、山林所得、一時所得又は雑所得をその計算の基礎としたものについて選択することができます（所法46）。しかし、利子所得、配当所得、給与所得、退職所得又は譲渡所得をその計算の基礎とした外国所得税額は、外国税額控除のみ適用でき（所法95①）、必要経費等に算入することはできません。これらの所得については、必要経費という概念がないためです。

	二重課税を調整する方法	
	外国税額控除	必要経費等算入
利子所得	○	×
配当所得	○	×
不動産所得	○	○
事業所得	○	○
給与所得	○	×
退職所得	○	×
山林所得	○	○
譲渡所得	○	×
一時所得	○	○
雑所得	○	○

控除対象外国所得税額について、必要経費等に算入するか、又は外国税額控除をするかの選択は、各年ごとに、その年中に確定した控除対象外国所得税の全部について行わなければならず、それぞれの外国所得税の額ごとに行うことはできないものとされます（所基通46-1）。利子所得、配当所得、給与所得、退職所得又は譲渡所得をその計算の基礎とし

た控除対象外国所得税の額について外国税額控除をするときは、不動産所得、事業所得、山林所得、一時所得又は雑所得をその計算の基礎とした控除対象外国所得税の額について、必要経費等に算入することはできません（所基通46-1（注））。例えば、配当所得と不動産所得に係る外国所得税の額がある場合には、配当所得に係る外国所得税額を外国税額控除の適用とする一方で、不動産所得に係る外国所得税額を必要経費等に算入することはできません。

外国税額控除の適用を受けるには、確定申告書、修正申告書又は更正請求書に控除を受けるべき金額を記載することも適用要件とされ、かつ、その記載金額が限度とされます（所法95⑤）。

以上の居住者（所得税）の場合の取扱いを、内国法人（法人税）の場合の取扱いと対比すると、次のとおりです。

居住者（所得税）の場合	内国法人（法人税）の場合
外国所得税額のうち、不動産所得、事業所得、山林所得、一時所得又は雑所得に係るものは、外国税額控除か必要経費等算入かの選択が可能です（所法46）。しかし、利子所得、配当所得、給与所得、退職所得又は譲渡所得に係る外国所得税額は、外国税額控除のみ適用可（所法95①）で、必要経費等に算入できません。	外国法人税額について、外国税額控除か損金算入かの選択が可能です。
外国税額控除か必要経費等算入かの選択は、各年ごとに、その年中に確定した外国所得税の額の全部について行わなければなりません（所基通46-1）。	「直接税額控除」の場合、すべての控除対象外国法人税額に対して、税額控除か損金算入かを一律に選択しなければなりません。「特定外国子会社等の課税対象金額又は部分課税対象金額に対応する外国法人税の額に係る外国税額控除」の場合、それぞれの外国法人税額ごとに、益金算入して税額控除を適用するか否かを選択します。 なお、居住者（所得税）には、「特定外国子会社等の課税対象金額又は部分課税対象金額

135

			に対応する外国法人税の額に係る外国税額控除」に相当する制度がないので、以下では、「直接税額控除」の場合のみ記載します。
外国所得税の額について、外国税額控除の適用を受けるとき	控除対象外国所得税の額について、所得金額の計算上、必要経費等に算入しません（所法46）。	外国法人税の額について、外国税額控除の適用を受けるとき（「直接税額控除」の場合）	外国法人税の額について、所得金額の計算上損金算入しません（法法41）。
外国所得税の額について、外国税額控除の適用を受けないとき	不動産所得、事業所得、山林所得、一時所得又は雑所得に係る外国所得税の額について、所得金額の計算上、必要経費等に算入できます。	外国法人税の額について、外国税額控除の適用を受けないとき（「直接税額控除」の場合）	外国法人税の額について、所得金額の計算上損金算入します。
居住者が、控除対象外国所得税の一部につき外国税額控除の適用を受ける場合には、その外国所得税の額の全部が必要経費等に算入されません（所基通95-1）。 利子所得、配当所得、給与所得、退職所得又は譲渡所得に係る控除対象外国所得税の額について外国税額控除をするときは、不動産所得、事業所得、山林所得、一時所得又は雑所得に係る控除対象外国所得税の額についても、必要経費等に算入することはできません（所基通46-1（注））。 　外国税額控除の適用を受けるには、確定申告書、修正申告書又は更正請求書に控除を受けるべき金額を記載することも適用要件とされ、かつ、その記載された金額が限度とされます（所法95⑤）。		「直接税額控除」のときは、控除対象外国法人税額の一部について外国税額控除の適用を受けて、一部について外国税額控除の適用を受けないで損金算入することはできません。この場合には、税額控除の適用を受けなかった外国法人税の額も含めて、外国法人税の全額が損金不算入となります（法基通16-3-1）。 外国税額控除は、内国法人が確定申告書、修正申告書又は更正請求書に控除の金額を記載することが適用要件の一つとされ、かつ、その記載金額が限度とされます（法法69⑩）。	
外国税額控除を継続して選択する年において		「直接税額控除」の場合、外国税額控除を継	

は控除限度超過額又は控除余裕額の翌期以降3年間の繰越ができますが、途中のある年から控除対象外国所得税額につき損金算入へ選択を変更すると、それ以前の年から繰越されてきた控除限度超過額翌期繰越額すべてと控除余裕額翌期繰越額すべてがその変更した年において消減します（打切りとなります。）（所令224②、225②）。	続して選択する事業年度においては控除限度超過額又は控除余裕額の翌期以降3年間の繰越ができますが、途中のある事業年度から控除対象外国法人税額につき損金算入へ選択を変更すると、それ以前の事業年度から繰越されてきた控除限度超過額翌期繰越額すべてと控除余裕額翌期繰越額すべてがその変更した事業年度において消減します（打切りとなります。）（法令144②、145②）。
以前の年から繰越されてきた控除限度超過額と控除余裕額について、当年に外国税額控除を適用できるのにその全部又は一部について適用しなかった場合、その適用しなかった金額は、翌年に繰越できません（所令224③、225③）。	「直接税額控除」の場合、以前の事業年度から繰越されてきた控除限度超過額と控除余裕額について、当事業年度に外国税額控除を適用できるのにその全部又は一部について適用しなかった場合、その適用しなかった金額は、翌事業年度に繰越できません（法令144④、145③）。

第5節 外国税額控除の適用を受けた外国所得税の額が後に減額された場合

　居住者が外国税額控除の適用を受けた外国所得税の額が後に減額された場合には、その外国所得税額が減額されることとなった日の属する年（減額に係る年といいます。）で調整を行うこととしていますが、この減額調整は、外国税額控除の適用を受けた年の翌年以後7年内の各年において減額された場合に限ることとされます（所法95④）。外国税額控除の適用を受けた年の翌年以後7年以内の各年においてその外国所得税の額が減額された場合に行われる調整は、次のとおりです。

　外国所得税の額について外国税額控除の適用を受け、その適用を受けた事業年度（適用事業年度とします。）後の事業年度にその外国所得税の額が減額された場合、減額された部分とする金額（減額控除対象外国所得税額）は、次の(1)−(2)の金額とします（所令226①、226②）。
(1)　その外国所得税の額のうち適用を受けた年において控除対象外国所得税額とされた額

(2) 減額後の外国所得税の額につき適用を受けた年において外国税額控除を適用したならば控除対象外国所得税額とされる額
外国所得税額が減額された場合の調整は、次の順に行います。 1）減額控除対象外国所得税額は、まず減額に係る年において不動産所得、事業所得、山林所得、一時所得又は雑所得の金額の計算上、総収入金額に算入せず（所法44の2、所令44の2）に、この減額に係る年の他の控除対象外国所得税額（相殺前の額で必要経費等に算入しません。）と相殺し（所令226①）、 ↓ 2）相殺しきれない額は、減額に係る年の前年以前3年内の各年の控除限度超過額の繰越額で最も古い発生年度のものから順次相殺し（所令226③）、 ↓ 3）それでも相殺しきれない額は、その金額を減額に係る年分の雑所得の金額の計算上、総収入金額に算入します（所法44の2、所令93の2）。

＜減額されることとなった日＞

減額に係る年を決定する「減額されることとなった日」とは、次のとおりです（所基通95-11）。

原 則	還付金の支払通知書等の受領により外国所得税について具体的にその減額されることとなった金額が確定した日
容 認	実際に還付金を受領した日

＜外国所得税が減額された場合の円換算方法＞

居住者が納付した外国所得税額が減額されたため、これらについて、上記の減額調整を行う場合におけるその減額に係る還付金の金額は、次の為替相場により円貨に換算した金額によることとされます（所基通95-12）。

原 則	上記の「減額されることとなった日」におけるTTM（電信売買相場の仲値）（所基通57の3-2）

以上の居住者（所得税）の場合の取扱いを、内国法人（法人税）の場合の取扱いと対比すると、次のとおりです。

居住者（所得税）の場合の取扱い	内国法人（法人税）の場合の取扱い
減額調整は、外国税額控除の適用を受けた年の翌年以後7年内の各年において減額された場合に限ります（所法95④）。	減額調整は、外国税額控除の適用を受けた事業年度開始の日後7年以内に開始する内国法人の各事業年度において減額された場合に限ります（法法69⑧）。
減額された部分とする金額（減額控除対象外国所得税額）は、次の(1)−(2)の金額とします（所令226①、226②）。 (1) その外国所得税の額のうち適用を受けた年において控除対象外国所得税額とされた額 (2) 減額後の外国所得税の額につき適用を受けた年において外国税額控除を適用したならば控除対象外国所得税額とされる額	減額された部分とする金額（減額控除対象外国法人税額）は、次の(1)−(2)の金額とします（法令150②、25）。 (1) その外国法人税の額のうち適用を受けた事業年度において控除対象外国法人税額とされた額 (2) 減額後の外国法人税の額につき適用を受けた事業年度において外国税額控除を適用したならば控除対象外国法人税額とされる額
外国所得税額が減額された場合の調整は、次の順に行います。 (1) 減額控除対象外国所得税額は、まず減額に係る年において不動産所得、事業所得、山林所得、一時所得又は雑所得の金額の計算上、総収入金額に算入せず（所法44の2）に、この減額に係る年の他の控除対象外国所得税額（相殺前の額で必要経費等に算入しません。）と相殺し（所令226①）、 ↓ (2) 相殺しきれない額は、減額に係る年の前年以前3年内の各年の控除限度超過額の繰越額で最も古い発生年度のものから順次相殺し（所令226③）、	外国法人税額が減額された場合の調整は、次の順に行います。 (1) 減額控除対象外国法人税額は、まず減額の日を含む事業年度（減額に係る事業年度）において益金不算入とし（法法26③）て、この減額に係る事業年度の他の控除対象外国法人税額（相殺前の額で損金不算入とします。）と相殺し（法令150①）、 ↓ (2) 相殺しきれない額は、減額に係る事業年度開始の日前3年以内に開始した事業年度の控除限度超過額の繰越額で最も古い発生年度のものから順次相殺し（法令150③）、 ↓ (3) それでも相殺しきれない額は、減額に係る事業年度の翌期首以後2年以内に開始す

↓	る事業年度で発生する控除対象外国法人税額と順次相殺し（法令150④、⑥）、 ↓
(3) それでも相殺しきれない額は、その金額を減額に係る年分の雑所得の金額の計算上、総収入金額に算入します（所法44の2、所令93の2）。	(4) それでも相殺しきれない額は、減額に係る事業年度の翌期首以後2年以内に開始する事業年度のうち最後の事業年度に益金算入します。

第6節 外国税額控除の適用を受けた外国所得税の額が後に増額された場合

　居住者が外国所得税額につき外国税額控除の適用を受けた場合において、その適用を受けた年分後の年分にその外国所得税額の増額があり、かつ、外国税額控除の適用を受けるときは、増額された外国所得税額は、その増額のあった日の属する年分において新たに生じたものとして外国税額控除の適用を受けます（所基通95-9）。

第5章

外国税額控除事例

既述のとおり平成25年度税制改正において、金融所得課税の一体化を進める観点から、公社債等及び株式等に係る所得に対する課税が見直され、例えば、平成28年1月1日以後に居住者等が支払を受けるべき特定公社債等の利子等については、20.315％（所得税15％、復興特別所得税0.315％、住民税5％）の源泉分離課税の対象から除外し、20.315％（所得税15％、復興特別所得税0.315％、住民税5％）の税率による申告分離課税の対象とするなど、公社債等の利子及び譲渡損失並びに上場株式等に係る所得等の金融商品間の損益通算範囲の拡大等がなされました。これらの改正は、平成28年1月1日から適用されます。したがって、改正の適用開始まではしばらくの間がありますので、この章での設例は、平成25年度税制改正前の取扱いにより例示します。

第1節　外国税額控除事例Ⅰ―国外株式の配当に対する源泉税の外国税額控除

　居住者甲氏の事例である第1節の「平成×5年」から第4節の「平成×8年」までの4年間は、連続しているものとします。甲氏には、「平成×4年」からの外国所得税の繰越控除余裕額又は繰越控除限度超過額はないものとします。

1　設　例

　当年　平成×5年1月1日～平成×5年12月31日
　居住者（非永住者以外の者）甲氏が当年において受取った国外株式の配当は、次のとおりです。
　　X社株式の配当金　平成×5年12月27日入金
　　　X社は、A国に本店が所在します。
　　　X社株式は、A国において発行され、A国の証券取引所に上場しています。
　　　X社株式の配当金は、A国において支払われます。
　　　X社株式の配当金に対するA国における源泉税率を10％とします。
　　　甲氏は、国内における金融商品取引業者等を通じてその支払を受けます。
　　　X社株式を取得するために要した負債の利子はないものとします。
　甲氏は、この配当について総合課税を適用することとします。（実際には配当については、総合課税、申告分離課税又は申告不要のいずれかを選択することができ、それらの中から住民税も考慮して一番有利な方法を選択することになりますが、この設例では、有利

不利にかかわらず、外国税額控除の説明に主眼を置き、設例を簡略化するため総合課税で例示することとします。）

	外貨建金額	為替相場	円建金額
Ｘ社株式の配当金（ア）	10,000ドル	@100円／ドル	1,000,000円
Ａ国における源泉徴収税率	10%		
Ａ国における源泉税（イ）	1,000ドル	@100円／ドル	100,000円
差引（ア）－（イ）＝（ウ）			900,000円
日本における源泉徴収税率（注） 　所得税及び復興特別所得税 　住民税（配当割） 　　　　　　計			7.147% 3% 10.147%
日本における源泉徴収税額 　所得税及び復興特別所得税 　住民税（配当割） 　　　　　　計（エ）			64,323円 27,000円 91,323円
差引入金額（ウ）－（エ）			808,677円

（注）　設例は、平成25年12月31日までに支払を受けるべき配当等のケースとします。
　　　平成26年１月１日以降に支払を受けるべき配当等のケースでは、所得税及び復興特別所得税15.315％、住民税（配当割）５％、計20.315％です。

　甲氏の当年の所得は、上記配当金以外は、次の国内勤務の給与所得のみとします。甲氏には、配偶者・扶養親族等がなく、所得控除は社会保険料控除と基礎控除のみとします。住宅借入金等特別控除など税額控除もないものとします。

給与総額	2,760,000円
うち社会保険料の金額	396,992円
差引	2,363,008円
年末調整後源泉徴収税額 （所得税及び復興特別所得税）	49,700円

2 控除対象外国所得税額の把握

　配当の源泉所得税を税額控除する居住者の所得税申告の対象の年（説明を簡略化するため、控除限度額が十分にある年の場合を想定してその年の控除対象外国所得税額が仮にすべて外国税額控除できるものとしてこのような表現としています。厳密には、既述の第4章第3節「第3作業：その年に控除できる外国所得税額の決定」の段階で、控除限度額がなくてその年に外国税額控除できない場合もありえます。正確に言い換えると、第1作業における「その年の控除対象外国所得税額」とする年です。この設例では、当年の控除対象外国所得税額が当年の控除限度額を上回るため、控除対象外国所得税額のうち控除限度額までの部分は当年に外国税額控除でき、それを超える部分は翌年以後に外国税額控除できるように繰越するものとしています。）は、源泉徴収の対象となった配当の支払日を含む年分です。したがって、当年（平成×5年1月1日～平成×5年12月31日）において支払われた配当のうち国外で源泉徴収されているものが、当年における控除対象外国所得税額の対象となります。

　この設例のX社株式の配当金は、当年において支払われている配当で国外にて源泉徴収されているものに該当します。よって、当年の控除対象外国所得税額は、A国において源泉徴収された1,000ドルとなります。控除対象外国所得税額の円換算方法は、源泉徴収される外国所得税の場合には、配当の額の換算の為替相場によるとされていますので、この設例では、＠100円／ドルで換算して100,000円を、控除対象外国所得税額の円換算額とします。

　この章では、平成24年分所得税の確定申告書添付書類としての「外国税額控除に関する明細書」の用紙を用いて例示します（その後各年分の「外国税額控除に関する明細書」の様式の変更箇所を確認する必要があります。以下、この章において同じです。）。「外国税額控除に関する明細書」の「1　外国所得税額の内訳　○本年中に納付する外国所得税額」欄に、このX社株式の配当金について、課税標準1,000,000円（10,000ドル）やその外国所得税額100,000円（1,000ドル）等を記載します。この外国所得税額100,000円は、「外国税額控除に関する明細書」の「4　外国所得税額の繰越控除余裕額又は繰越控除限度超過額の計算の明細」欄の㋜にも記載されます。

　なお、この設例の日本において源泉徴収された所得税及び復興特別所得税64,323円、並びに住民税（配当割）27,000円は、国外株式の配当等について国内における金融商品取引業者等を通じてその支払を受ける場合に、日本の源泉税として徴収されるものであり、外国税額控除の対象となる外国所得税ではありません。

3 控除限度額の算定

(1) 所得税の控除限度額

外国税額の控除限度額は、居住者のその年分の所得税の額に、その年分の所得総額のうちにその年分の国外所得総額の占める割合を乗じて計算した金額とします（所令222①）。

所得税の控除限度額の式は、次のとおりです。

$$\text{所得税の控除限度額} = \text{その年分の所得税の額} \times \frac{\text{その年分の国外所得総額}}{\text{その年分の所得総額}}$$

① 当年分の国外所得総額

所得税の控除限度額の算式におけるその年分の国外所得総額とは、その年において生じた国内源泉所得（所法161）に係る所得以外の所得のみについて所得税を課するものとした場合に課税標準となるべきその年分の総所得金額、退職所得金額及び山林所得金額の合計額に相当する金額です（所令222③）。

その年分の国外所得総額は、現地における外国所得税の課税上その課税標準とされた所得の金額そのものでなく、その年分において生じた国外源泉所得の金額に係る総所得金額、退職所得金額及び山林所得金額の合計額です。この設例では、X社株式の配当金10,000ドルが国外所得に該当します。これを入金時の為替相場@100円／ドルで円換算した1,000,000円を、所得税の控除限度額の算式における分子の当年分の国外所得総額とし、「外国税額控除に関する明細書」の「3　控除限度額の計算」欄の③国外所得総額へ記載します。

② 当年分の所得総額

所得税の控除限度額の算式におけるその年分の所得総額とは、この設例では下記の金額の合計額です。ただし、その年分の合計額がその年分の国外所得総額に満たない場合には、その年分の国外所得総額に相当する金額です。この設例では、当年の所得総額2,752,000円が、当年の国外所得総額1,000,000円を上回っているため、所得税の控除限度額の算式における分母は、当年の所得総額2,752,000円となり、これを、「外国税額控除に関する明細書」の「3　控除限度額の計算」欄の②所得総額へ記載します。

	収入金額等	所得金額
給与所得	2,760,000円	1,752,000円
配当所得	1,000,000円	1,000,000円
計（総所得金額）		2,752,000円

③ 当年分の所得税の額

所得税の控除限度額の算定式におけるその年分の所得税の額とは、居住者のその年分の下記の左欄の項目を適用しないで計算した場合の税額であり、下記の右欄の項目を控除した税額で、附帯税を除きます（所令222①）。

適用しない項目	控除する項目
外国税額控除	①外国税額控除以外の税額控除 ・配当控除 ・住宅借入金等特別税額控除等の所得税の特別控除 ②災害被害者に対する所得税の軽減又は免除

この設例では、所得税の控除限度額の算定式におけるその年分の所得税の額は、次のように100,000円と計算され、これを「外国税額控除に関する明細書」の「3　控除限度額の計算」欄の①所得税額へ記載します。

		所得金額		所得税
総所得金額		2,752,000円		
所得控除	社会保険料控除	396,992円		
	基礎控除	380,000円		
差引（課税所得金額）		1,975,000円		（千円未満切捨て）
	所得税額の速算表より	1,975,000円	10％－97,500円	100,000円
配当控除				0円
住宅借入金等特別控除				0円
差引所得税額				100,000円

④ 所得税の控除限度額

以上より、所得税の控除限度額は、次のように算定されます。

所得税の控除限度額

$$=その年分の所得税の額 \times \frac{その年分の国外所得総額}{その年分の所得総額}$$

$$=100,000円 \times \frac{1,000,000円}{2,752,000円} = 36,337円$$

これを「外国税額控除に関する明細書」の「3　控除限度額の計算」欄の④控除限度額、「4　外国所得税額の繰越控除余裕額又は繰越控除限度超過額の計算の明細」欄の㈡国税へ記載します。

(2) 復興特別所得税の控除限度額

外国税額控除（所法95①）の適用を受ける場合において、その年の控除対象外国所得税の額が所得税の控除限度額（所法95①、所令222①）を超えるときは、その年分の復興特別所得税の額のうち、その年において生じた所得でその源泉が国外にあるものに対応するものとして、居住者のその年分の復興特別所得税の額に、その年分の所得総額のうちにその年分の国外所得総額の占める割合を乗じて計算した金額（財確令3、所令222①）を限度として、その超える金額をその年分の復興特別所得税の額から控除します（財確法14①）。

復興特別所得税の控除限度額

$$=その年分の復興特別所得税の額 \times \frac{その年分の国外所得総額}{その年分の所得総額}$$

この設例では、当年の控除対象外国所得税額100,000円が、所得税の控除限度額36,337円を63,663円超えています。しかし、この超過額63,663円よりも下記の復興特別所得税の控除限度額（763円）の方が小さくなります。

$$当年分の復興特別所得税額2,100円 \times \frac{当年分の国外所得総額1,000,000円}{当年分の所得総額2,752,000円} = 763円$$

したがって、復興特別所得税から控除される外国税額は763円となり、これをこの章では仮に「外国税額控除に関する明細書」の「4　外国所得税額の繰越控除余裕額又は繰越控除限度超過額の計算の明細」欄の㈡国税の外書へ記載することにします。（復興特別所得税に係る事項が所得税申告書の「外国税額控除に関する明細書」にも反映されることになると思われますが、法人税申告書別表六（三）「外国税額の繰越控除余裕額又は繰越控除限度超過額等の計算に関する明細書」を参考にして、この章ではそのように記載することとしました。実際には、その後各年分の「外国税額控除に関する明細書」の様式の変更箇所を確認し、その書き方に合わせて記載する必要があります。）

なお、復興特別所得税から外国税額控除を受けるには、復興特別所得税申告書、修正申告書又は更正請求書に外国税額控除を受けるべき金額及びその計算に関する明細を記載した書類の添付があることが必要です。また、その外国税額控除を受けるべき金額は、その記載された金額を限度とします（財確法14②）。

　ここでは、復興特別法人税申告書別表三「外国税額の控除に関する明細書」を参考に、次のように計算することとします。実際には、その後各年分の復興特別所得税申告書や復興特別所得税の外国税額控除に関する明細書等の様式を確認し、その書き方に合わせて計算する必要があります。

復興特別所得税からの外国税額の控除額の計算			
当年の控除対象外国所得税額		1	100,000円
所得税の控除限度額		2	36,337円
差引控除対象外国所得税額(1)−(2)		3	63,663円
復興特別所得税額の計算	所得税額	4	100,000円
	税額控除額（外国税額控除を除く）	5	—
	課税標準所得税額 （外国税額控除の規定を適用しないで計算した所得税額、1円未満切捨（財確法24①））	6	100,000円
	復興特別所得税額(6)×2.1%	7	2,100円
復興特別所得税の控除限度額の計算	当年の所得金額	8	2,752,000円
	当年の国外所得金額	9	1,000,000円
	復興特別所得税控除限度額 〔(7)×(9)／(8)と　(7)のうちいずれか少ない金額〕	10	763円
外国税額の控除額　〔(3)と(10)のうちいずれか少ない金額〕		11	763円

(3) 道府県民税・市町村民税の控除限度額

　道府県民税及び市町村民税の控除限度額は、いずれも地方税法施行令で定めるところにより計算した額とされ（地法37の3、314の8）、次のとおりです。

	地方税法施行令で定めるところにより計算した額
道府県民税の控除限度額	所得税（国税）の控除限度額×12％（地令7の19③）
市町村民税の控除限度額	所得税（国税）の控除限度額×18％（地令48の9の2④）

　この設例では、所得税の控除限度額が36,337円なので、道府県民税の控除限度額及び市町村民税の控除限度額は、次のとおりです。

　道府県民税の控除限度額＝36,337円×12％＝4,360円

　市町村民税の控除限度額＝36,337円×18％＝6,540円

　それぞれ「外国税額控除に関する明細書」の「4　外国所得税額の繰越控除余裕額又は繰越控除限度超過額の計算の明細」欄の㋖道府県民税と㋺市町村民税へ記載します。

　以上、所得税の控除限度額36,337円、道府県民税の控除限度額4,360円、市町村民税の控除限度額6,540円の合計47,237円を、控除限度額計として、「外国税額控除に関する明細書」の「4　外国所得税額の繰越控除余裕額又は繰越控除限度超過額の計算の明細」欄の㋣へ記載します。

３　当年の控除税額の決定

　控除対象外国所得税額（玉）と控除限度額（かご）が計算されると、次に、控除限度額以内におさまる控除対象外国所得税額の部分（その年の控除税額）を決定（かごに玉をつめる）します。この設例では、控除対象外国税額100,000円に対して、復興特別所得税も含めた控除限度額は48,000円（所得税の控除限度額36,337円、復興特別所得税の控除限度額763円、道府県民税の控除限度額4,360円、市町村民税の控除限度額6,540円）です。したがって、当年に控除する外国税額控除の額は48,000円であり、そのうち所得税からの外国税額控除の額は36,337円、復興特別所得税からの外国税額控除の額は763円、道府県民税からの外国税額控除の額は4,360円、市町村民税からの外国税額控除の額は6,540円となります。控除対象外国税額100,000円から当年の外国税額控除48,000円を差引いた52,000円が控除限度超過額として翌年以後3年間繰越されます。この52,000円を「外国税額控除に関する明細書」の「4　外国所得税額の繰越控除余裕額又は繰越控除限度超過額の計算の明細」欄の㋦へ記載します。

4　当年の所得税及び復興特別所得税の額

　以上より算定した所得税からの外国税額控除の額36,337円と復興特別所得税からの外国税額控除の額763円を、当年分の所得税及び復興特別所得税の確定申告に反映すると、次のようになります。この章の設例では、予定納付は簡略化のためないものとします。

		所得金額		所得税	所得税及び復興特別所得税の合計額ベース
差引 （課税所得金額）	（千円未満切捨て）	1,975,000円			
	所得税額の速算表より	1,975,000円	10%－97,500円	100,000円	
配当控除				（注1）―	
住宅借入金等特別控除				―	
差引所得税額				100,000円	
基準所得税額×2.1%	復興特別所得税 　　　　2,100円				
所得税及び復興特別所得税の額					102,100円
外国税額控除	所得税部分 　　　　36,337円 復興特別所得税部分　　　763円 計　　37,100円				37,100円
源泉徴収税額	給与所得 　　　　49,700円 配当所得 　　　　64,323円 計　　114,023円				114,023円

申告納税額					△49,023円
還付される税金					（注2）49,023円

(注1) 外国法人から受ける配当等（外国法人の国内にある営業所、事務所その他これらに準ずるものに信託された証券投資信託の収益の分配に係るものを除きます。）は、配当控除の対象となる配当所得からはずされています（所法92①）。したがって、外国株式の配当については、総合課税による場合でも、国内株式の取扱いとは異なって、配当控除の適用がありません。

(注2) 所得税及び復興特別所得税の額の計算上控除しきれない源泉徴収税額がある場合には、その控除しきれない金額が還付されます（財確法19①、17①三、四）。還付すべき復興特別所得税及び所得税に係る還付金の額の端数計算は、復興特別所得税及び所得税を一の税とみなして行い、それらの税に係る還付金の合計額の1円未満を切捨てします（財確法24③、通法120①）。

(注意点) この設例は、配当所得について総合課税を選択した場合で例示しています。既述したように、実際には、総合課税、申告分離課税又は申告不要のいずれかを選択することができ、住民税も考慮してそれらの中から一番有利な方法を選択することになります。

第5章 ● 外国税額控除事例

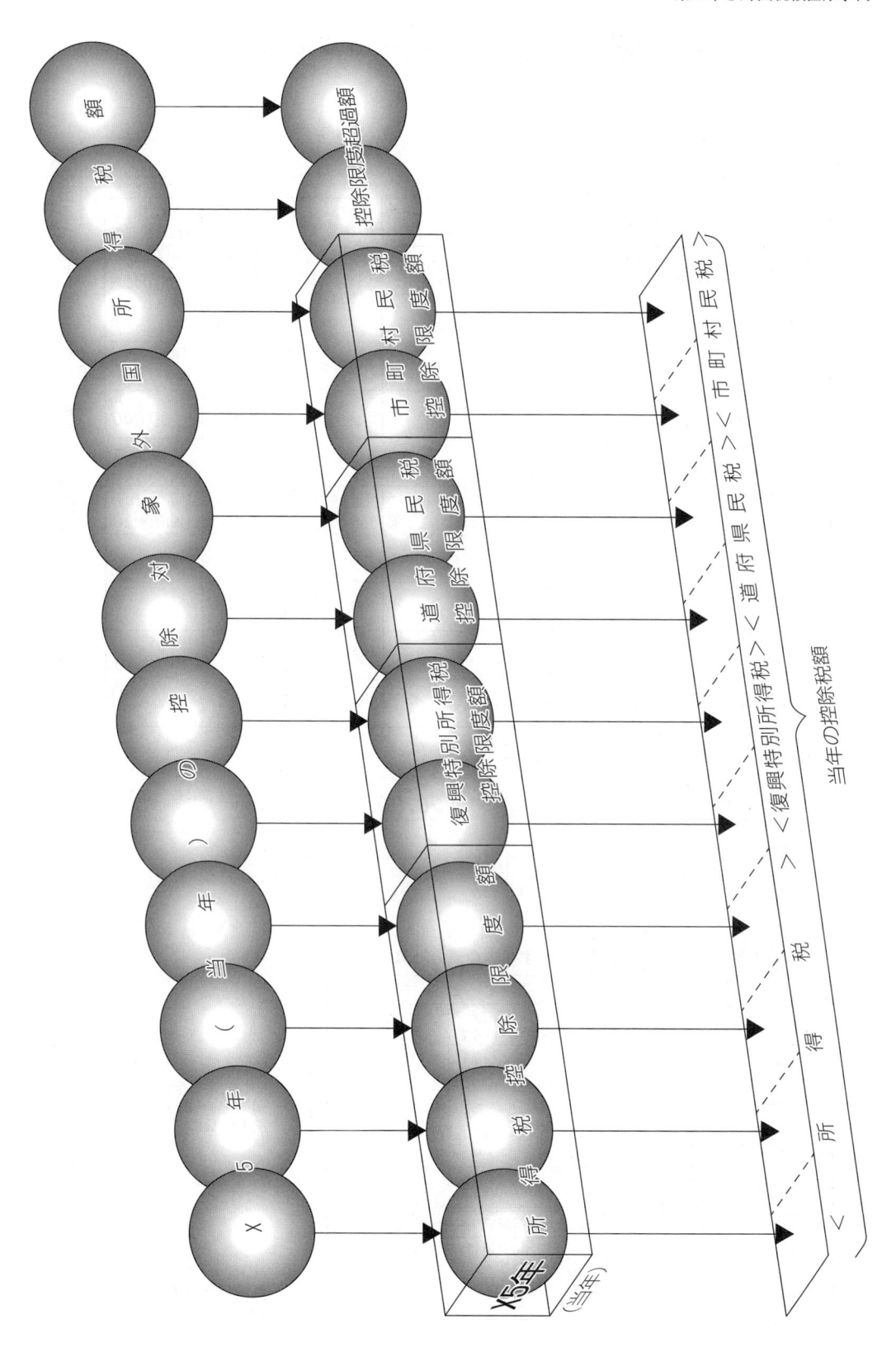

X5年（当年）の控除対象外国所得税額

→ 控除限度超過額
→ 市町村民税控除限度額
→ 道府県民税控除限度額
→ 復興特別所得税控除限度額
→ 所得税控除限度額

X5年（当年）

当年の控除税額
<所得税> <復興特別所得税> <道府県民税> <市町村民税>

外国税額控除に関する明細書
（書き方については、控用の裏面を読んでください。）

（平成 X5 年分）　　　　　　　　　　　氏名　甲氏

1　外国所得税額の内訳

○　本年中に納付する外国所得税額

国名	所得の種類	税種目	納付確定日	納付日	源泉・申告（賦課）の区分	所得の計算期間	相手国での課税標準	左に係る外国所得税額
A国	配当	所得税	X5.12.27	X5.12.27	源泉	X5.1.1～X5.12.31	（外貨 10,000ドル）1,000,000円	（外貨 1,000ドル）100,000円
			． ．	． ．		． ．～． ．	（外貨　）円	（外貨　）円
			． ．	． ．		． ．～． ．	（外貨　）円	（外貨　）円
計	/	/	/	/	/	/	1,000,000	Ⓐ 100,000

○　本年中に減額された外国所得税額

国名	所得の種類	税種目	納付日	源泉・申告（賦課）の区分	所得の計算期間	外国税額控除の計算の基礎となった年分	減額されることとなった日	減額された外国所得税額
			． ．		． ．～． ．	平成　年分	． ．	（外貨　）円
			． ．		． ．～． ．	平成　年分	． ．	（外貨　）円
			． ．		． ．～． ．	平成　年分	． ．	（外貨　）円
計	/	/	/	/	/	/	/	Ⓑ 円

Ⓐの金額がⒷの金額より多い場合（同じ金額の場合を含む。）

Ⓐ 100,000円 － Ⓑ 0円 ＝ Ⓒ 100,000円　→　5の「⑥」欄に転記します。

Ⓐの金額がⒷの金額より少ない場合

Ⓑ　円 － Ⓐ　円 ＝ Ⓓ　円　→　2の「Ⓓ」欄に転記します。

2　本年分の雑所得の総収入金額に算入すべき金額の計算

年分	⑦ 前年繰越額	⑦ ⑦から控除すべき⑦の金額	⑦ ⑦－⑦
前3年以内の控除限度超過額			
平成　年分（3年前）			Ⓖ　円
平成　年分（2年前）			Ⓗ
平成　年分（前年）			Ⓘ
計		Ⓔ	

→　Ⓖ、Ⓗ、Ⓘの金額を4の「Ⓛ前年繰越額及び本年発生額」欄に転記します。

本年中に納付する外国所得税額を超える減額外国所得税額

本年発生額	Ⓓに充当された前3年以内の控除限度超過額	雑所得の総収入金額に算入する金額（Ⓓ－Ⓔ）
Ⓓ　円	Ⓔ　円	Ⓕ　円

→　雑所得の金額の計算上、総収入金額に算入します。

○　この明細書は、申告書と一緒に提出してください。（提出用）

第5章 ●外国税額控除事例

3 控除限度額の計算

所 得 税 額 ①	100,000 円	2の㋺の金額がある場合には、その金額を雑所得の総収入金額に算入して申告書により計算した税額を書きます（詳しくは、控用の裏面を読んでください。）。
所 得 総 額 ②	2,752,000	2の㋺の金額がある場合には、その金額を雑所得の総収入金額に算入して計算した所得金額の合計額を書きます（詳しくは、控用の裏面を読んでください。）。
国 外 所 得 総 額 ③	1,000,000	2の㋺の金額がある場合には、その金額を含めて計算した国外所得の合計額を書きます。
控除限度額（①× ③/②） ④	36,337	→4の㋩欄及び5の⑤欄に転記します。

4 外国所得税額の繰越控除余裕額又は繰越控除限度超過額の計算の明細

本年分の控除余裕額又は控除限度超過額の計算

控除限度額	国 税 （3の④の金額） ㋩	外 363 円 36,337	控除余裕額	国 税 （㋩－㋠） ㋷	円
	道 府 県 民 税 （㋩×12％） ㋥	4,360		道 府 県 民 税 ((㋭－㋠)と㋥とのいずれか少ない方の金額) ㋰	
	市 町 村 民 税 （㋩×18％） ㋭	6,540		市 町 村 民 税 ((㋭－㋠)と㋭とのいずれか少ない方の金額) ㋸	
	計 （㋩＋㋥＋㋭） ㋬	外 763 47,237		計 （㋷＋㋰＋㋸） ㋺	
外国所得税額（1の㋩の金額） ㋠		100,000	控除限度超過額 （㋠－㋬） ㋞		52,000

前3年以内の控除余裕額又は控除限度超過額の明細

年分	区分	控除余裕額			控除限度超過額		
		㋐前年繰越額 及び本年発生額	㋑本年使用額	㋒翌年繰越額 （㋐－㋑）	㋓前年繰越額 及び本年発生額	㋔本年使用額	㋕翌年繰越額 （㋓－㋔）
平成　年分 （3年前）	国 税	円	円		㋖ 円	円	
	道府県民税						
	市町村民税						
平成　年分 （2年前）	国 税			円	㋗		円
	道府県民税						
	市町村民税						
平成　年分 （前　年）	国 税				㋘		
	道府県民税						
	市町村民税						
合計	国 税		㋙			㋚	
	道府県民税						
	市町村民税						
	計		㋛				
本年分	国 税	㋜	㋝		㋞	㋟	
	道府県民税	㋠				52,000	52,000
	市町村民税	㋡					
	計	㋢	㋣				

5 外国税額控除額の計算

控除限度額（3の④の金額） ⑤	36,337 円	所法第95条第2項による控除税額（4の㋙の金額） ⑧		円
外国所得税額（1の㋩の金額） ⑥	100,000	所法第95条第3項による控除税額（4の㋚の金額） ⑨		
所法第95条第1項による控除税額（⑤と⑥とのいずれか少ない方の金額） ⑦	36,337	控 除 税 額 ⑦＋(⑧又は⑨) ⑩	36,337	

24.12

第2節 外国税額控除事例Ⅱ─国外公社債の利子に対する源泉税の外国税額控除

1 設 例

当年 平成×6年1月1日～平成×6年12月31日

居住者（非永住者以外の者）甲氏が当年において受け取った国外公社債であるZ社債の利子は、次のとおりです。

Z社債の利子	・平成×6年6月30日入金 ・Z社は、C国に本店が所在します。 ・Z社債は、C国において発行されます。 ・Z社債の利子は、C国において支払われます。 ・Z社債の利子に対するC国における源泉税率を10％とします。 ・甲氏は、日本国内における金融商品取引業者等を経ずに、C国のZ社から直接その支払を受けます。 ・Z社債は「居住者が受ける民間国外債（外国法人により発行された債券にあっては、その外国法人が国内において行う事業に係るものに限る）及び外貨債」ではないものとします。

	外貨建金額	為替相場	円建金額
Z社債の利子（サ）	12,500ドル	@80円／ドル	1,000,000円
C国における源泉徴収税率	10％		
C国における源泉税（シ）	1,250ドル	@80円／ドル	100,000円
日本における源泉徴収税額			─
差引入金額（サ）−（シ）			900,000円

甲氏の当年の所得は、上記利子以外は、次の国内勤務の給与所得のみとします。甲氏には、配偶者・扶養親族等がなく、所得控除は社会保険料控除と基礎控除のみとします。住宅借入金等特別控除など税額控除もないものとします。

給与総額	24,000,000円
うち社会保険料の金額	1,460,046円
差引	22,539,954円
源泉徴収税額（所得税及び復興特別所得税）	5,194,400円

2　控除対象外国所得税額の把握

Ｚ社債の利子に係る外国所得税額（平成25年度税制改正前の取扱い）

国外公社債等の利子等につき、国内の支払の取扱者を通さず、外国公社債の発行法人又は現地国の支払代理機関から直接その支払を受ける場合には、その支払を受けるべき国外公社債等の利子等については、原則として国内で源泉徴収されず、源泉分離課税が適用されません（措法3の3①）。したがって、Ｚ社債の利子については、総合課税により利子所得として確定申告することになり（所法22）、Ｚ社債の利子に係る外国所得税額については、外国税額控除の適用対象となります。

利子の源泉所得税を税額控除する居住者の所得税申告の対象の年（第1節で既述したとおり、正確に言い換えると、第1作業における「その年の控除対象外国所得税額」とする年です。この設例では、控除限度額が十分にあり、当年に外国税額控除できるものとし、さらに前年から繰り越されてきた控除対象外国所得税額も外国税額控除します。）は、源泉徴収の対象となった利子の支払日を含む年分です。したがって、当年（平成×6年1月1日～平成×6年12月31日）において支払われた利子のうち国外で源泉徴収されているものが、当年において控除対象外国所得税額の対象となります。

この設例のＺ社債の利子は、当年において支払われている利子で国外にて源泉徴収されているものに該当します。よって、当年の控除対象外国所得税額は、Ｃ国において源泉徴収された1,250ドルとなります。控除対象外国所得税額の円換算方法は、源泉徴収される外国所得税の場合には、利子の額の換算の為替相場によるとされていますので、この設例では、＠80円／ドルで換算して100,000円を、控除対象外国所得税額の円換算額とします。「外国税額控除に関する明細書」の「1　外国所得税額の内訳　〇本年中に納付する外国所得税額」欄に、このＺ社債の利子について、課税標準1,000,000円（12,500ドル）やその外国所得税額100,000円（1,250ドル）等を記載します。この外国所得税額100,000円は、「外国税額控除に関する明細書」の「4　外国所得税額の繰越控除余裕額又は繰越控除限度超過額の計算の明細」欄の㋛にも記載されます。

3　控除限度額の算定

(1) 所得税の控除限度額

① 当年分の国外所得総額

　この設例では、Z社債の利子12,500ドルが国外所得に該当します。これを入金時の為替相場＠80円／ドルで円換算した1,000,000円を、所得税の控除限度額の算式における分子の当年分の国外所得総額とし、「外国税額控除に関する明細書」の「3　控除限度額の計算」欄の③国外所得総額へ記載します。

② 当年分の所得総額

　この設例では、所得税の控除限度額の算式における分母は、当年の所得総額22,550,000円となり、これを、「外国税額控除に関する明細書」の「3　控除限度額の計算」欄の②所得総額へ記載します。

	収入金額等	所得金額	
給与所得	24,000,000円	21,550,000円	給与所得控除2,450,000円
利子所得	1,000,000円	1,000,000円	
計（総所得金額）		22,550,000円	

③ 当年分の所得税の額

　この設例では、所得税の控除限度額の算定式におけるその年分の所得税の額は、次のように5,487,600円と計算され、これを「外国税額控除に関する明細書」の「3　控除限度額の計算」欄の①所得税額へ記載します。

		所得金額		所得税
総所得金額		22,550,000円		
所得控除	社会保険料控除	1,460,046円		
	基礎控除	380,000円		
差引（課税所得金額）		20,709,000円		（千円未満切捨て）
	所得税額の速算	20,709,000円	40％ −	5,487,600円

	表より		2,796,000円
配当控除			0円
住宅借入金等特別控除			0円
差引所得税額			5,487,600円

④ 所得税の控除限度額

以上より、所得税の控除限度額は、次のように算定されます。

所得税の控除限度額

$$= その年分の所得税の額 \times \frac{その年分の国外所得総額}{その年分の所得総額}$$

$$= 5,487,600円 \times \frac{1,000,000円}{22,550,000円} = 243,352円$$

これを「外国税額控除に関する明細書」の「3 控除限度額の計算」欄の④控除限度額、「4 外国所得税額の繰越控除余裕額又は繰越控除限度超過額の計算の明細」欄の㈢国税へ記載します。

(2) 復興特別所得税の控除限度額

外国税額控除（所法95①）の適用を受ける場合において、その年の控除対象外国所得税の額が所得税の控除限度額（所法95①、所令222①）を超えるときは、その年分の復興特別所得税の額のうち、その年において生じた所得でその源泉が国外にあるものに対応するものとして、居住者のその年分の復興特別所得税の額に、その年分の所得総額のうちにその年分の国外所得総額の占める割合を乗じて計算した金額（財確令3、所令222①）を限度として、その超える金額をその年分の復興特別所得税の額から控除します（財確法14①）。

しかし、この設例では、当年の控除対象外国所得税額100,000円が、所得税の控除限度額243,352円を超えていません。したがって、復興特別所得税から控除される外国税額は0円となり、これをこの章では仮に「外国税額控除に関する明細書」の「4 外国所得税額の繰越控除余裕額又は繰越控除限度超過額の計算の明細」欄の㈢国税の外書へ記載することとします。

(3) 道府県民税・市町村民税の控除限度額

この設例では、所得税の控除限度額が243,352円なので、道府県民税の控除限度額及び

市町村民税の控除限度額は、次のとおりです。

　道府県民税の控除限度額＝243,352円×12％＝29,202円

　市町村民税の控除限度額＝243,352円×18％＝43,803円

　それぞれ「外国税額控除に関する明細書」の「4　外国所得税額の繰越控除余裕額又は繰越控除限度超過額の計算の明細」欄のㅎ道府県民税と㈤市町村民税へ記載します。

　以上、所得税の控除限度額243,352円、道府県民税の控除限度額29,202円、市町村民税の控除限度額43,803円の合計316,357円を、控除限度額計として、「外国税額控除に関する明細書」の「4　外国所得税額の繰越控除余裕額又は繰越控除限度超過額の計算の明細」欄のㅏへ記載します。

4　当年の控除税額の決定

　控除対象外国所得税額（玉）と控除限度額（かご）が計算されると、次に、控除限度額以内におさまる控除対象外国所得税額の部分（その年の控除税額）を決定（かごに玉をつめる）します。この設例では、前年とは反対に、当期の控除対象外国所得税額（玉）100,000円が当期の控除限度額（かご）316,357円（所得税の控除限度額243,352円、道府県民税の控除限度額29,202円、市町村民税の控除限度額43,803円）よりも小さい場合です。当年は、当期の控除対象外国所得税額（玉）が、当期の控除限度額（かご）のうち所得税部分243,352円の一部だけ埋まるケースであり、当期の控除対象外国所得税額（玉）から当期に控除すべき金額は所得税部分100,000円のみとなります。

　当期の控除対象外国所得税額（玉）を埋められなかった当期の控除限度額（かごの空き部分）は、316,357円－100,000円＝216,357円です。これを「外国税額控除に関する明細書」の「4　外国所得税額の繰越控除余裕額又は繰越控除限度超過額の計算の明細」欄のㅋへ2箇所とも記載し、控除余裕額とします。このうち所得税部分は243,352円－100,000円＝143,352円、道府県民税部分は29,202円、市町村民税部分は43,803円であり、それぞれ「外国税額控除に関する明細書」の「4　外国所得税額の繰越控除余裕額又は繰越控除限度超過額の計算の明細」欄のㅇ、ㅊ、ㅍへ2箇所ずつ記載します。前年以前に生じた控除限度超過額（あふれた玉）については、発生年度以降3年間繰越され、その間の各事業年度に生じた控除余裕額（かごの空き部分）に、古い発生年分の控除限度超過額（あふれた玉）から入れていきます。前年以前に生じた繰越控除限度超過額で最も古い年分のものは、前年に生じた控除限度超過額（あふれた玉）52,000円なので、これを当期に生じた控除余裕額（かごの空き部分）に埋めていきます。これにより、所得税から当期に外国税額控除すべき金額は、52,000円が加えられて100,000円＋52,000円＝152,000円となります。

控除余裕額には所得税→道府県民税→市町村民税の順に埋めていくので、当年に生じた控除余裕額の所得税部分143,352円から52,000円が埋められて残りの91,352円が、道府県民税部分29,202円、市町村民税部分43,803円とともに、合計164,357円の控除余裕額が翌年以降3年間繰り越されます。これらについては、「外国税額控除に関する明細書」の「4 外国所得税額の繰越控除余裕額又は繰越控除限度超過額の計算の明細」欄の本年分㋺へ記載します。

5 当年の所得税及び復興特別所得税の額

以上より算定した所得税からの外国税額控除の額152,000円と復興特別所得税からの外国税額控除の額0円を、当年分の所得税及び復興特別所得税の確定申告に反映すると、次のようになります。この設例では、予定納付は簡略化のためないものとします。

		所得金額		所得税	所得税及び復興特別所得税の合計額ベース
差引（課税所得金額）		20,709,000円		（千円未満切捨て）	
	所得税額の速算表より	20,709,000円	40%－2,796,000円	5,487,600円	
配当控除				0円	
住宅借入金等特別控除				0円	
差引所得税額				5,487,600円	
基準所得税額×2.1%	復興特別所得税115,239円				
所得税及び復興特別所得税の額					5,602,839円
外国税額控除	所得税部分				152,000円

161

	152,000円 復興特別所得 税部分　0円 計 152,000円			
源泉徴収税額	給与所得 　　5,194,400円 利子所得 　　　　　0円 計 　　5,194,400円			5,194,400円
申告納税額				256,439円
納める税金				256,400円 （注）

（注）　復興特別所得税の確定金額の端数計算及びその基準所得税額である所得税の確定金額の端数計算は、これらの確定金額の合計金額にて行い、その合計額の百円未満を切り捨てます（財確法24②）。

参考 居住者（非永住者以外の者）甲氏が当年において受け取った国外公社債の利子が、上記のZ社債利子ではなくて、次のY社債利子であるとしたならば、下記のように取扱いが異なります。

Y社債の利子	・Y社債の利子　平成×6年6月30日入金 ・Y社は、B国に本店が所在します。 ・Y社債は、B国において発行されます。 ・Y社債の利子は、B国において支払われます。 ・Y社債の利子に対するB国における源泉税率を10％とします。 ・甲氏は、日本国内における金融商品取引業者等を通じてその支払を受けます。

	外貨建金額	為替相場	円建金額
Y社債の利子（ア）	12,500ドル	@80円／ドル	1,000,000円
B国における源泉徴収税率	10％		
B国における源泉税（イ）	1,250ドル	@80円／ドル	100,000円

第5章●外国税額控除事例

差額徴収方式	日本における源泉徴収税率 　所得税　　　　15％ 　復興特別所得税 　　所得税額の2.1％ 　住民税（所得割）5％			
	日本における所得税と復興特別所得税の源泉徴収税額の合計額（注） （ア）×所得税率15.315％＝（ウ）			153,150円
	外国所得税の額を控除した額 （ウ）－（イ）＝（エ）			53,150円
	日本における住民税の源泉徴収税額 （ア）×住民税率5％＝（オ）			50,000円
	源泉徴収税額の合計 （イ）＋（エ）＋（オ）＝（カ）			203,150円
	差引入金額（ア）－（カ）			796,850円

（注）　復興特別所得税（基準所得税額150,000円×2.1％＝3,150円）の課税対象となる基準所得税額（利子の額1,000,000円×15％＝150,000円）は、居住者（非永住者以外）の場合、外国税額控除の規定を除く所得税の税金の計算に関する法令の規定により計算した所得税の額（財確法10一）なので、外国所得税の額100,000円を所得税の額から外国税額控除する前の金額150,000円が基準所得税額と考えられます。

Y社債の利子に係る外国所得税額（平成25年度税制改正前の取扱い）

　国外公社債等の利子等で、国外において支払われるものを、国内の支払の取扱者を通じて支払を受ける場合には、その支払を受ける際に、所得税、住民税及び復興特別所得税が源泉徴収されて、納税が完結するという源泉分離課税が適用されます。国外公社債等の利子等の支払の際に源泉徴収された外国所得税の額があるときは、国内の支払の取扱者を通じて支払を受ける場合、日本で源泉徴収される税額は外国所得税の額の控除前の国外公社債等の利子等の額に税率を乗じた金額に基づいて算定され、そのように算定された所得税の額から外国所得税の額を控除する「差額徴収方式」が採用されます。この場合において、その居住者に対する外国税額控除（所法95①）の適用は、その外国所得税についてはないものとされます（措法3の3④）。したがって、Y社債の利子については、このような差額徴収方式による源泉徴収がなされて納税が完結しており、確定申告は不要です。

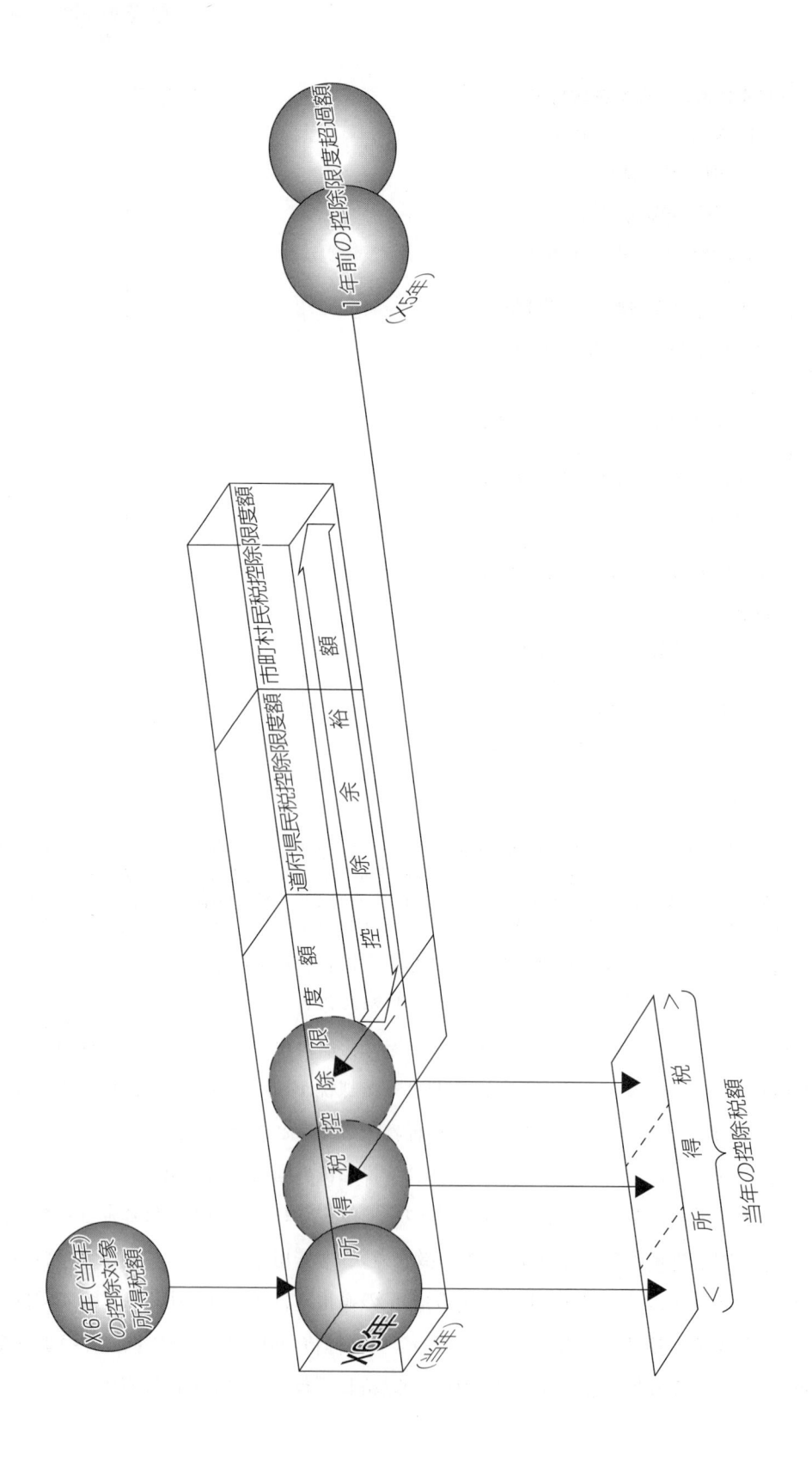

1年前の控除限度超過額
(X5年)

道府県民税控除限度額　市町村民税控除限度額
控除余裕額

限度額　控除　所得税

X6年（当年）の控除対象所得税額

X6年（当年）

所得税
当年の控除税額

外国税額控除に関する明細書

(平成X6年分)　　　氏名　甲氏

1　外国所得税額の内訳

○ 本年中に納付する外国所得税額

国名	所得の種類	税種目	納付確定日	納付日	源泉・申告(賦課)の区分	所得の計算期間	相手国での課税標準	左に係る外国所得税額
C国	利子	所得税	X6.6.30	X6.6.30	源泉	X6.1.1〜X6.6.30	(外貨12,500ドル) 1,000,000円	(外貨1,250ドル) 100,000円
							(外貨　) 円	(外貨　) 円
							(外貨　) 円	(外貨　) 円
計							1,000,000円	Ⓐ 100,000円

○ 本年中に減額された外国所得税額

国名	所得の種類	税種目	納付日	源泉・申告(賦課)の区分	所得の計算期間	外国税額控除の計算の基礎となった年分	減額されることとなった日	減額された外国所得税額
						平成　年分		(外貨　) 円
						平成　年分		(外貨　) 円
						平成　年分		(外貨　) 円
計								Ⓑ 円

Ⓐの金額がⒷの金額より多い場合（同じ金額の場合を含む。）

Ⓐ 100,000円 － Ⓑ 0円 ＝ Ⓒ 100,000円　→　5の「⑥」欄に転記します。

Ⓐの金額がⒷの金額より少ない場合

Ⓑ 円 － Ⓐ 円 ＝ Ⓓ 円　→　2の「Ⓓ」欄に転記します。

2　本年分の雑所得の総収入金額に算入すべき金額の計算

年分	前3年以内の控除限度超過額		
	㋑ 前年繰越額	㋺ ㋑から控除すべきⒹの金額	㋩ ㋑－㋺
平成　年分(3年前)			Ⓖ 円
平成　年分(2年前)			Ⓗ
平成X5年分(前年)	52,000		Ⓘ 52,000
計		Ⓔ	

Ⓖ、Ⓗ、Ⓘの金額を4の「⑫前年繰越額及び本年発生額」欄に転記します。

本年中に納付する外国所得税額を超える減額外国所得税額

本年発生額	Ⓓに充当された前3年以内の控除限度超過額	雑所得の総収入金額に算入する金額（Ⓓ－Ⓔ）
Ⓓ 円	Ⓔ 円	Ⓕ 円

→ 雑所得の金額の計算上、総収入金額に算入します。

165

3 控除限度額の計算

所 得 税 額	①	5,487,600 円
所 得 総 額	②	22,550,000
国外所得総額	③	1,000,000
控除限度額（①×③/②）	④	243,352

※ 2の㊎の金額がある場合には、その金額を雑所得の総収入金額に算入して申告書により計算した税額を書きます（詳しくは、控用の裏面を読んでください。）。
※ 2の㊎の金額がある場合には、その金額を雑所得の総収入金額に算入して計算した所得金額の合計額を書きます（詳しくは、控用の裏面を読んでください。）。
※ 2の㊎の金額がある場合には、その金額を含めて計算した国外所得の合計額を書きます。
→ 4の「㊁」欄及び5の「⑤」欄に転記します。

4 外国所得税額の繰越控除余裕額又は繰越控除限度超過額の計算の明細

本年分の控除余裕額又は控除限度超過額の計算

控除限度額				控除余裕額			
国 税（3の④の金額）	㊁	外 0 243,352 円		国 税（㊁−㊠）	㊦	143,352 円
道府県民税（㊁×12％）	㊥	29,202		道府県民税（(㊁+㊥−㊠)と㊥とのいずれか少ない方の金額）	㊨	29,202
市町村民税（㊁×18％）	㊧	43,803		市町村民税（(㊥−㊠)と㊧とのいずれか少ない方の金額）	㊩	43,803
計（㊁+㊥+㊧）	㊭	外 0 316,357		計（㊦+㊨+㊩）	㊪	216,357
外国所得税額（1の㊌の金額）	㊠	100,000		控除限度超過額（㊠−㊭）	㊫	

前3年以内の控除余裕額又は控除限度超過額の明細

年分	区分	控除余裕額			控除限度超過額		
		㋐前年繰越額及び本年発生額	㋑本年使用額	㋒翌年繰越額（㋐−㋑）	㋓前年繰越額及び本年発生額	㋔本年使用額	㋕翌年繰越額（㋓−㋔）
平成 年分 （3年前）	国税	円	円		円	円	円
	道府県民税						
	市町村民税						
平成 年分 （2年前）	国税			円	㊊		円
	道府県民税						
	市町村民税						
平成X5年分 （前年）	国税				㊋ 52,000	52,000	0
	道府県民税						
	市町村民税						
合計	国税	㊌			㊎		
	道府県民税				52,000	52,000	0
	市町村民税						
	計	㊏					
本年分	国税	㊦ 143,352	㊐ 52,000	91,352	㊑	㊒	
	道府県民税	㊨ 29,202		29,202			
	市町村民税	㊩ 43,803		43,803			
	計	㊪ 216,357	㊎ 52,000	164,357			

5 外国税額控除額の計算

控除限度額（3の④の金額）	⑤	243,352 円	所法第95条第2項による控除税額（4の㊫の金額）	⑧	― 円
外国所得税額（1の㊌の金額）	⑥	100,000	所法第95条第3項による控除税額（4の㊐の金額）	⑨	52,000
所法第95条第1項による控除税額（⑤と⑥とのいずれか少ない方の金額）	⑦	100,000	控除税額 ⑦+⑧又は⑨	⑩	152,000

24.12

166

第3節 外国税額控除事例Ⅲ—国外不動産賃貸収入に対する申告納付税額の外国税額控除（1年目）

1 設 例

　当年　平成×7年1月1日～平成×7年12月31日

　居住者（非永住者以外の者）甲氏が当年1月1日においてA国に所在する不動産を取得し、同日から賃貸を開始しました。

・不動産の取得価額

　　中古建物　　825,000ドル（れんが造・住宅用、築20年）

　　土　　地　　175,000ドル

　　　計　　　1,000,000ドル

・×7年1月1日の為替相場（TTM）　　@84円／ドル

・当年1年間（平成×7年1月1日～平成×7年12月31日）のA国における不動産所得に係るA国所得税の申告書を×8年4月15日に申告しました。課税標準36,000ドル、申告所得税額5,000ドル（納付日×8年4月15日の為替相場（TTM）@76円／ドル）。

・甲氏は、青色申告の承認申請をしていないものとします。不動産所得について円建てで帳簿記帳しています。

・当年1年間における日本の所得税法上の所得金額は、次のとおりです。

		外貨建金額	円建金額	
収入金額	家賃収入	96,000ドル	8,160,000円	（注1）
必要経費	減価償却費		3,187,800円	（注2）
	借入金利子		1,500,000円	（注3）
	その他経費	13,790ドル	1,172,200円	（注1）
	小計		5,860,000円	
所得金額			2,300,000円	

（注1）　ドル建の入出金取引については、取引日の属する月の前月末日におけるTTMにより円換算し

て記帳しています（所基通57の3-2）。
(注2) 取得した建物は、その取得時における為替相場による円換算額を取得価額として、その後の不動産所得の金額を計算する上での減価償却費を算定します（所法57の3①）。

具体的には次のとおりです。

　　建物の取得価額825,000ドル×取得時為替相場@84円／ドル＝69,300,000円

日本の税法上、中古の固定資産の耐用年数は、下記によることができます。

	中古資産の耐用年数
法定耐用年数の全部を経過した資産の場合	法定耐用年数×0.2
法定耐用年数の一部を経過した資産の場合	（法定耐用年数－経過年数）＋経過年数×0.2

日本の税法上の法定耐用年数：38年

経過年数20年

　中古資産の耐用年数
　＝（法定耐用年数－経過年数）＋経過年数×0.2＝（38年－20年）＋20年×0.2＝22年（償却率0.046）

　当年分の減価償却費（定額法）
　＝取得価額69,300,000円×償却率0.046＝3,187,800円

(注3) 円建借入金とします。また、賃貸業務の開始する前の期間に対応する借入金の利子は、固定資産の取得原価に算入する（所基通38-8）ことになっていますが、この設問ではそのような利子がないものとします。

甲氏の当年の所得は、上記不動産所得以外は、次の国内勤務の給与所得のみとします。甲氏には、配偶者・扶養親族等がなく、所得控除は社会保険料控除と基礎控除のみとします。住宅借入金等特別控除など税額控除もないものとします。

給与総額	24,000,000円
うち社会保険料の金額	1,460,046円
差引	22,539,954円
源泉徴収税額（所得税及び復興特別所得税）	5,194,400円

2　控除対象外国所得税額の把握

　現地国の税務当局への申告により外国所得税を納付し、又は現地の税務当局からの賦課決定により納付するケースにおいて、その外国所得税を税額控除する居住者での所得税申告の対象の年（第1節で既述したとおり、正確に言い換えると、第1作業における「その年の控除対象外国所得税額」とする年です。）は、原則として、申告又は賦課決定等の手続により外国所得税について具体的にその納付すべき税額が確定して租税債務が確定した日（申告納税方式の場合には、納税者の申告書により申告があったとき、賦課課税方式の

場合には、税務当局から賦課決定通知書により税額の告知を受けたとき)を含む年分です。したがって、当年(平成×7年1月1日～平成×7年12月31日)において納税者の申告書による申告、又は現地の税務当局から賦課決定通知書により税額の告知があったものが、当年における控除対象外国所得税額の対象となります。

この設例では、当年1年間(平成×7年1月1日～平成×7年12月31日)のA国における不動産所得に係るA国所得税の申告書は×8年4月15日に申告されており、当年(平成×7年1月1日～平成×7年12月31日)中にはA国所得税の申告書による申告はなされていなかったので、当年分の控除対象外国所得税額の対象となるものはありません。

3 控除限度額の算定

(1) 所得税の控除限度額

① 当年分の国外所得総額

この設例では、A国における不動産所得(所令222③、所法22、26②)2,300,000円が国外所得に該当します。これを所得税の控除限度額の算式における分子の当年分の国外所得総額とし、「外国税額控除に関する明細書」の「3　控除限度額の計算」欄の③国外所得総額へ記載します。

② 当年分の所得総額

この設例では、所得税の控除限度額の算式における分母は、当年の所得総額23,850,000円となり、これを、「外国税額控除に関する明細書」の「3　控除限度額の計算」欄の②所得総額へ記載します。

	収入金額等	所得金額	
給与所得	24,000,000円	21,550,000円	給与所得控除2,450,000円
不動産所得	8,160,000円	2,300,000円	
計(総所得金額)		23,850,000円	

③ 当年分の所得税の額

この設例では、所得税の控除限度額の算定式におけるその年分の所得税の額は、次のように6,007,600円と計算され、これを「外国税額控除に関する明細書」の「3　控除限度額の計算」欄の①所得税額へ記載します。

		所得金額		所得税
総所得金額		23,850,000円		
所得控除	社会保険料控除	1,460,046円		
	基礎控除	380,000円		
差引（課税所得金額）		22,009,000円		（千円未満切捨て）
	所得税額の速算表より	22,009,000円	40％－2,796,000円	6,007,600円
配当控除				0円
住宅借入金等特別控除				0円
差引所得税額				6,007,600円

④ 所得税の控除限度額

以上より、所得税の控除限度額は、次のように算定されます。

所得税の控除限度額

$$= その年分の所得税の額 \times \frac{その年分の国外所得総額}{その年分の所得総額}$$

$$= 6,007,600円 \times \frac{2,300,000円}{23,850,000円} = 579,349円$$

これを「外国税額控除に関する明細書」の「3　控除限度額の計算」欄の④控除限度額、「4　外国所得税額の繰越控除余裕額又は繰越控除限度超過額の計算の明細」欄の㊂国税へ記載します。

(2) 復興特別所得税の控除限度額

この設例では、当年の控除対象外国所得税額はなく、これが所得税の控除限度額579,349円を超えていません。したがって、復興特別所得税から控除される外国税額は0円となり、これをこの章では仮に「外国税額控除に関する明細書」の「4　外国所得税額の繰越控除余裕額又は繰越控除限度超過額の計算の明細」欄の㊂国税の外書へ記載することとします。

(3) 道府県民税・市町村民税の控除限度額

この設例では、所得税の控除限度額が579,349円なので、道府県民税の控除限度額及び市町村民税の控除限度額は、次のとおりです。

道府県民税の控除限度額＝579,349円×12％＝69,521円

市町村民税の控除限度額＝579,349円×18％＝104,282円

それぞれ「外国税額控除に関する明細書」の「4　外国所得税額の繰越控除余裕額又は繰越控除限度超過額の計算の明細」欄の㋭道府県民税と㋬市町村民税へ記載します。

以上、所得税の控除限度額579,349円、道府県民税の控除限度額69,521円、市町村民税の控除限度額104,282円の合計753,152円を、控除限度額計として、「外国税額控除に関する明細書」の「4　外国所得税額の繰越控除余裕額又は繰越控除限度超過額の計算の明細」欄の㋣へ記載します。

4　当年の控除税額の決定

控除対象外国所得税額（玉）と控除限度額（かご）が計算されると、次に、控除限度額以内におさまる控除対象外国所得税額の部分（その年の控除税額）を決定（かごに玉をつめる）します。この設例では、当期の控除対象外国税額0円に対して、当期の控除限度額は753,152円（所得税の控除限度額579,349円、道府県民税の控除限度額69,521円、市町村民税の控除限度額104,282円）です。

当期の控除対象外国所得税額（玉）がないため埋められなかった当期の控除限度額（かごの空き部分）753,152円を「外国税額控除に関する明細書」の「4　外国所得税額の繰越控除余裕額又は繰越控除限度超過額の計算の明細」欄の㋾へ2箇所とも記載し、控除余裕額とします。このうち所得税部分は579,349円、道府県民税部分は69,521円、市町村民税部分は104,282円であり、それぞれ「外国税額控除に関する明細書」の「4　外国所得税額の繰越控除余裕額又は繰越控除限度超過額の計算の明細」欄の㋠、㋨、㋸へ2箇所ずつ記載します。前年以前に生じた控除限度超過額（あふれた玉）の繰越額もないので、所得税から当期に外国税額控除すべき金額はゼロとなります。前年に生じた控除余裕額の繰越額164,357円（所得税部分91,352円、道府県民税部分29,202円、市町村民税部分43,803円）は、さらに翌年以降2年間繰り越されます。これらについては、「外国税額控除に関する明細書」の「4　外国所得税額の繰越控除余裕額又は繰越控除限度超過額の計算の明細」欄の×6年分（前年）欄の㋕、㋟へ記載します。

5 当年の所得税及び復興特別所得税の額

以上より算定した当年分の所得税からの外国税額控除の額0円と復興特別所得税からの外国税額控除の額0円を、当年分の所得税及び復興特別所得税の確定申告に反映すると、次のようになります。この設例では、予定納付は簡略化のためないものとします。

		所得金額		所得税	所得税及び復興特別所得税の合計額ベース
差引（課税所得金額）		22,009,000円		（千円未満切捨て）	
	所得税額の速算表より	22,009,000円	40％－2,796,000円	6,007,600円	
配当控除				0円	
住宅借入金等特別控除				0円	
差引所得税額				6,007,600円	
基準所得税額×2.1%	復興特別所得税 126,159円				
所得税及び復興特別所得税の額					6,133,759円
外国税額控除	所得税部分　　　0円 復興特別所得税部分　0円 計　　　　0円				0円
源泉徴収税額	給与所得 5,194,400円				5,194,400円

172

	計 5,194,400円				
申告納税額					939,359円
納める税金					939,300円 （百円未満切捨て）

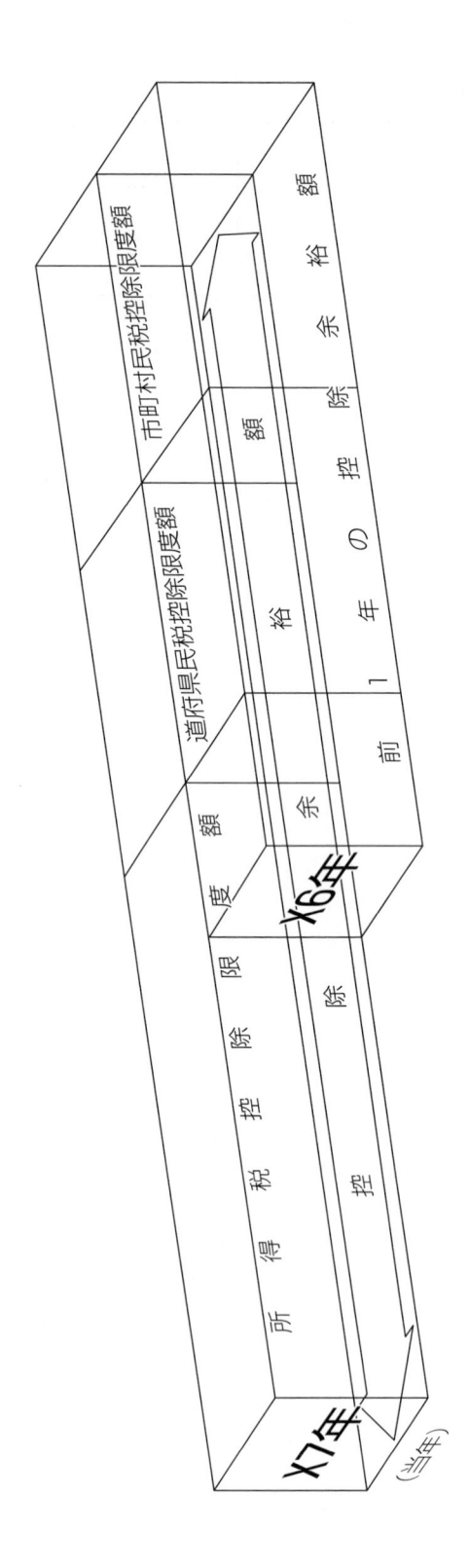

第5章 ●外国税額控除事例

外国税額控除に関する明細書
（書き方については、控用の裏面を読んでください。）

（平成X7年分）　　　　　　氏　名　　甲氏

1　外国所得税額の内訳

○　本年中に納付する外国所得税額

国　名	所得の種類	税種目	納付確定日	納　付　日	源泉・申告(賦課)の区分	所　得　の計算期間	相手国での課税標準	左　に　係　る外国所得税額
			． ．	． ．		． ． ． ．	(外貨　　　)　　　　円	(外貨　　　)　　　　円
			． ．	． ．		． ． ． ．	(外貨　　　)　　　　円	(外貨　　　)　　　　円
			． ．	． ．		． ． ． ．	(外貨　　　)　　　　円	(外貨　　　)　　　　円
計							円	Ⓐ　　　　円

○　本年中に減額された外国所得税額

国　名	所得の種類	税種目	納　付　日	源泉・申告(賦課)の区分	所　得　の計算期間	外国税額控除の計算の基礎となった年分	減額されることとなった日	減　額　された外国所得税額
			． ．		． ． ． ．	平成　　年分	． ．	(外貨　　　)　　　　円
			． ．		． ． ． ．	平成　　年分	． ．	(外貨　　　)　　　　円
			． ．		． ． ． ．	平成　　年分	． ．	(外貨　　　)　　　　円
計								Ⓑ　　　　円

Ⓐの金額がⒷの金額より多い場合（同じ金額の場合を含む。）

Ⓐ[　　　円] － Ⓑ[　　　円] ＝ Ⓒ[　　　円] → 5の「⑥」欄に転記します。

Ⓐの金額がⒷの金額より少ない場合

Ⓑ[　　　円] － Ⓐ[　　　円] ＝ Ⓓ[　　　円] → 2の「Ⓓ」欄に転記します。

2　本年分の雑所得の総収入金額に算入すべき金額の計算

前　3　年　以　内　の　控　除　限　度　超　過　額			
年　分	㋑　前年繰越額	㋺　㋑から控除すべきⒹの金額	㋩　㋑－㋺
平成　　年分（3年前）	円	円	Ⓖ　　　円
平成　　年分（2年前）			Ⓗ
平成　　年分（前　年）			Ⓘ
計		Ⓔ	

→ Ⓖ、Ⓗ、Ⓘの金額を4の「㋥前年繰越額及び本年発生額」欄に転記します。

本年中に納付する外国所得税額を超える減額外国所得税額		
本　年　発　生　額	Ⓓに充当された前3年以内の控除限度超過額	雑所得の総収入金額に算入する金額（Ⓓ － Ⓔ）
Ⓓ　　　円	Ⓔ　　　円	Ⓕ　　　円

→ 雑所得の金額の計算上、総収入金額に算入します。

提出用　○この明細書は、申告書と一緒に提出してください。

175

3 控除限度額の計算

所 得 税 額 ①	6,007,600 円	2の⑰の金額がある場合には、その金額を雑所得の総収入金額に算入して申告書により計算した税額を書きます（詳しくは、控用の裏面を読んでください。）。
所 得 総 額 ②	23,850,000	2の⑰の金額がある場合には、その金額を雑所得の総収入金額に算入して計算した所得金額の合計額を書きます（詳しくは、控用の裏面を読んでください。）。
国外所得総額 ③	2,300,000	2の⑰の金額がある場合には、その金額を含めて計算した国外所得の合計額を書きます。
控除限度額（①×③/②）④	579,349	→ 4の「㊁」欄及び5の「⑤」欄に転記します。

4 外国所得税額の繰越控除余裕額又は繰越控除限度超過額の計算の明細

本年分の控除余裕額又は控除限度超過額の計算

控除限度額	国 税（3の④の金額） ㊁	外 579,349 0 円	控除余裕額	国 税（㊁－㊷） ㊸	579,349 円
	道府県民税（㊁×12%） ㊭	69,521		道府県民税（(㊁+㊭－㊷)と㊭とのいずれか少ない方の金額）㊺	69,521
	市町村民税（㊁×18%） ㊮	104,282		市町村民税（(㊁－㊷)と㊮とのいずれか少ない方の金額）㊻	104,282
	計（㊁＋㊭＋㊮） ㊯	外 0 753,152		計（㊸＋㊺＋㊻）㊼	753,152
外国所得税額（1のⓒの金額）㊷		0	控除限度超過額（㊷－㊯）㊽		

前3年以内の控除余裕額又は控除限度超過額の明細

年分	区分	控除余裕額			控除限度超過額		
		㋐前年繰越額及び本年発生額	㋑本年使用額	㋒翌年繰越額（㋐－㋑）	㋓前年繰越額及び本年発生額	㋔本年使用額	㋕翌年繰越額（㋓－㋔）
平成 年分 (3年前)	国 税	円	円		ⓖ 円	円	円
	道府県民税						
	市町村民税						
平成 X5年分 (2年前)	国 税			円	ⓗ		円
	道府県民税						
	市町村民税						
平成 X6年分 (前 年)	国 税	91,352		91,352	ⓘ		
	道府県民税	29,202		29,202			
	市町村民税	43,803		43,803			
合 計	国 税	91,352	ⓙ	91,352		ⓜ	
	道府県民税	29,202		29,202			
	市町村民税	43,803		43,803			
	計	164,357	ⓚ	164,357			
本年分	国 税 ㋨	579,349	ⓛ	579,349	㋩	ⓚ	
	道府県民税 ㋪	69,521		69,521			
	市町村民税 ㋫	104,282		104,282			
	計 ㋬	753,152	ⓜ	753,152			

5 外国税額控除額の計算

控除限度額（3の④の金額） ⑤	579,349 円	所法第95条第2項による控除税額（4の①の金額） ⑧	— 円
外国所得税額（1のⓒの金額） ⑥	0	所法第95条第3項による控除税額（4のⓛの金額） ⑨	—
所法第95条第1項による控除税額（⑤と⑥とのいずれか少ない方の金額） ⑦	0	控除税額 ⑦＋⑧又は⑨ ⑩	0

24.12

第4節 外国税額控除事例Ⅲ―国外不動産賃貸収入に対する申告納付税額の外国税額控除（2年目）

1 設 例

当年　平成×8年1月1日～平成×8年12月31日

居住者（非永住者以外の者）甲氏が、前年に引続き当年もＡ国に所在する不動産を賃貸。

・当年1年間（平成×8年1月1日～平成×8年12月31日）のＡ国における不動産所得に係るＡ国所得税の申告書を×9年4月15日に申告しました。課税標準4,000ドル、申告所得税額400ドル。

・甲氏は、前年と同様に、青色申告の承認申請をしていないものとし、不動産所得について円建で帳簿記帳しています。

・当年1年間における日本の所得税法上の所得金額は、次のとおりです。

		外貨建金額	円建金額	
収入金額	家賃収入	80,000ドル	6,000,000円	（注1）
必要経費	減価償却費		3,187,800円	（注2）
	借入金利子		1,500,000円	（注3）
	その他経費	17,496ドル	1,312,196円	（注1）
	小計		5,999,996円	
所得金額			4円	

（注1）　ドル建の入出金取引については、継続して、取引日の属する月の前月末日におけるTTMにより円換算して記帳しています（所基通57の3－2）。

（注2）　取得した建物は、その取得時における為替相場による円換算額を取得価額として、その後の不動産所得の金額を計算する上での減価償却費を算定します（所法57の3①）。
　　　　計算式は、前年と同じです。なお、2国間の所得の計算において、減価償却費の耐用年数等異なる部分があります。

（注3）　円建借入金とします。

甲氏の当年の所得は、上記不動産所得以外は、次の国内勤務の給与所得のみとします。

甲氏には、配偶者・扶養親族等がなく、所得控除は社会保険料控除と基礎控除のみとします。住宅借入金等特別控除以外の税額控除もないものとします。甲氏は、当年中に居住用住宅を取得し、確定申告で住宅借入金等特別控除200,000円を控除するものとします。

給与総額	24,000,000円
うち社会保険料の金額	1,460,046円
差引	22,539,954円
源泉徴収税額（所得税及び復興特別所得税）	5,194,400円

2 控除対象外国所得税額の把握

　現地国の税務当局への申告により外国所得税を納付し、又は現地の税務当局から賦課決定するケースにおいて、その外国所得税を税額控除する居住者の所得税申告対象の年（第1節で既述したとおり、正確に言い換えると、第1作業における「その年の控除対象外国所得税額」とする年です。）は、原則として、申告又は賦課決定等の手続により外国所得税について具体的にその納付すべき税額が確定して租税債務が確定した日（申告納税方式の場合には、納税者の申告書により申告があったとき、賦課課税方式の場合には、税務当局から賦課決定通知書により税額の告知を受けたとき）を含む年分です。したがって、当年（平成×8年1月1日〜平成×8年12月31日）において納税者の申告書による申告、又は現地の税務当局からの賦課決定通知書により税額の告知があったものが、当年における控除対象外国所得税額の対象となります。

　この設例では、当年（平成×8年1月1日〜平成×8年12月31日）中にA国所得税の申告書による申告がなされたのは、前年1年間（平成×7年1月1日〜平成×7年12月31日）のA国における不動産所得に係る申告（申告日：×8年4月15日）であるので、その申告所得税額5,000ドルが当年分の控除対象外国所得税額の対象となります。控除対象外国所得税額の円換算方法は、外貨建取引に係る経費の金額の換算に適用する為替相場であり（所基通95-10）、これは原則として、取引日におけるTTM（電信売買相場の仲値）（所基通57の3-2）とされています。この設例では、納付日×8年4月15日の為替相場(TTM)が@76円／ドルなので、当期分の控除対象外国所得税額は、5,000ドル×@76円／ドル＝380,000円と算定されます。「外国税額控除に関する明細書」の「1　外国所得税額の内訳　○本年中に納付する外国所得税額」欄に、この不動産所得について、課税標準2,736,000

円（36,000ドル）やその外国所得税額380,000円（5,000ドル）等を記載します。この外国所得税額380,000円は、「外国税額控除に関する明細書」の「4　外国所得税額の繰越控除余裕額又は繰越控除限度超過額の計算の明細」欄の㋖にも記載されます。

3　控除限度額の算定

(1) 所得税の控除限度額

①　当年分の国外所得総額

　この設例では、A国における不動産所得（所令222③、所法22、26②）が国外所得に該当しますが、その所得金額が4円なので、4円を所得税の控除限度額の算式における分子の当年分の国外所得総額とし、「外国税額控除に関する明細書」の「3　控除限度額の計算」欄の③国外所得総額へ記載します。

②　当年分の所得総額

　この設例では、所得税の控除限度額の算式における分母は、当年の所得総額21,550,004円となり、これを、「外国税額控除に関する明細書」の「3　控除限度額の計算」欄の②所得総額へ記載します。

	収入金額等	所得金額	
給与所得	24,000,000円	21,550,000円	給与所得控除2,450,000円
不動産所得	6,000,000円	4円	
計（総所得金額）		21,550,004円	

③　当年分の所得税の額

　この設例では、所得税の控除限度額の算定式におけるその年分の所得税の額は、次のように4,887,600円と計算され、これを「外国税額控除に関する明細書」の「3　控除限度額の計算」欄の①所得税額へ記載します。当年では、新たに住宅借入金等特別税額控除（200,000円）の適用を受けるので、これを控除した税額とします。

		所得金額		所得税
総所得金額		21,550,004円		
所得控除	社会保険料控除	1,460,046円		
	基礎控除	380,000円		

差引（課税所得金額）		19,709,000円		（千円未満切捨て）
	所得税額の速算表より	19,709,000円	40％ － 2,796,000円	5,087,600円
配当控除				0円
住宅借入金等特別控除				△200,000円
差引所得税額				4,887,600円

④ 所得税の控除限度額

以上より、所得税の控除限度額は、次のように算定されます。

所得税の控除限度額

$$=その年分の所得税の額 \times \frac{その年分の国外所得総額}{その年分の所得総額}$$

$$=4,887,600円 \times \frac{4円}{21,550,004円} = 0円$$

これを「外国税額控除に関する明細書」の「3　控除限度額の計算」欄の④控除限度額、「4　外国所得税額の繰越控除余裕額又は繰越控除限度超過額の計算の明細」欄の㈡国税へ記載します。

(2) 復興特別所得税の控除限度額

この設例では、当年の控除対象外国所得税額はあるものの、当年の国外所得金額がないため、復興特別所得税の控除限度額がゼロとなります。したがって、復興特別所得税から控除される外国税額は0円となり、これをここでは仮に「外国税額控除に関する明細書」の「4　外国所得税額の繰越控除余裕額又は繰越控除限度超過額の計算の明細」欄の㈡国税の外書へ記載することとします。

(3) 道府県民税・市町村民税の控除限度額

この設例では、所得税の控除限度額が0円なので、道府県民税の控除限度額及び市町村民税の控除限度額も0円となります。

それぞれ「外国税額控除に関する明細書」の「4　外国所得税額の繰越控除余裕額又は

繰越控除限度超過額の計算の明細」欄の㋭道府県民税と㋬市町村民税へ記載します。

　以上、所得税の控除限度額0円、道府県民税の控除限度額0円、市町村民税の控除限度額0円の合計0円を、控除限度額計として、「外国税額控除に関する明細書」の「4　外国所得税額の繰越控除余裕額又は繰越控除限度超過額の計算の明細」欄の㋣へ記載します。

4　当年の控除税額の決定

　控除対象外国所得税額（玉）と控除限度額（かご）が計算されると、次に、控除限度額以内におさまる控除対象外国所得税額の部分（その年の控除税額）を決定（かごに玉をつめる）します。この設例では、当期の控除対象外国税額380,000円に対して、当期の控除限度額は0円です。控除対象外国税額（玉）380,000円から当年の控除限度額（かご）0円を差引いた380,000円が当年分の控除限度超過額（あふれた玉）として、これを「外国税額控除に関する明細書」の「4　外国所得税額の繰越控除余裕額又は繰越控除限度超過額の計算の明細」欄の㋐へ記載します。

　次に、この控除限度超過額（あふれた玉）380,000円を、前年以前の控除余裕額（かごの空き部分）へ埋めていきます。前年以前の控除余裕額を「外国税額控除に関する明細書」の「4　外国所得税額の繰越控除余裕額又は繰越控除限度超過額の計算の明細」欄の㋕へ記載します。

　古い発生年度の控除余裕額（かごの空き部分）から、所得税→道府県民税→市町村民税の順に各控除限度額まで埋めていきます。この設例では、×6年分の控除余裕額すべて（所得税部分91,352円、道府県民税部分29,202円、市町村民税部分43,803円）と×7年分の控除余裕額のうち所得税部分の一部（215,643円）まで埋められます。これらの金額を「外国税額控除に関する明細書」の「4　外国所得税額の繰越控除余裕額又は繰越控除限度超過額の計算の明細」欄の㋣へ記載します。

　この結果、当年に外国税額控除できる所得税の額は、91,352円（平成×6年分）＋215,643円（平成×7年分）＝306,995円となり、「外国税額控除に関する明細書」の「5　外国税額控除額の計算」欄の⑧へ記載します。道府県民税からの外国税額控除の額は29,202円、市町村民税からの外国税額控除の額は43,803円となります。

　当年においても埋めきれなかった控除余裕額537,509円（所得税部分363,706円、道府県民税部分69,521円、市町村民税部分104,282円）は、さらに翌年以降2年間繰り越されます。これらについては、「外国税額控除に関する明細書」の「4　外国所得税額の繰越控除余裕額又は繰越控除限度超過額の計算の明細」欄の×7年分（前年）欄の㋟へ記載します。

5　当年の所得税及び復興特別所得税の額

　以上より算定した当年分の所得税からの外国税額控除の額306,995円と復興特別所得税からの外国税額控除の額0円を、当年分の所得税及び復興特別所得税の確定申告に反映すると、次のようになります。この設例では、予定納付は簡略化のためないものとします。

		所得金額		所得税	所得税及び復興特別所得税の合計額ベース
差引（課税所得金額）		19,709,000円		（千円未満切捨て）	
	所得税額の速算表より	19,709,000円	40％－2,796,000円	5,087,600円	
配当控除				0円	
住宅借入金等特別控除				△200,000円	
差引所得税額				4,887,600円	
基準所得税額×2.1％	復興特別所得税　102,639円				
所得税及び復興特別所得税の額					4,990,239円
外国税額控除	所得税部分　　　306,995円 復興特別所得税部分　　0円 計　306,995円				306,995円

源泉徴収税額	給与所得 5,194,400円 計 5,194,400円				5,194,400円
申告納税額					△511,156円
還付される税金					511,156円

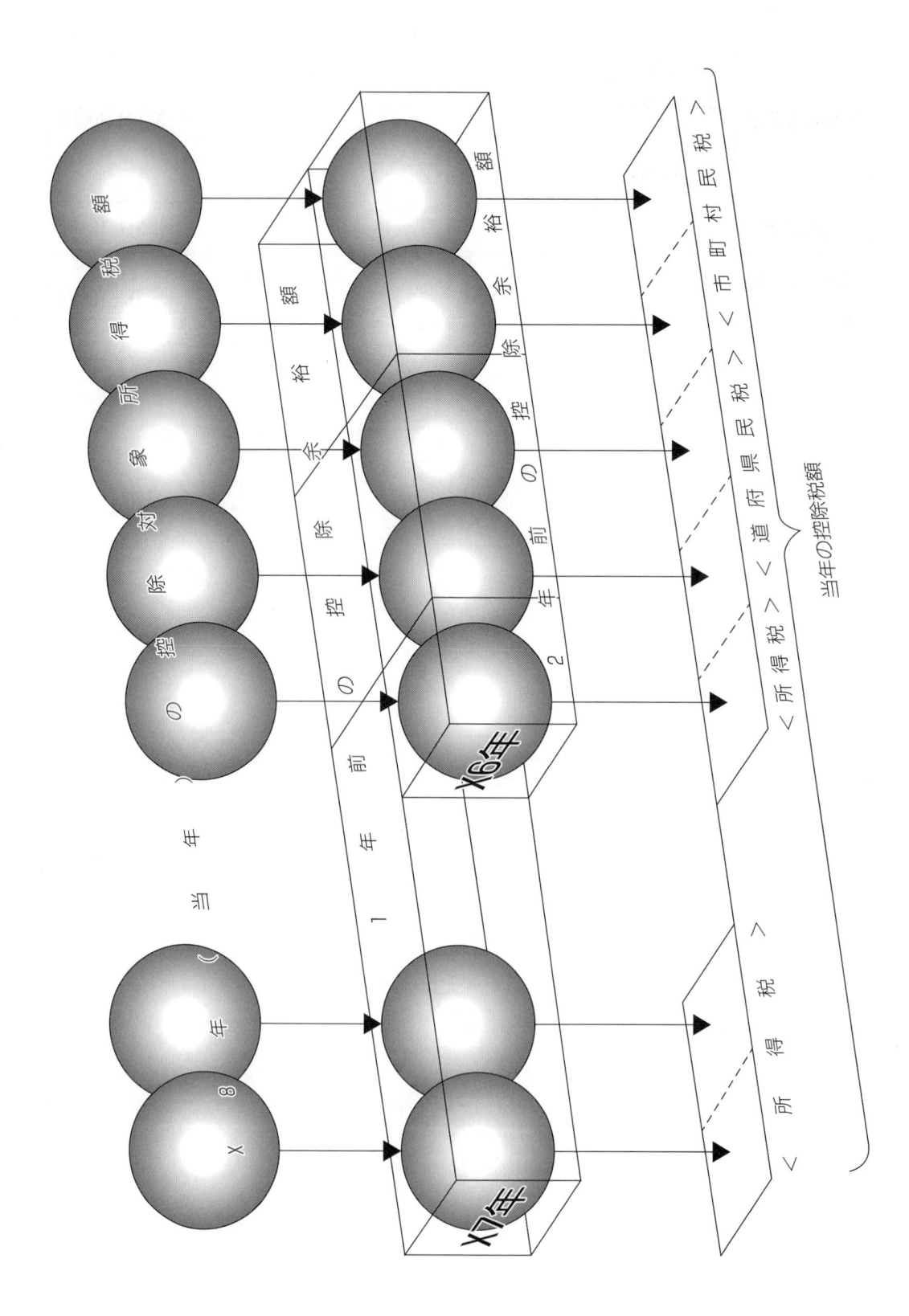

当年の控除対象所得税額 → 前年の控除額 → 給与額

1年前 X7年 → 所得税

2年前 X6年 → 給与前年の控除余額 → <所得税> <道府県民税> <市町村民税>
当年の控除税額

当年(X8年) →

外国税額控除に関する明細書

(書き方については、控用の裏面を読んでください。)

(平成 X8 年分)　　　氏 名　申氏

1　外国所得税額の内訳

○ 本年中に納付する外国所得税額

国名	所得の種類	税種目	納付確定日	納付日	源泉・申告(賦課)の区分	所得の計算期間	相手国での課税標準	左に係る外国所得税額
A国	不動産所得	所得税	X8.4.15	X8.4.15	申告	X7.1.1〜X7.12.31	(外貨36,000ドル) 2,736,000円	(外貨5,000ドル) 380,000円
			．	．		． ．	(外貨　) 円	(外貨　) 円
			．	．		． ．	(外貨　) 円	(外貨　) 円
計							2,736,000円	Ⓐ 380,000円

○ 本年中に減額された外国所得税額

国名	所得の種類	税種目	納付日	源泉・申告(賦課)の区分	所得の計算期間	外国税額控除の計算の基礎となった年分	減額されることとなった日	減額された外国所得税額
			． ．		． ．	平成　年分	． ．	(外貨　) 円
			． ．		． ．	平成　年分	． ．	(外貨　) 円
			． ．		． ．	平成　年分	． ．	(外貨　) 円
計								Ⓑ 円

Ⓐの金額がⒷの金額より多い場合（同じ金額の場合を含む。）

　Ⓐ 380,000円 − Ⓑ 0円 = Ⓒ 380,000円 → 5の「⑥」欄に転記します。

Ⓐの金額がⒷの金額より少ない場合

　Ⓑ 　円 − Ⓐ 　円 = Ⓓ 　円 → 2の「Ⓓ」欄に転記します。

2　本年分の雑所得の総収入金額に算入すべき金額の計算

前3年以内の控除限度超過額				
年　分	ⓐ 前年繰越額	ⓑ ⓐから控除すべきⒹの金額	ⓒ ⓐ−ⓑ	
平成　年分(3年前)	円	円	Ⓖ 円	
平成　年分(2年前)			Ⓗ	
平成　年分(前年)			Ⓘ	
計		Ⓔ		

→ Ⓖ、Ⓗ、Ⓘの金額を4の「⑫前年繰越額及び本年発生額」欄に転記します。

本年中に納付する外国所得税額を超える減額外国所得税額

本年発生額	Ⓓに充当された前3年以内の控除限度超過額	雑所得の総収入金額に算入する金額（Ⓓ−Ⓔ）
Ⓓ 円	Ⓔ 円	Ⓕ 円

→ 雑所得の金額の計算上、総収入金額に算入します。

3 控除限度額の計算

所 得 税 額	①	4,887,600 円	2の㊧の金額がある場合には、その金額を雑所得の総収入金額に算入して申告書により計算した税額を書きます（詳しくは、控用の裏面を読んでください。）。
所 得 総 額	②	21,550,004	2の㊧の金額がある場合には、その金額を雑所得の総収入金額に算入して計算した所得金額の合計額を書きます（詳しくは、控用の裏面を読んでください。）。
国 外 所 得 総 額	③	4	2の㊧の金額がある場合には、その金額を含めて計算した国外所得の合計額を書きます。
控除限度額（①×③/②）	④	0	4の「㊁」欄及び5の「⑤」欄に転記します。

4 外国所得税額の繰越控除余裕額又は繰越控除限度超過額の計算の明細

本年分の控除余裕額又は控除限度超過額の計算

控除限度額	国 税（3の④の金額）	㊁	外 0 / 0 円	控除余裕額	国 税（㊁－㊄）	㊆	円
	道府県民税（㊁×12%）	㊂	0		道府県民税 ((㊂+㊅－㊆)と㊅とのいずれか少ない方の金額)	㊇	
	市町村民税（㊁×18%）	㊄	0		市町村民税 ((㊄－㊆)と㊄とのいずれか少ない方の金額)	㊈	
	計（㊁+㊂+㊄）	㊅	外 0 / 0		計（㊆+㊇+㊈）	㊉	
外国所得税額（1の㊊の金額）		㊄	380,000	控除限度超過額（㊄－㊅）		㊋	380,000

前3年以内の控除余裕額又は控除限度超過額の明細

年分	区分	控除余裕額 ㋐前年繰越額及び本年発生額	㋑本年使用額	㋒翌年繰越額（㋐－㋑）	控除限度超過額 ㋓前年繰越額及び本年発生額	㋔本年使用額	㋕翌年繰越額（㋓－㋔）
平成 X5年分 (3年前)	国 税	円	円		円	円	
	道府県民税						
	市町村民税						
平成 X6年分 (2年前)	国 税	91,352	91,352	円	㊎		円
	道府県民税	29,202	29,202				
	市町村民税	43,803	43,803				
平成 X7年分 (前 年)	国 税	579,349	215,643	363,706	㊏		
	道府県民税	69,521		69,521			
	市町村民税	104,282		104,282			
合 計	国 税	670,701	㊐306,995	363,706	㊑		
	道府県民税	98,723	29,202	69,521			
	市町村民税	148,085	43,803	104,282			
	計	917,509	㊒380,000	537,509			
本年分	国 税	㊓	㊔		㊕	㊖	
	道府県民税	㊗			380,000	380,000	
	市町村民税	㊘					
	計	㊙	㊚				

5 外国税額控除額の計算

控除限度額（3の④の金額）	⑤	0 円	所法第95条第2項による控除税額（4の㊐の金額）	⑧	306,995 円
外国所得税額（1の㊊の金額）	⑥	380,000	所法第95条第3項による控除税額（4の㊑の金額）	⑨	0
所法第95条第1項による控除税額（⑤と⑥とのいずれか少ない方の金額）	⑦	0	控除税額 ⑦+（⑧又は⑨）	⑩	306,995

24.12

186

第5節 外国税額控除事例Ⅳ—国外勤務に対する申告納付税額の外国税額控除（1年目）

居住者乙氏の事例である第5節の「平成×5年」から第7節の「平成×7年」までの3年間は、連続しているものとします。乙氏には、「平成×4年」からの外国所得税の繰越控除余裕額又は繰越控除限度超過額はないものとします。

1 設 例

当年　平成×5年1月1日～平成×5年12月31日

- 日本人（非永住者以外の居住者）で日本法人J社の大阪本社に勤務していた乙氏は、平成×5年6月から×5年12月までの7か月間、J社からB国勤務を命じられ、B国にて勤務しました。×5年の年末には帰国しJ社の大阪本社勤務に戻りました。
- 乙氏は、B国勤務における給与を、J社大阪本社から支払われています。
- 乙氏のB国勤務における給与がB国の課税対象とされるものとします。乙氏は×6年4月15日にB国の所得税申告書により申告し、B国へ所得税10,000ドル（課税標準55,000ドル）を納付しました。納付日×6年4月15日の為替相場（TTM）は@82円／ドル。
- 乙氏の当年の所得は次のとおりです。

	収入金額等	所得金額
1月から5月給与	2,345,977円	
6月から12月給与	5,000,000円	
計（総所得金額）	7,345,977円	5,411,379円

乙氏は、あらかじめ1年を超える期間を予定して日本から出国したわけではなく、7か月後に日本に戻りましたので、B国勤務した7か月間中も日本の居住者として取り扱われます。したがって、乙氏は、日本の居住者であり、かつ、日本の永住者であるので、乙氏の課税所得は国内源泉所得（1月から5月給与）だけでなく、国外源泉所得（6月から12月のB国勤務の給与）も含めた全世界所得が対象となります。

また、居住者に対して国内において給与所得を支払する者は、その支払の際に源泉徴収

しなければならないこととされています（所法183①）。この設例では、乙氏のB国勤務における給与が、国内から支払われていますので、その支払についても日本で源泉徴収が必要です。

乙氏には、配偶者・扶養親族等がなく、所得控除は社会保険料控除と基礎控除のみとします。住宅借入金等特別控除などの税額控除もないものとします。

給与総額	7,345,977円
うち社会保険料の金額	962,375円
差引	6,383,602円
年末調整後源泉徴収税額 （所得税及び復興特別所得税）	394,400円

2 控除対象外国所得税額の把握

現地国の税務当局への申告により外国所得税を納付し、又は現地の税務当局からの賦課決定により納付するケースにおいて、その外国所得税を税額控除する居住者での所得税申告の対象の年（第1節で既述したとおり、正確に言い換えると、第1作業における「その年の控除対象外国所得税額」とする年です。）は、原則として、申告又は賦課決定等の手続により外国所得税について具体的にその納付すべき税額が確定して租税債務が確定した日（申告納税方式の場合には、納税者の申告書により申告があったとき、賦課課税方式の場合には、税務当局から賦課決定通知書により税額の告知を受けたとき）を含む年分です。したがって、当年（平成×5年1月1日～平成×5年12月31日）において納税者の申告書による申告、又は現地の税務当局から賦課決定通知書により税額の告知があったものが、当年における控除対象外国所得税額の対象となります。

この設例では、当年1年間（平成×5年1月1日～平成×5年12月31日）のB国勤務の給与所得に係るB国所得税の申告書は×6年4月15日に申告されており、当年（平成×5年1月1日～平成×5年12月31日）中にはB国所得税の申告書による申告はなされていなかったので、当年分の控除対象外国所得税額の対象となるものはありません。

③ 控除限度額の算定

(1) 所得税の控除限度額

① 当年分の国外所得総額

　この設例では、当年6月から12月までの7か月間B国にて勤務した給与所得が国外所得に該当します。

　国外所得総額を計算するに当たって、給与所得に係る国外所得総額の計算の基礎となる所得金額は、次の算式により計算した金額とします。

$$給与所得の金額 \times \frac{給与等の総額のうちその源泉が国外にあるものの金額}{給与等の総額}$$

この設例の場合、給与所得に係る国外所得は、下記のとおりです。

$$= 5,411,379円 \times \frac{5,000,000円}{7,345,977円} = 3,683,226円$$

　これを所得税の控除限度額の算式における分子の当年分の国外所得総額とし、「外国税額控除に関する明細書」の「3　控除限度額の計算」欄の③国外所得総額へ記載します。

② 当年分の所得総額

　この設例では、所得税の控除限度額の算式における分母は、当年の所得総額5,411,379円となり、これを、「外国税額控除に関する明細書」の「3　控除限度額の計算」欄の②所得総額へ記載します。

③ 当年分の所得税の額

　この設例では、所得税の控除限度額の算定式におけるその年分の所得税の額は、386,300円とします。これを「外国税額控除に関する明細書」の「3　控除限度額の計算」欄の①所得税額へ記載します。

④ 所得税の控除限度額

　以上より、所得税の控除限度額は、次のように算定されます。

　所得税の控除限度額

$$= その年分の所得税の額 \times \frac{その年分の国外所得総額}{その年分の所得総額}$$

$$= 386,300円 \times \frac{3,683,226円}{5,411,379円} = 262,933円$$

　これを「外国税額控除に関する明細書」の「3　控除限度額の計算」欄の④控除限度額、「4　外国所得税額の繰越控除余裕額又は繰越控除限度超過額の計算の明細」欄の㈡国税

へ記載します。

(2) 復興特別所得税の控除限度額

　この設例では、当年の控除対象外国所得税額はなく、これが所得税の控除限度額262,933円を超えていません。したがって、復興特別所得税から控除される外国税額は0円となり、これをここでは仮に「外国税額控除に関する明細書」の「4　外国所得税額の繰越控除余裕額又は繰越控除限度超過額の計算の明細」欄の㊁国税の外書へ記載することとします。

(3) 道府県民税・市町村民税の控除限度額

　この設例では、所得税の控除限度額が262,933円なので、道府県民税の控除限度額及び市町村民税の控除限度額は、次のとおりです。

　道府県民税の控除限度額＝262,933円×12％＝31,551円
　市町村民税の控除限度額＝262,933円×18％＝47,327円

　それぞれ「外国税額控除に関する明細書」の「4　外国所得税額の繰越控除余裕額又は繰越控除限度超過額の計算の明細」欄の㊺道府県民税と㊻市町村民税へ記載します。

　以上、所得税の控除限度額262,933円、道府県民税の控除限度額31,551円、市町村民税の控除限度額47,327円の合計341,811円を、控除限度額計として、「外国税額控除に関する明細書」の「4　外国所得税額の繰越控除余裕額又は繰越控除限度超過額の計算の明細」欄の㊀へ記載します。

4　当年の控除税額の決定

　控除対象外国所得税額（玉）と控除限度額（かご）が計算されると、次に、控除限度額以内におさまる控除対象外国所得税額の部分（その年の控除税額）を決定（かごに玉をつめる）します。この設例では、当期の控除対象外国税額0円に対して、当期の控除限度額は341,811円（所得税の控除限度額262,933円、道府県民税の控除限度額31,551円、市町村民税の控除限度額47,327円）です。

　当期の控除対象外国所得税額（玉）がないため埋められなかった当期の控除限度額（かごの空き部分）341,811円を「外国税額控除に関する明細書」の「4　外国所得税額の繰越控除余裕額又は繰越控除限度超過額の計算の明細」欄の㊁へ2箇所とも記載し、控除余裕額とします。このうち所得税部分は262,933円、道府県民税部分は31,551円、市町村民税部分は47,327円であり、それぞれ「外国税額控除に関する明細書」の「4　外国所得税

額の繰越控除余裕額又は繰越控除限度超過額の計算の明細」欄の㋷、㋦、㋸へ２箇所ずつ記載します。前年以前に生じた控除限度超過額（あふれた玉）の繰越額もないので、所得税から当期に外国税額控除すべき金額はゼロとなります。

5　当年の所得税及び復興特別所得税の額

以上より算定した当年分の所得税からの外国税額控除の額０円と復興特別所得税からの外国税額控除の額０円を、当年分の所得税及び復興特別所得税の確定申告に反映すると、次のようになります。この設例では、予定納付は簡略化のためないものとします。

		所得金額		所得税	所得税及び復興特別所得税の合計額ベース
差引 （課税所得金額）		4,069,000円 （注）		（千円未満切捨て）	
	所得税額の速算表より	4,069,000円	20％ － 427,500円	386,300円	
配当控除				0円	
住宅借入金等特別控除				0円	
差引所得税額				386,300円	
基準所得税額×2.1％	復興特別所得税 8,112円				
所得税及び復興特別所得税の額					394,412円
外国税額控除	所得税部分 　　　　0円 復興特別所得税部分　　0円 計　　　0円				0円

191

源泉徴収税額	給与所得　　394,400円 計　　　　　394,400円				394,400円
申告納税額					12円
納める税金					0円 （百円未満切捨て）

(注)　（給与総額7,345,977円－給与所得控除1,934,598円）－社会保険料控除962,375円－基礎控除380,000円＝4,069,000円（千円未満切捨て）

第5章 ●外国税額控除事例

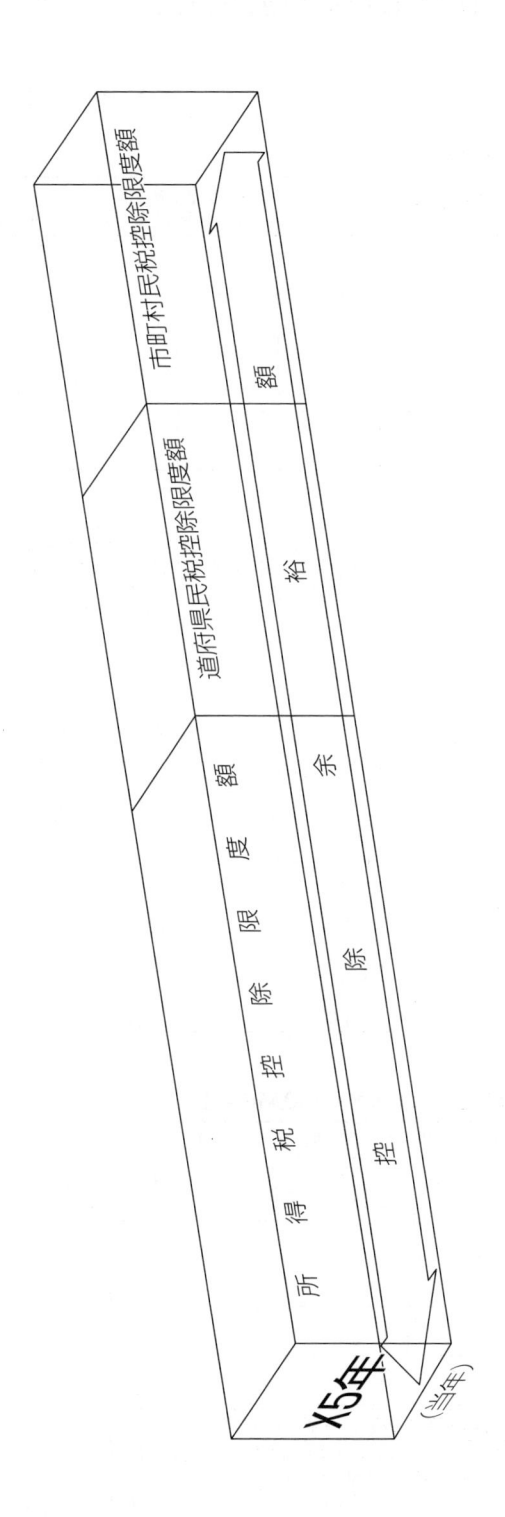

X5年
(当年)

所得税控除限度額 控除余裕額
道府県民税控除限度額
市町村民税控除限度額

外国税額控除に関する明細書

(書き方については、控用の裏面を読んでください。)

(平成 X5 年分)　　　　　　　氏名　乙氏

1　外国所得税額の内訳

○ 本年中に納付する外国所得税額

国名	所得の種類	税種目	納付確定日	納付日	源泉・申告(賦課)の区分	所得の計算期間	相手国での課税標準	左に係る外国所得税額
						． ．	(外貨　　)　円	(外貨　　)　円
						． ．	(外貨　　)　円	(外貨　　)　円
						． ．	(外貨　　)　円	(外貨　　)　円
計							円	Ⓐ　円

○ 本年中に減額された外国所得税額

国名	所得の種類	税種目	納付日	源泉・申告(賦課)の区分	所得の計算期間	外国税額控除の計算の基礎となった年分	減額されることとなった日	減額された外国所得税額
					． ．	平成　　年分	． ．	(外貨　　)　円
					． ．	平成　　年分	． ．	(外貨　　)　円
					． ．	平成　　年分	． ．	(外貨　　)　円
計								Ⓑ　円

Ⓐの金額がⒷの金額より多い場合（同じ金額の場合を含む。）

Ⓐ　　円 － Ⓑ　　円 ＝ Ⓒ　　円　→　5の「⑥」欄に転記します。

Ⓐの金額がⒷの金額より少ない場合

Ⓑ　　円 － Ⓐ　　円 ＝ Ⓓ　　円　→　2の「Ⓓ」欄に転記します。

2　本年分の雑所得の総収入金額に算入すべき金額の計算

年分	前3年以内の控除限度超過額 ㋑ 前年繰越額	㋺ ㋑から控除すべきⒹの金額	㋩ ㋑－㋺
平成　年分(3年前)	円	円	Ⓖ　円
平成　年分(2年前)			Ⓗ
平成　年分(前年)			Ⓘ
計		Ⓔ	

Ⓖ、Ⓗ、Ⓘの金額を4の「Ⓛ前年繰越額及び本年発生額」欄に転記します。

本年中に納付する外国所得税額を超える減額外国所得税額

本年発生額 Ⓓ　円	Ⓓに充当された前3年以内の控除限度超過額 Ⓔ　円	雑所得の総収入金額に算入する金額（Ⓓ－Ⓔ） Ⓕ　円

→ 雑所得の金額の計算上、総収入金額に算入します。

この明細書は、申告書と一緒に提出してください。

提出用

第5章 ●外国税額控除事例

3 控除限度額の計算

所 得 税 額	①	386,300 円
所 得 総 額	②	5,411,379
国外所得総額	③	3,683,226
控除限度額（①×③/②）	④	262,933

2の㊅の金額がある場合には、その金額を雑所得の総収入金額に算入して申告書により計算した税額を書きます（詳しくは、控用の裏面を読んでください。）。

2の㊅の金額がある場合には、その金額を雑所得の総収入金額に算入して計算した所得金額の合計額を書きます（詳しくは、控用の裏面を読んでください。）。

2の㊅の金額がある場合には、その金額を含めて計算した国外所得の合計額を書きます。

→4の㊀欄及び5の「⑤」欄に転記します。

4 外国所得税額の繰越控除余裕額又は繰越控除限度超過額の計算の明細

本年分の控除余裕額又は控除限度超過額の計算						
控除限度額	国 税（3の④の金額）	㊀	外 262,933 円	控除余裕額	国 税（㊀－㊔）	㊗	262,933 円
	道府県民税（㊀×12%）	㊂	31,551		道府県民税（（㊀+㊂－㊔）と㊂とのいずれか少ない方の金額）	㊛	31,551
	市町村民税（㊀×18%）	㊄	47,327		市町村民税（（㊁－㊔）と㊄とのいずれか少ない方の金額）	㊜	47,327
	計（㊀+㊂+㊄）	㊅	外 341,811 0		計（㊗+㊛+㊜）	㊝	341,811
外国所得税額（1の㊅の金額）	㊔	0	控除限度超過額（㊔－㊅）	㊞	

	前3年以内の控除余裕額又は控除限度超過額の明細					
年 分	区 分	控除余裕額			控除限度超過額		
		㊠前年繰越額及び本年発生額	㊡本年使用額	㊢翌年繰越額（㊠－㊡）	㊣前年繰越額及び本年発生額	㊤本年使用額	㊥翌年繰越額（㊣－㊤）
平成 年分（3年前）	国 税	円	円		㊦ 円	円	
	道府県民税						
	市町村民税						
平成 年分（2年前）	国 税			円	㊧		円
	道府県民税						
	市町村民税						
平成 年分（前 年）	国 税				㊨		
	道府県民税						
	市町村民税						
合 計	国 税	㊩			㊪		
	道府県民税						
	市町村民税						
	計	㊫					
本年分	国 税	㊬ 262,933	㊭ 262,933	㊮	㊯		
	道府県民税	㊰ 31,551	31,551				
	市町村民税	㊱ 47,327	47,327				
	計	㊲ 341,811	㊳ 341,811				

5 外国税額控除額の計算

控除限度額（3の④の金額）	⑤	262,933 円	所法第95条第2項による控除税額（4の㊯の金額）	⑧	円
外国所得税額（1の㊅の金額）	⑥	0	所法第95条第3項による控除税額（4の㊮の金額）	⑨	
所法第95条第1項による控除税額（⑤と⑥とのいずれか少ない方の金額）	⑦	0	控除税額 ⑦+(⑧又は⑨)	⑩	0

24.12

第6節 外国税額控除事例Ⅳ——国外勤務に対する申告納付税額の外国税額控除（2年目）

1 設例

当年　平成×6年1月1日～平成×6年12月31日

・乙氏は平成×5年末に帰国して日本法人J社の大阪本社に戻り、以後大阪本社勤務を続けています。

・乙氏の当年の所得は次のとおりです。

	収入金額等	所得金額
1月から12月給与	6,000,000円	4,260,000円

乙氏には、配偶者・扶養親族等がなく、所得控除は社会保険料控除と基礎控除のみとします。住宅借入金等特別控除などの税額控除もないものとします。

給与総額	6,000,000円
うち社会保険料の金額	885,000円
差引	5,115,000円
年末調整後源泉徴収税額（所得税及び復興特別所得税）	206,200円

2 控除対象外国所得税額の把握

第5節で既述したとおり、当年（平成×6年1月1日～平成×6年12月31日）において納税者の申告書による申告、又は現地の税務当局から賦課決定通知書により税額の告知があったものが、当年において控除対象外国所得税額の対象となります。

この設例では、当年（平成×6年1月1日～平成×6年12月31日）中にB国所得税の申告書による申告がなされたのは、前年1年間（平成×5年1月1日～平成×5年12月31

日）のB国勤務の給与所得に係るB国所得税の申告（申告日：×6年4月15日）であるので、その申告所得税額10,000ドルが当年分の控除対象外国所得税額の対象となります。控除対象外国所得税額の円換算方法は、外貨建取引に係る経費の金額の換算に適用する為替相場であり（所基通95-10）、これは原則として、取引日におけるTTM（電信売買相場の仲値）（所基通57の3-2）とされています。この設例では、納付日×6年4月15日の為替相場（TTM）が@82円／ドルなので、当期分の控除対象外国所得税額は、10,000ドル×@82円／ドル＝820,000円と算定されます。「外国税額控除に関する明細書」の「1 外国所得税額の内訳 ○本年中に納付する外国所得税額」欄に、この給与所得について、課税標準4,510,000円（55,000ドル）やその外国所得税額820,000円（10,000ドル）等を記載します。この外国所得税額820,000円は、「外国税額控除に関する明細書」の「4 外国所得税額の繰越控除余裕額又は繰越控除限度超過額の計算の明細」欄の㋴にも記載されます。

3 控除限度額の算定

(1) 所得税の控除限度額

① 当年分の国外所得総額

この設例では、当年における国外所得がないので、0円を所得税の控除限度額の算式における分子の当年分の国外所得総額とし、「外国税額控除に関する明細書」の「3 控除限度額の計算」欄の③国外所得総額へ記載します。

② 当年分の所得総額

所得税の控除限度額の算式におけるその年分の所得総額とは、この設例では4,260,000円です。これを、「外国税額控除に関する明細書」の「3 控除限度額の計算」欄の②所得総額へ記載します。

③ 当年分の所得税の額

この設例では、所得税の控除限度額の算定式におけるその年分の所得税の額は202,000円とします。これを「外国税額控除に関する明細書」の「3 控除限度額の計算」欄の①所得税額へ記載します。

④ 所得税の控除限度額

以上より、所得税の控除限度額は、次のように算定されます。

所得税の控除限度額

$$= その年分の所得税の額 \times \frac{その年分の国外所得総額}{その年分の所得総額}$$

$$=202,000円 \times \frac{0円}{4,260,000円} = 0円$$

これを「外国税額控除に関する明細書」の「3　控除限度額の計算」欄の④控除限度額、「4　外国所得税額の繰越控除余裕額又は繰越控除限度超過額の計算の明細」欄の㊁国税へ記載します。

(2)　**復興特別所得税の控除限度額**

　この設例では、当年の控除対象外国所得税額はあるものの、当年の国外所得金額がないため、復興特別所得税の控除限度額がゼロとなります。したがって、復興特別所得税から控除される外国税額は0円となり、これをここでは仮に「外国税額控除に関する明細書」の「4　外国所得税額の繰越控除余裕額又は繰越控除限度超過額の計算の明細」欄の㊁国税の外書へ記載することとします。

(3)　**道府県民税・市町村民税の控除限度額**

　この設例では、所得税の控除限度額が0円なので、道府県民税の控除限度額及び市町村民税の控除限度額も0円となります。

　それぞれ「外国税額控除に関する明細書」の「4　外国所得税額の繰越控除余裕額又は繰越控除限度超過額の計算の明細」欄の㊄道府県民税と㊅市町村民税へ記載します。

　以上、所得税の控除限度額0円、道府県民税の控除限度額0円、市町村民税の控除限度額0円の合計0円を、控除限度額計として、「外国税額控除に関する明細書」の「4　外国所得税額の繰越控除余裕額又は繰越控除限度超過額の計算の明細」欄の㊦へ記載します。

4　当年の控除税額の決定

　控除対象外国所得税額（玉）と控除限度額（かご）が計算されると、次に、控除限度額以内におさまる控除対象外国所得税額の部分（その年の控除税額）を決定（かごに玉をつめる）します。この設例では、当期の控除対象外国税額820,000円に対して、当期の控除限度額は0円です。控除対象外国税額（玉）820,000円から当年の控除限度額（かご）0円を差引いた820,000円が当年分の控除限度超過額（あふれた玉）として、これを「外国税額控除に関する明細書」の「4　外国所得税額の繰越控除余裕額又は繰越控除限度超過額の計算の明細」欄の㋻へ記載します。

　次に、この控除限度超過額（あふれた玉）820,000円を、前年以前の控除余裕額（かごの空き部分）へ埋めていきます。前年以前の控除余裕額を「外国税額控除に関する明細書」

の「4　外国所得税額の繰越控除余裕額又は繰越控除限度超過額の計算の明細」欄の㋕へ記載します。

　古い発生年度の控除余裕額（かごの空き部分）から、所得税→道府県民税→市町村民税の順に各控除限度額まで埋めていきます。この設例では、×5年分の控除余裕額すべて（所得税部分262,933円、道府県民税部分31,551円、市町村民税部分47,327円）が埋められます。これらの金額を「外国税額控除に関する明細書」の「4　外国所得税額の繰越控除余裕額又は繰越控除限度超過額の計算の明細」欄の㋭へ記載します。

　この結果、当年に外国税額控除できる所得税の額は262,933円となり、「外国税額控除に関する明細書」の「5　外国税額控除額の計算」欄の⑧へ記載します。道府県民税からの外国税額控除の額は31,551円、市町村民税からの外国税額控除の額は47,327円となります。

5　当年の所得税及び復興特別所得税の額

　以上より算定した当年分の所得税からの外国税額控除の額262,933円と復興特別所得税からの外国税額控除の額0円を、当年分の所得税及び復興特別所得税の確定申告に反映すると、次のようになります。この設例では、予定納付は簡略化のためないものとします。

		所得金額		所得税	所得税及び復興特別所得税の合計額ベース
差引 （課税所得金額）		2,995,000円 （注1）		（千円未満切捨て）	
	所得税額の速算表より	2,995,000円	10％－97,500円	202,000円	
配当控除				0円	
住宅借入金等特別控除				0円	
差引所得税額				202,000円	
基準所得税額×2.1％	復興特別所得税　4,242円				

所得税及び復興特別所得税					206,242円
外国税額控除	所得税部分 　　262,933円 復興特別所得税部分　　0円 計　262,933円				262,933円
源泉徴収税額	給与所得 　　206,200円 計　206,200円				206,200円
申告納税額					△262,891円
還付される税金					262,891円(注2)

(注1)　(給与総額6,000,000円－給与所得控除1,740,000円)－社会保険料控除885,000円－基礎控除380,000円＝2,995,000円（千円未満切捨て）

(注2)　その年の所得税額よりもその年に控除できる外国所得税（3年間の控除限度超過額の繰越控除と控除余裕額の繰越使用によりその年で控除できるものを含みます。）の額の方が大きいため、その年の所得税額から控除しきれない場合、この控除しきれなかった金額をその年の申告書に記載して、還付を受けます（所法120①四、138①）。

第5章●外国税額控除事例

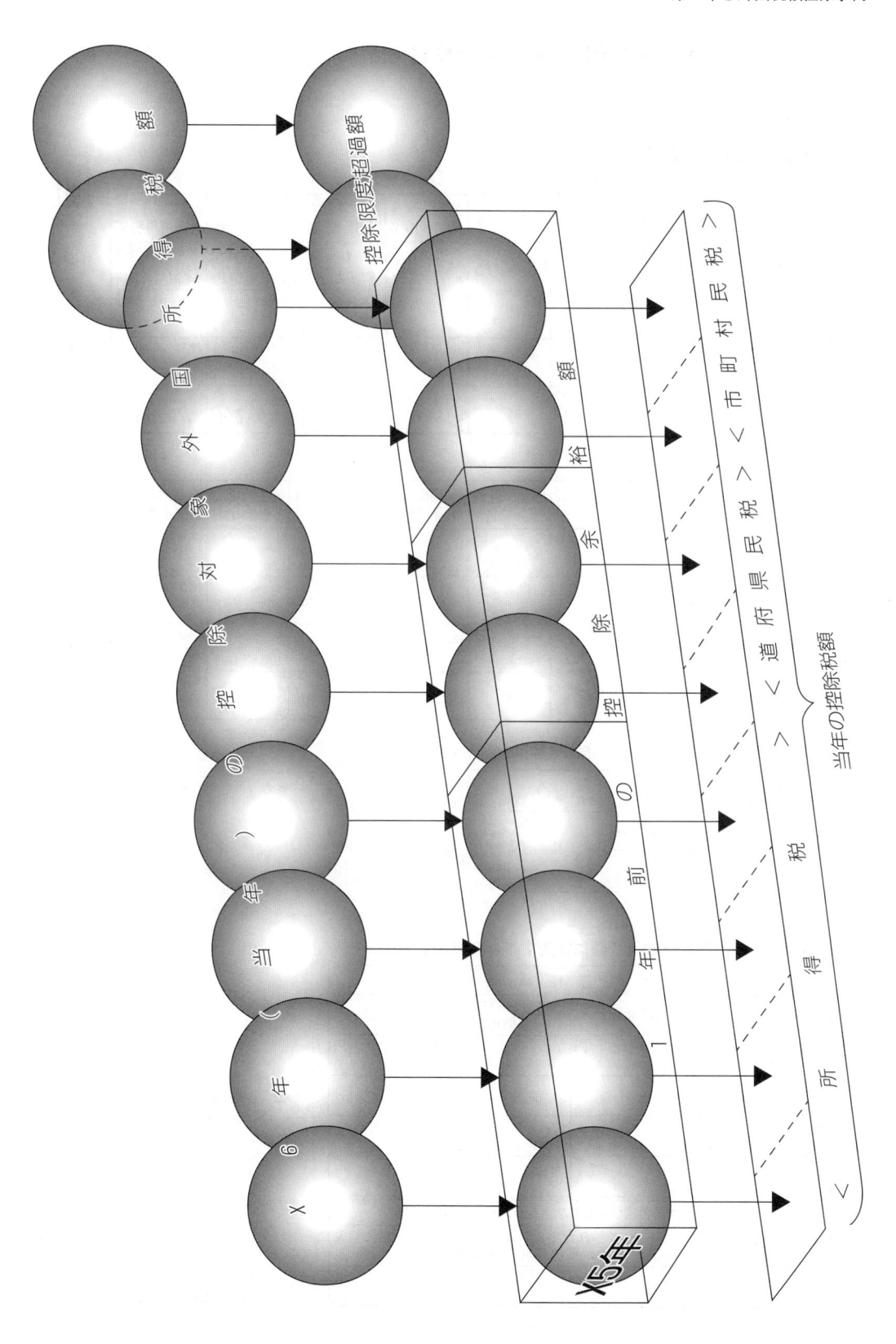

201

外国税額控除に関する明細書 (書き方については、控用の裏面を読んでください。)

氏名　乙氏

(平成X6年分)

1 外国所得税額の内訳

○ 本年中に納付する外国所得税額

国名	所得の種類	税種目	納付確定日	納付日	源泉・申告(賦課)の区分	所得の計算期間	相手国での課税標準	左に係る外国所得税額
B国	給与	所得税	X6.4.15	X6.4.15	申告	X5.6.1〜X5.12.31	(外貨 55,000ドル) 4,510,000円	(外貨 10,000ドル) 820,000円
						. . 〜 . .	(外貨) 円	(外貨) 円
						. . 〜 . .	(外貨) 円	(外貨) 円
計							4,510,000	Ⓐ 820,000

○ 本年中に減額された外国所得税額

国名	所得の種類	税種目	納付日	源泉・申告(賦課)の区分	所得の計算期間	外国税額控除の計算の基礎となった年分	減額されることとなった日	減額された外国所得税額
			. .		. . 〜 . .	平成　年分	. .	(外貨) 円
			. .		. . 〜 . .	平成　年分	. .	(外貨) 円
			. .		. . 〜 . .	平成　年分	. .	(外貨) 円
計								Ⓑ 円

Ⓐの金額がⒷの金額より多い場合（同じ金額の場合を含む。）

Ⓐ 820,000 円 － Ⓑ 0 円 ＝ Ⓒ 820,000 円 → 5の「⑥」欄に転記します。

Ⓐの金額がⒷの金額より少ない場合

Ⓑ 円 － Ⓐ 円 ＝ Ⓓ 円 → 2の「Ⓓ」欄に転記します。

2 本年分の雑所得の総収入金額に算入すべき金額の計算

前3年以内の控除限度超過額			
年分	㋑ 前年繰越額	㋺ ㋑から控除すべきⒹの金額	㋩ ㋑－㋺
平成　年分(3年前)	円	円	Ⓖ 円
平成　年分(2年前)			Ⓗ
平成　年分(前年)			Ⓘ
計		Ⓔ	

Ⓖ、Ⓗ、Ⓘの金額を4の「㋺前年繰越額及び本年発生額」欄に転記します。

本年中に納付する外国所得税額を超える減額外国所得税額

本年発生額	Ⓓに充当された前3年以内の控除限度超過額	雑所得の総収入金額に算入する金額（Ⓓ－Ⓔ）
Ⓓ 円	Ⓔ 円	Ⓕ 円

雑所得の金額の計算上、総収入金額に算入します。

第5章 外国税額控除事例

3 控除限度額の計算

所 得 税 額	①	202,000 円
所 得 総 額	②	4,260,000
国 外 所 得 総 額	③	0
控除限度額（①×③/②）	④	0

- 2の㋩の金額がある場合には、その金額を雑所得の総収入金額に算入して申告書により計算した税額を書きます（詳しくは、控用の裏面を読んでください。）。
- 2の㋩の金額がある場合には、その金額を雑所得の総収入金額に算入して計算した所得金額の合計額を書きます（詳しくは、控用の裏面を読んでください。）。
- 2の㋩の金額がある場合には、その金額を含めて計算した国外所得の合計額を書きます。
- → 4の「㋬」欄及び5の「⑤」欄に転記します。

4 外国所得税額の繰越控除余裕額又は繰越控除限度超過額の計算の明細

本年分の控除余裕額又は控除限度超過額の計算

控除限度額				控除余裕額		
国 税（3の④の金額）	㋬	外 0 / 0 円	国 税（㋬－㋠）	㋷	円
道府県民税（㋬×12％）	㋣	0	道府県民税（(㋬+㋣－㋠)と㋣とのいずれか少ない方の金額）	㋻	
市町村民税（㋬×18％）	㋱	0	市町村民税（(㋬－㋠)と㋱とのいずれか少ない方の金額）	㋺	
計（㋬＋㋣＋㋱）	㋩	外 0 / 0	計（㋷＋㋻＋㋺）		
外国所得税額（1の㋒の金額）	㋠	820,000	控除限度超過額（㋠－㋩）	㋜	820,000

前3年以内の控除余裕額又は控除限度超過額の明細

年分	区分	控除余裕額			控除限度超過額		
		㋕前年繰越額及び本年発生額	㋖本年使用額	㋗翌年繰越額（㋕－㋖）	㋘前年繰越額及び本年発生額	㋙本年使用額	㋚翌年繰越額（㋘－㋙）
平成 年分 (3年前)	国税	円	円		Ⓖ 円	円	
	道府県民税						
	市町村民税						
平成 年分 (2年前)	国税			円	Ⓗ		円
	道府県民税						
	市町村民税						
平成 X5年分 (前年)	国税	262,933	262,933		Ⓘ		
	道府県民税	31,551	31,551				
	市町村民税	47,327	47,327				
合計	国税	262,933	Ⓙ 262,933		Ⓜ		
	道府県民税	31,551	31,551				
	市町村民税	47,327	47,327				
	計	341,811	Ⓚ 341,811				
本年分	国税	㋡	㋷		㋠	㋓	
	道府県民税	㋢					
	市町村民税	㋤			820,000	341,811	478,189
	計	㋫	Ⓜ				

5 外国税額控除額の計算

控 除 限 度 額（3の④の金額）	⑤	0 円	所法第95条第2項による控除税額（4の㋙の金額）	⑧	262,933 円
外 国 所 得 税 額（1の㋒の金額）	⑥	820,000	所法第95条第3項による控除税額（4の㋷の金額）	⑨	
所法第95条第1項による控除税額（⑤と⑥とのいずれか少ない方の金額）	⑦	0	控 除 税 額 ⑦＋(⑧又は⑨)	⑩	262,933

24.12

第7節 外国税額控除事例V—外国税額控除の適用を受けた外国所得税の額が後に減額された場合

1 設 例

当年　平成×7年1月1日～平成×7年12月31日

・乙氏は、当年も大阪本社勤務を続けています。
・乙氏の当年の給与所得は次のとおりです。

	収入金額等	所得金額
1月から12月給与	6,000,000円	4,260,000円

　乙氏には、配偶者・扶養親族等がなく、所得控除は社会保険料控除と基礎控除のみとします。住宅借入金等特別控除などの税額控除もないものとします。

給与総額	6,000,000円
うち社会保険料の金額	884,811円
差引	5,115,189円
年末調整後源泉徴収税額（所得税及び復興特別所得税）	206,200円

　乙氏は、当年から次の国外公社債の利子を受け取りました。

| Z社債の利子 | ・平成×7年6月30日入金
・Z社は、C国に本店が所在します。
・Z社債は、C国において発行されます。
・Z社債の利子は、C国において支払われます。
・Z社債の利子に対するC国における源泉税率を10%とします。
・乙氏は、日本国内における金融商品取引業者等を経ずに、C国のZ社から直接その支 |

払を受けます。
・Z社債は「居住者が受ける民間国外債（外国法人により発行された債券にあっては、その外国法人が国内において行う事業に係るものに限る）及び外貨債」ではないものとします。

	外貨建金額	為替相場	円建金額
Z社債の利子（カ）	10,000ドル	@86円／ドル	860,000円
C国における源泉徴収税率	10%		
C国における源泉税（キ）	1,000ドル	@86円／ドル	86,000円
日本における源泉徴収税額			―
差引入金額（カ）－（キ）			774,000円

　当年×7年7月25日において、B国の税務当局から、×5年分（×5年6月1日～×5年12月31日）の給与所得に係る所得税が下記のように減額されるという通知を受けました。×7年7月25日のTTMは@87円／ドルです。

	当初申告 （×6年4月15日）	減額通知 （×7年7月25日）	減額される税額
×5年分（×5年6月1日～×5年12月31日）の給与所得に係るB国所得税額	10,000ドル	2,000ドル	8,000ドル

2　控除対象外国所得税額の把握

C国の社債の利子に係る外国所得税額（平成25年度税制改正前の取扱い）

　この設例のように、国外公社債等の利子等につき、国内の支払の取扱者を通さず、外国公社債の発行法人又は現地国の支払代理機関から直接その支払を受ける場合には、その支払を受けるべき国外公社債等の利子等については、原則として国内で源泉徴収されず、源泉分離課税が適用されません（措法3の3①）。したがって、Z社債の利子については、総合課税により利子所得として確定申告することになり（所法22）、Z社債の利子に係る外国所得税額については、外国税額控除の適用対象となります。

利子の源泉所得税を税額控除する居住者の所得税申告の対象の年（**第１節**で既述したとおり、正確に言い換えると、第１作業における「その年の控除対象外国所得税額」とする年です。）は、源泉徴収の対象となった利子の支払日を含む年分です。したがって、当年（平成×７年１月１日～平成×７年12月31日）において支払われた利子のうち国外で源泉徴収されているものが、当年における控除対象外国所得税額の対象となります。

　この設例のＣ国の社債の利子は、当年において支払われている利子で国外にて源泉徴収されているものに該当します。よって、当年の控除対象外国所得税額は、Ｃ国において源泉徴収された1,000ドルとなります。控除対象外国所得税額の円換算方法は、源泉徴収される外国所得税の場合には、利子の額の換算の為替相場によるとされていますので、この設例では、＠86円／ドルで換算して86,000円を、控除対象外国所得税額の円換算額とします。「外国税額控除に関する明細書」の「１　外国所得税額の内訳　○本年中に納付する外国所得税額」欄に、このＺ社債の利子について、課税標準860,000円（10,000ドル）やその外国所得税額86,000円（1,000ドル）等を記載します。前年以前に外国税額控除の適用を受けた外国所得税の額が当年に減額されたケースで、当年中に納付する外国所得税額が当年中に減額された外国所得税額よりも少ない場合（本設例はこの場合に該当。）には、この外国所得税額86,000円は、「外国税額控除に関する明細書」の「１　外国所得税額の内訳　Ⓐの金額がⒷの金額より少ない場合」のⒶへ転記されます。

③　過去に外国税額控除の適用を受けた外国所得税の額の減額

　居住者が外国税額控除の適用を受けた外国所得税の額が後に減額された場合には、その外国所得税額が減額されることとなった日の属する年（減額に係る年といいます。）で調整を行うこととしていますが、この減額調整は、外国税額控除の適用を受けた年の翌年以後７年内の各年において減額された場合に限ることとされます（所法95④）。

　減額に係る年を決定する「減額されることとなった日」とは、原則として、還付金の支払通知書等の受領により外国所得税について具体的にその減額されることとなった金額が確定した日です（所基通95-11）。

　この設例では、当年×７年７月25日において、Ｂ国の税務当局から、×５年分（×５年１月１日～×５年12月31日）の給与所得に係る所得税が減額されるという通知を受けたので、具体的にその減額されることとなった金額が確定した日は×７年７月25日となります。したがって、その日を含む×７年分の確定申告において減額調整を行います。

　この減額調整を行う減額された部分とする金額（減額控除対象外国所得税）は、次の⑴－⑵の金額とされます（所令226①、②）。

(1) その外国所得税の額のうち適用を受けた年において控除対象外国所得税額とされた額

(2) 減額後の外国所得税の額につき適用を受けた年において外国税額控除を適用したならば控除対象外国所得税額とされる額

この設例では、上記(1)の金額は、×6年分の確定申告における10,000ドル（納付日×6年4月15日の為替相場（TTM）@82円／ドルによる円換算820,000円）、(2)の金額は、2,000ドルであり、この減額に係る還付金は(1)10,000ドル－(2)2,000ドル＝8,000ドルです。

この減額に係る還付金の金額は、原則として「減額されることとなった日」における為替相場（TTM）により、円貨換算することとされます（所基通95-12、57の3-2）。この設例では、「減額されることとなった日」における為替相場（TTM）は@87円／ドルなので、還付金の金額8,000ドルの円換算額は、下記のとおりです。

8,000ドル×@87円／ドル＝696,000円

この還付金の金額は、「外国税額控除に関する明細書」の「1　外国所得税額の内訳○本年中に減額された外国所得税額」欄に記入し、その下の「Ⓐの金額がⒷの金額より少ない場合」のⒷへ転記されます。

過去に外国税額控除の適用を受けた外国所得税の額が減額された場合に行われる調整は、次の1）→2）→3）の順に行います。

外国所得税額が減額された場合の調整は、次の順に行います。
1）減額控除対象外国所得税額は、まず減額に係る年において不動産所得、事業所得、山林所得、一時所得又は雑所得の金額の計算上、総収入金額に算入せず（所法44の2、所令44の2）に、この減額に係る年の他の控除対象外国所得税額（相殺前の額で必要経費等に算入しません。）と相殺し（所令226①）、
↓
2）相殺しきれない額は、減額に係る年の前年以前3年内の各年の控除限度超過額の繰越額で最も古い発生年度のものから順次相殺し（所令226③）、
↓
3）それでも相殺しきれない額は、その金額を減額に係る年分の雑所得の金額の計算上、総収入金額に算入します（所法44の2、所令93の2）。

この設例で、1）→2）→3）の順に減額調整を行うと次のとおりです。
1）減額された外国所得税額696,000円は、まず当年×7年において所得金額の計算上、総収入金額に算入せずに、当年の他の控除対象外国所得税額であるC国の社債の利子

に係る外国所得税額86,000円と相殺します。696,000円－86,000円＝610,000円は、相殺しきれない金額として、「外国税額控除に関する明細書」の「1　外国所得税額の内訳　Ⓐの金額がⒷの金額より少ない場合」のⒹから「2　本年分の雑所得の総収入金額に算入すべき金額の計算　本年中に納付する外国所得税額を超える減額外国所得税額」欄のⒹへ転記します。また、当年の控除対象外国所得税額86,000円すべてが、当年×7年中に減額された外国所得税額696,000円と相殺されて残らないので、「外国税額控除に関する明細書」の「4　外国所得税額の繰越控除余裕額又は繰越控除限度超過額の計算の明細」欄の㋠には外国所得税額0円と記載します。

2）1）で相殺しきれない金額610,000円は、当年の前年以前3年内の各年の控除限度超過額（あふれた玉）の繰越額で最も古い発生年度のものから順次相殺します。前3年内の各年の控除限度額は前年×6年の控除限度超過額の繰越額478,189円だけなので、これと相殺します。前3年内の各年の控除限度額478,189円とその相殺額478,189円を「外国税額控除に関する明細書」の「2　本年分の雑所得の総収入金額に算入すべき金額の計算　前3年以内の控除限度超過額」欄の㋑と㋺へそれぞれ記入し、Ⓔからその下の「本年中に納付する外国所得税額を超える減額外国所得税額」欄のⒺへ転記します。1）で相殺しきれない金額610,000円－前3年内の各年の控除限度超過額の繰越額との相殺額478,189円＝131,811円は、「外国税額控除に関する明細書」の「2　本年分の雑所得の総収入金額に算入すべき金額の計算　本年中に納付する外国所得税額を超える減額外国所得税額」欄のⒻへ記入します。また、前3年内の控除限度超過額478,189円が、1）でも相殺しきれない減額された外国所得税額610,000円と相殺されて残らないので、「外国税額控除に関する明細書」の「2　本年分の雑所得の総収入金額に算入すべき金額の計算　前3年以内の控除限度超過額」欄の㋩は0円と記入し、これを「外国税額控除に関する明細書」の「4　外国所得税額の繰越控除余裕額又は繰越控除限度超過額の計算の明細」欄の㋷へ0円と転記します。

3）2）でも相殺しきれない金額131,811円は、当年×7年の雑所得の金額の計算上、総収入金額に算入します。

4　控除限度額の算定

(1)　所得税の控除限度額

① 当年分の国外所得総額

　この設例では、Z社債の利子10,000ドルで、これを入金時の為替相場＠86円／ドルで円換算した860,000円と、外国所得税の額が減額された場合に行われる減額調整の結果とし

て相殺し切れなかった減額控除対象外国所得税で、雑所得の金額の計算上総収入金額に算入した131,811円の合計991,811円を、所得税の控除限度額の算式における分子の当年分の国外所得総額とし、「外国税額控除に関する明細書」の「3　控除限度額の計算」欄の③国外所得総額へ記載します。

②　当年分の所得総額

この設例では、所得税の控除限度額の算式における分母は、当年の所得総額5,251,811円となり、これを、「外国税額控除に関する明細書」の「3　控除限度額の計算」欄の②所得総額へ記載します。

	収入金額等	所得金額
給与所得	6,000,000円	4,260,000円
利子所得	860,000円	860,000円
雑所得	131,811円	131,811円
計（総所得金額）		5,251,811円

③　当年分の所得税の額

この設例では、所得税の控除限度額の算定式におけるその年分の所得税の額は、次のように369,900円と計算され、これを「外国税額控除に関する明細書」の「3　控除限度額の計算」欄の①所得税額へ記載します。

		所得金額		所得税
総所得金額		5,251,811円		
所得控除	社会保険料控除	884,811円		
	基礎控除	380,000円		
差引（課税所得金額）		3,987,000円		（千円未満切捨て）
	所得税額の速算表より	3,987,000円	20％ －427,500円	369,900円
配当控除				0円
住宅借入金等特別控除				0円

差引所得税額				369,900円

④ 所得税の控除限度額

以上より、所得税の控除限度額は、次のように算定されます。

所得税の控除限度額

$= その年分の所得税の額 \times \dfrac{その年分の国外所得総額}{その年分の所得総額}$

$= 369,900円 \times \dfrac{991,811円}{5,251,811円} = 69,856円$

これを「外国税額控除に関する明細書」の「3　控除限度額の計算」欄の④控除限度額、「4　外国所得税額の繰越控除余裕額又は繰越控除限度超過額の計算の明細」欄の㊁国税へ記載します。

(2) 復興特別所得税の控除限度額

この設例では、当年の控除対象外国所得税額86,000円すべてが、当年×7年中に減額された外国所得税額696,000円と既に相殺されていて残っていません。したがって、復興特別所得税から控除される外国税額は0円となり、これをここでは仮に「外国税額控除に関する明細書」の「4　外国所得税額の繰越控除余裕額又は繰越控除限度超過額の計算の明細」欄の㊁国税の外書へ記載することとします。

(3) 道府県民税・市町村民税の控除限度額

この設例では、所得税の控除限度額が69,856円なので、道府県民税の控除限度額及び市町村民税の控除限度額は、次のとおりです。

道府県民税の控除限度額＝69,856円×12％＝8,382円

市町村民税の控除限度額＝69,856円×18％＝12,574円

それぞれ「外国税額控除に関する明細書」の「4　外国所得税額の繰越控除余裕額又は繰越控除限度超過額の計算の明細」欄の㊂道府県民税と㊃市町村民税へ記載します。

以上、所得税の控除限度額69,856円、道府県民税の控除限度額8,382円、市町村民税の控除限度額12,574円の合計90,812円を、控除限度額計として、「外国税額控除に関する明細書」の「4　外国所得税額の繰越控除余裕額又は繰越控除限度超過額の計算の明細」欄の㊄へ記載します。

5　当年の控除税額の決定

　控除対象外国所得税額（玉）と控除限度額（かご）が計算されると、次に、控除限度額以内におさまる控除対象外国所得税額の部分（その年の控除税額）を決定（かごに玉をつめる）します。この設例では、当年の控除対象外国所得税額86,000円すべてが、当年×7年中に減額された外国所得税額696,000円と相殺されて残らないので、当期の控除対象外国税額は０円です。これに対して、当期の控除限度額は90,812円（所得税の控除限度額69,856円、道府県民税の控除限度額8,382円、市町村民税の控除限度額12,574円）です。

　当期の控除対象外国所得税額（玉）がないため埋められなかった当期の控除限度額（かごの空き部分）90,812円を「外国税額控除に関する明細書」の「4　外国所得税額の繰越控除余裕額又は繰越控除限度超過額の計算の明細」欄のヲへ２箇所とも記載し、控除余裕額とします。このうち所得税部分は69,856円、道府県民税部分は8,382円、市町村民税部分は12,574円であり、それぞれ「外国税額控除に関する明細書」の「4　外国所得税額の繰越控除余裕額又は繰越控除限度超過額の計算の明細」欄のリ、ヌ、ルへ２箇所ずつ記載します。前３年以内の控除限度超過額の繰越額478,189円が、減額された外国所得税額610,000円と相殺されて残らないので、前年以前に生じた控除限度超過額（あふれた玉）の繰越額もなく、所得税から当期に外国税額控除すべき金額はゼロとなります。

6　当年の所得税及び復興特別所得税の額

　以上より算定した当年分の所得税からの外国税額控除の額０円と復興特別所得税からの外国税額控除の額０円を、当年分の所得税及び復興特別所得税の確定申告に反映すると、次のようになります。この設例では、予定納付は簡略化のためないものとします。

		所得金額		所得税	所得税及び復興特別所得税の合計額ベース
差引 （課税所得金額）		3,987,000円		（千円未満切捨て）	
	所得税額の速算表より	3,987,000円	20％－427,500円	369,900円	
配当控除				０円	

住宅借入金等特別控除				0円
差引所得税額				369,900円
基準所得税額×2.1%	復興特別所得税　7,767円			
所得税及び復興特別所得税				377,667円
外国税額控除	所得税部分　　　0円 復興特別所得税部分　0円 計　　　0円			0円
源泉徴収税額	給与所得　　206,200円 計　206,200円			206,200円
申告納税額				171,467円
納める税金				171,400円 （百円未満切捨て）

外国税額控除に関する明細書 (書き方については、控用の裏面を読んでください。)

(平成 X7 年分)　　　　氏名　乙氏

1 外国所得税額の内訳

○ 本年中に納付する外国所得税額

国名	所得の種類	税種目	納付確定日	納付日	源泉・申告(賦課)の区分	所得の計算期間	相手国での課税標準	左に係る外国所得税額
C国	利子	所得税	X7.6.30	X7.6.30	源泉	X7.1.1～X7.6.30	(外貨 10,000ドル) 860,000円	(外貨 1,000ドル) 86,000円
						． ． ．	(外貨) 円	(外貨) 円
						． ． ．	(外貨) 円	(外貨) 円
計							860,000円	Ⓐ 86,000円

○ 本年中に減額された外国所得税額

国名	所得の種類	税種目	納付日	源泉・申告(賦課)の区分	所得の計算期間	外国税額控除の計算の基礎となった年分	減額されることとなった日	減額された外国所得税額
B国	給与	所得税	X6.4.15	申告	X5.6.1～X5.12.31	平成 X6 年分	X7.7.25	(外貨 8,000ドル) 696,000円
					． ． ．	平成　年分		(外貨) 円
					． ． ．	平成　年分		(外貨) 円
計								Ⓑ 696,000円

○この明細書は、申告書と一緒に提出してください。

Ⓐの金額がⒷの金額より多い場合(同じ金額の場合を含む。)

Ⓐ ___円 － Ⓑ ___円 ＝ Ⓒ 0円 → 5の「⑥」欄に転記します。

Ⓐの金額がⒷの金額より少ない場合

Ⓑ 696,000円 － Ⓐ 86,000円 ＝ Ⓓ 610,000円 → 2の「⑩」欄に転記します。

2 本年分の雑所得の総収入金額に算入すべき金額の計算

年分	前3年以内の控除限度超過額 ㋑前年繰越額	㋺㋑から控除すべきⒹの金額	㋩㋑－㋺
平成　年分(3年前)	円	円	Ⓖ 円
平成　年分(2年前)			Ⓗ
平成X6年分(前年)	478,189	478,189	Ⓘ 0
計		Ⓔ 478,189	

Ⓖ、Ⓗ、Ⓘの金額を4の「㋥前年繰越額及び本年発生額」欄に転記します。

本年中に納付する外国所得税額を超える減額外国所得税額

本年発生額	Ⓓに充当された前3年以内の控除限度超過額	雑所得の総収入金額に算入する金額(Ⓓ－Ⓔ)
Ⓓ 610,000円	Ⓔ 478,189円	Ⓕ 131,811円

雑所得の金額の計算上、総収入金額に算入します。

3 控除限度額の計算

所 得 税 額	①	369,900 円
所 得 総 額	②	5,251,811
国外所得総額	③	991,811
控除限度額（①×③/②）	④	69,856

- ②の㋺の金額がある場合には、その金額を雑所得の総収入金額に算入して申告書により計算した税額を書きます（詳しくは、控用の裏面を読んでください。）。
- ②の㋺の金額がある場合には、その金額を雑所得の総収入金額に算入して計算した所得金額の合計額を書きます（詳しくは、控用の裏面を読んでください。）。
- ②の㋺の金額がある場合には、その金額を含めて計算した国外所得の合計額を書きます。
- → 4の「㋬」欄及び5の「⑤」欄に転記します。

4 外国所得税額の繰越控除余裕額又は繰越控除限度超過額の計算の明細

本年分の控除余裕額又は控除限度超過額の計算

控除限度額	国 税（3の④の金額）	㋬	外 69,856 0 円	控除余裕額	国 税（㋬－㋠）	㋷ 69,856 円
	道府県民税（㋬×12％）	㋤	8,382		道府県民税（(㋥－㋤)と㋤とのいずれか少ない方の金額）	㋨ 8,382
	市町村民税（㋬×18％）	㋣	12,574		市町村民税（(㋦－㋣)と㋣とのいずれか少ない方の金額）	㋺ 12,574
	計 （㋬＋㋤＋㋣）	㋦	外 90,812		計 （㋷＋㋨＋㋺）	㋩ 90,812
外国所得税額（1の㋖の金額）		㋠	0	控除限度超過額（㋠－㋦）		㋦

前3年以内の控除余裕額又は控除限度超過額の明細

年分	区分	控除余裕額			控除限度超過額		
		㋐前年繰越額及び本年発生額	㋑本年使用額	㋒翌年繰越額（㋐－㋑）	㋓前年繰越額及び本年発生額	㋔本年使用額	㋕翌年繰越額（㋓－㋔）
平成 年分 (3年前)	国 税	円	円		㋖ 円	円	円
	道府県民税						
	市町村民税						
平成 年分 (2年前)	国 税			円	㋗		円
	道府県民税						
	市町村民税						
平成 X6年分 (前 年)	国 税				① 0		
	道府県民税						
	市町村民税						
合 計	国 税	㋛			Ⓜ		
	道府県民税						
	市町村民税						
	計	Ⓚ					
本年分	国 税	ⓛ 69,856	Ⓛ	69,856	㋛	Ⓚ	
	道府県民税	Ⓧ 8,382		8,382			
	市町村民税	ⓨ 12,574		12,574			
	計	㋛ 90,812	Ⓜ	90,812			

5 外国税額控除額の計算

控除限度額（3の④の金額）	⑤	69,856 円	所法第95条第2項による控除税額（4の㋗の金額）	⑧	円
外 国 所 得 税 額（1の㋖の金額）	⑥	0	所法第95条第3項による控除税額（4のⓁの金額）	⑨	0
所法第95条第1項による控除税額（⑤と⑥とのいずれか少ない方の金額）	⑦	0	控 除 税 額 ⑦＋（⑧又は⑨）	⑩	0

24.12

第6章

居住者のタックスヘイブン対策税制(外国子会社合算税制)

第1節 課税対象金額の合算課税

1 合算課税対象

　居住者が外国法人を合算課税する対象については、その対象となる外国法人についての定義(1)と居住者についての定義(2)があり、その両方の定義に合致する場合に、その居住者が、その外国法人の課税対象金額又は部分課税対象金額に相当する額をその者の雑所得に係る収入金額とみなしてその者の雑所得の金額の計算上、総収入金額に算入します（措法40の4①）。まず、対象となる外国法人の定義から説明します。

(1) 対象となる外国法人についての定義

　タックスヘイブン対策税制（外国子会社合算税制）の合算課税対象となる外国法人とは、まずは外国法人から外国関係会社に絞り、さらに外国関係会社から特定外国子会社等へ絞り込まれたものです。なお、特定外国子会社等に該当する場合でも、後述の適用除外の要件を満たすものは、居住者によりその特定外国子会社等の所得全部が合算課税されることはありません。ただし、適用除外の要件を満たす法人であっても資産性所得（特定所得）の金額が一定基準を超える法人は、その特定所得の金額について合算課税されます。適用除外の要件を満たす法人のうちその他の法人は、合算課税されません。適用除外要件を満たさない特定外国子会社等は、その所得全部について合算課税されます。

外国法人	外国関係会社	特定外国子会社等	適用除外の要件を満たさない法人			所得全部を合算課税
			適用除外の要件を満たす法人	特定所得（資産性所得）の金額がある法人	部分適用対象金額が一定基準超の法人	特定所得を合算課税
					部分適用対象金額が一定基準以下の法人	合算課税されない
				特定所得（資産性所得）の金額がない法人		
		特定外国子会社等以外				
	外国関係会社以外					

217

外国関係会社と特定外国子会社等とは、次のとおりです。

① 外国関係会社

外国関係会社とは、外国法人のうち、その発行済株式又は出資（自己株式等を除きます。）の総数又は総額のうち居住者及び内国法人並びに居住者の親族等特殊関係非居住者が有する直接及び間接保有の株式等の数の合計数又は合計額の占める割合と次の（　）の割合とのいずれか高い割合（議決権の数が1個でない株式等を発行している法人の場合には議決権の数の同様の割合、請求権の内容が異なる株式等を発行している法人の場合には請求権に基づき受けることができる配当等の額の同様の割合、又はそれら両方を発行している法人の場合にはそれらのいずれか高い割合。）が50％超のものです（措法40の4②一）。要約すると、日本資本が50％超の外国法人です。

居住者とは、国内に住所を有し、又は現在まで引き続いて1年以上居所を有する個人をいいます（措法2①一の二、所法2①三）。特殊関係非居住者とは、居住者以外の個人（非居住者）で、次に掲げるものです（措令25の19③、25の21⑧一）。

1）居住者の親族
2）居住者と婚姻の届出をしていないが事実上婚姻関係と同様の事情にある者
3）居住者の使用人
4）1）から3）までに掲げる者以外の者で居住者から受ける金銭その他の資産によって生計を維持している者
5）2）から4）までに掲げる者と生計を一にするこれらの者の親族
6）内国法人の役員及び役員と特殊の関係にある使用人

居住者による合算課税が適用される場合において、外国法人が外国関係会社に該当するか否かの判定は、当該外国法人の各事業年度終了の時の現状によるものとされます（措法40の6、措令25の24①）。

② 特定外国子会社等

特定外国子会社等とは、外国関係会社のうち、法人の所得に対して課される税が存在しない国又は地域に本店又は主たる事務所を有するもの、又は外国関係会社のうち、その各事業年度の所得に対して課される租税の額がその所得金額の「20％以下」であるものです（措法40の4、措令25の19①）。

所得に対する租税の負担割合は、外国関係会社の事業年度に係る次の分子の額を分母の額で除して算定します（措令25の19②）。

分子	外国関係会社の本店所在地国内と国外において課されるその外国法人税の額に、右のものを加算・除外した金額。	（加算）本店所在地国の法令により外国関係会社が納付したものとみなして本店所在地国の外国法人税の額から控除されるもの。（間接外国税額控除制度のある国における間接外国税額控除）
		（加算）外国関係会社が本店所在地国において軽減又は免除された外国法人税額で、租税条約により外国関係会社が納付したものとみなされるもの。（みなし外国税額控除）
		（除外）分母の加算対象から除かれる本店所在地国以外の国又は地域に所在する法人から受ける配当等の額に対して課せられる外国法人税の額
	留意事項	本店所在地国の外国法人税の税率が所得に応じて高くなる場合には、そのうちの最も高い税率によって算定した税額とすることができます。
		所得金額がない場合又はマイナスの場合には、主たる事業に係る収入金額（分母の加算対象から除かれる配当等の額を除きます。）から所得が生じたとした場合にその所得に対して適用される本店所在地国の外国法人税の税率により判定します。
分母	外国関係会社の本店所在地国の法令により計算した所得金額に、右のものを加算・減算した金額。（加算・減算するのは、本邦法令の取扱いと同様にするためです。）	（加算）本店所在地国の法令により外国法人税の課税標準に含まれないこととされる所得（非課税所得）の金額（例：外国関係会社の本店所在地国に送金されない限り課税標準に含まれないこととされる国外源泉所得、特定の取引に係る所得の特別控除額（措通66の6-5）） ただし、下記の配当等の額については加算対象から除きます。 ・受取配当等の益金不算入を定めた法人税法第23条第1項第1号に掲げる配当等で、法人税法第24条第1項に規定するみなし配当も含みます（優遇税制ではなくて世界的に採用される二重課税排除方法と考えられるため）。
		（加算）本店所在地国の法令等により、損金算入される支払配当等の額。
		（加算）本店所在地国の法令等により、損金算入される外国法人税の額。

	（減算）本店所在地国の法令等により、益金算入される外国法人税の還付額。	
	その他	

(2) 対象となる居住者についての定義

次に、対象となる居住者の定義ですが、特定外国子会社等を合算課税して申告する居住者とは、次のとおりです。

その有する外国関係会社の直接及び間接保有の株式等の数のその外国関係会社の発行済株式又は出資（その外国関係会社が有する自己株式等を除きます。）の総数又は総額のうちに占める割合と次の（　）の割合とのいずれか高い割合（議決権の数が1個でない株式等を発行している法人の場合には議決権の数の同様の割合、請求権の内容が異なる株式等を発行している法人の場合には請求権に基づき受けることができる配当等の額の同様の割合又はそれら両方を発行している法人の場合にはいずれか高い割合）が、「10％」以上である居住者又は「10％」以上である一の同族株主グループに属する居住者です（措法40の4①）。

その者が合算課税の対象とされる居住者に該当するか否かの判定は、その居住者に係る外国関係会社の各事業年度終了の時の現状によるものとされます（措法40の6、措令25の24①）。

2　合算課税の適用除外

特定外国子会社等が次の適用除外の要件をすべて満たす事業年度に係る課税対象金額については、合算課税されません。ただし、すべての適用除外の要件を満たす場合でも、所定の資産性所得（部分適用対象金額が一定基準を超える場合のみ）に対しては合算課税されます。

事業基準	主たる事業が、次の特定事業でないこと（措法40の4③）。 株式・債券の保有（統括業務（注1、2、3）を行う場合における事業持株会社を除きます。）、工業所有権等技術に関する権利、特別な技術による生産方式、著作権の提供、船舶・航空機の貸付け
実体基準	本店又は主たる事務所の所在する国又は地域に、主た

			る事業（注3）を行うに必要と認められる事務所、店舗、工場その他の固定施設を有すること（措法40の4③）。
管理支配基準			本店又は主たる事務所の所在する国又は地域において、その事業の管理、支配及び運営を自ら行っていること（措法40の4③）。
非関連者基準、又は、所在地国基準	卸売業、銀行業、信託業、金融商品取引業、保険業、水運業、航空運送業	非関連者基準	卸売業については、各事業年度の売上等に係る収入金額の合計額のうちに関連者（上記1(2)の居住者、及び、上記1(2)の「居住者」を「内国法人」に読み替えたその内国法人等）以外の者との間の取引に係るその収入金額の合計額の占める割合が50％を超える場合又は各事業年度の仕入等の取得価額の合計額のうちに関連者以外の者との間の取引に係るその仕入等の合計額の占める割合が50％を超える場合（措令25の22⑧）。 この割合の算定上の留意点は、次のとおりです。 1）棚卸資産の売買の代理・媒介手数料があるときは、その手数料を受け取る基因となった売買の取引金額を用います。 2）特定外国子会社等とその関連者との取引が、非関連者を介在させて間接的に行われているときは、相当の理由がある場合を除き、特定外国子会社等とその関連者との間において直接行われたものとみなします（措令25の22⑨）。 3）卸売業に限り、特定外国子会社等が統括会社に該当するときは、その特定外国子会社等に係る被統括会社は関連者に含まれないものとします（措令25の22⑩）。
	その他の事業	所在地国基準	その事業（注3）を主として本店所在地国において行っている場合。但し、不動産業については、主として本店所在地国にある不動産の売買・貸付・管理等を行っている場合。物品賃貸業については、主として本店所在地国において使用に供される物品の貸付けを行っている場合（措令25の22⑫）。

(注1)　統括会社とは、次のすべての要件を満たす特定外国子会社等です（措令25の22④）。
1）一の居住者に発行済株式等の全部を直接・間接に保有されていること。
2）統括会社の事業年度末において、統括会社の有する被統括会社の株式等の貸借対照表に計上されている帳簿価額の合計額が、統括会社の有する株式等の貸借対照表に計上されている帳簿価額の合計額の50％を超えること。
3）二以上の被統括会社に対して統括業務を行っていること。
4）本店所在地国において統括業務に係る固定施設及び統括業務に従事する者（専ら統括業務に従事する者に限ります。役員及びその親族等を除きます。）を有すること。

　　ここでの統括業務とは、特定外国子会社等が被統括会社との間における契約に基づき行う業務のうち当該被統括会社の事業の方針の決定又は調整に係るものであって、当該特定外国子会社等が2以上の被統括会社に係る当該業務を一括して行うことによりこれらの被統括会社の収益性の向上に資することとなると認められるものです（措令25の22①）。ここでの「被統括会社の事業の方針の決定又は調整に係るもの」とは、被統括会社の事業方針の策定・指示、業務執行の管理、事業方針の調整で、当該事業の遂行上欠くことのできないものに限られます。

　　特定外国子会社等が統括会社に該当するか否かの判定の時期については、特定外国子会社等の各事業年度終了の時の現況によります（措令25の22⑬）。

(注2)　被統括会社とは、下記の外国法人で、特定外国子会社等による発行済株式等の保有割合及び議決権数の占有割合がいずれも25％以上であり、かつ、本店所在地国に事業上必要な従事者を有するものです（措令25の22②）。
1）特定外国子会社等、及び当該特定外国子会社等の発行済株式数等の10％以上を直接・間接に有する居住者、並びに当該居住者と当該特定外国子会社等との間に株式等の所有を通じて介在する他の外国法人（「判定株主等」といいます。）が、外国法人を支配している場合における当該外国法人（「子会社」といいます。）。
2）「判定株主等」及び「子会社」が、外国法人を支配している場合における当該外国法人（「孫会社」といいます。）。
3）「判定株主等」並びに「子会社」及び「孫会社」が、外国法人を支配している場合における当該外国法人。

　　ここでの「支配している場合」とは、発行済株式等（自己株式等を除きます。）の過半数を有する場合、重要な事項に関する議決権の過半数を有する場合、又は株主等の総数の過半数を占める場合のいずれかです（措令25の22③、法令4③）。

　　外国法人が被統括会社に該当するか否かの判定の時期については、外国法人に対して統括業務を行う特定外国子会社等の各事業年度終了の時の現況によります（措令25の22⑬）。

(注3)　株式等の保有を主たる事業とする統括会社にあっては、合算課税の適用除外基準のうち、実体基準及び所在地国基準の判定は、統括業務を「主たる事業」として行います（措令40の4③、25の22⑫）。

　適用除外の要件をすべて満たして合算課税しないこととした場合において、居住者は確定申告書に合算課税の適用除外の規定がある旨を記載した書面を添付し、かつ、その適用除外となることを明らかにする書類その他資料を保存していることが必要です（措法40の4⑦、措令25の22の2㉒）。

特定外国子会社等が統括会社に該当する場合には、次の事項を記載した書類も加えて確定申告書に添付し、かつ、特定外国子会社等と被統括会社との間の契約に係る書類の写しも保存していることが必要です（措令25の22の2㉓、措規18の20③）。

統括業務の内容	
被統括会社、上記（注2）の「判定株主等」・「子会社」・「孫会社」の右記の事項	各事業年度末における名称・本店所在地、株式・出資の数又は金額
	各事業年度末における株主等の氏名・住所又は名称・本店所在地、株式・出資の数又は金額
	各法人の間の関係
その他参考となるべき事項	

3 課税対象金額を居住者の所得金額へ算入する年

特定外国子会社等の課税対象金額を居住者の所得金額へ算入するその居住者の所得税申告の対象の年とは、特定外国子会社等の事業年度終了の日の翌日から2か月を経過する日を含むその居住者の年分です（措法40の4①）。

例えば、特定外国子会社等の「×1年1月1日から×1年12月31日まで」の期の課税対象金額は、×2年2月末日を含む居住者の「×2年分」（×2年1月1日から×2年12月31日まで）の所得金額に合算します。

4 課税対象金額の所得区分

所得税法では、所得を、利子所得、配当所得、不動産所得、事業所得、給与所得、退職所得、山林所得、譲渡所得、一時所得及び雑所得の10種類に区分しています。特定外国子会社等に係る課税対象金額は、居住者の雑所得に係る収入金額とみなして、その者の雑所得の金額の計算上、総収入金額に算入されます（措法40の4①）。

5 雑所得の金額

雑所得の金額は、公的年金等に係るものを除くと、その年中の雑所得に係る総収入金額から必要経費を控除した金額です（所法35②）。

　　雑所得の金額（公的年金等に係るものを除く）＝総収入金額－必要経費

総収入金額とみなされる金額は、特定外国子会社等に係る課税対象金額（後述）です。必要経費は、次に掲げる金額の合計額です（措令25の21③）。

必要経費の額	留意点
特定外国子会社等の株式等を取得するために要した負債利子で、その年中に支払うものの額のうち、その年においてその者がその特定外国子会社等の株式等を有していた期間に対応する部分の金額（特定外国子会社等の株式を間接保有する場合、その特定外国子会社等を保有する外国法人の株式等を取得するために要した負債利子も含みます。）	・左記の合計額が、特定外国子会社等に係る課税対象金額として雑所得に係る収入金額とみなされる金額を超える場合は、その課税対象金額が限度とされます。 ・左記の合計額は、その他の雑所得、事業所得の金額の計算上必要経費に算入したり、配当所得の金額の計算上負債利子として控除したりすることはできません（措令25の21④）。
特定外国子会社等から受ける剰余金の配当等の額を課税標準として課せられる外国所得税の額で、その年中に納付するもの	

6 適用対象金額

　課税対象金額は、居住者に係る特定外国子会社等の各事業年度の適用対象金額から調整金額を控除した残額に、その特定外国子会社等のその事業年度末における発行済株式数等のうちに、その事業年度末におけるその居住者の有するその特定外国子会社等の請求権勘案保有株式等の占める割合（直接及び間接）を、乗じて計算した金額です（措令25の21①）。

　請求権勘案保有株式等とは、居住者が直接に有する外国法人の株式等の数又は金額（外国法人が請求権の内容が異なる株式等を発行している場合には、その外国法人の発行済株式等にその居住者がその請求権に基づき受けることができる剰余金の配当等の額が、その総額のうちに占める割合を乗じて計算した数又は金額）及び請求権勘案間接保有株式等（外国法人C社の株主である外国法人B社の発行済株式等が居住者A氏により所有されている場合、A氏のB社に係る持株割合にB社のC社に係る持株割合を乗じて計算した割合）を合計した数又は金額をいいます（措法40の4①、措令25の21②）。

課税対象金額＝（適用対象金額－調整金額）×居住者の請求権勘案保有株式等の持株割合

　調整金額とは、ⅰ）その各事業年度の剰余金の処分により支出される金額（法人所得税

の額及び配当等の額を除きます。)、ⅱ) その各事業年度の費用として支出された金額(法人所得税の額及び配当等の額を除きます。) のうち適用対象金額の計算(措令25の20①②)により所得金額の計算上損金の額に算入されなかったため又は所得の金額に加算されたため適用対象金額に含まれた金額の合計額です(措令25の20④)。

適用対象金額は、特定外国子会社の各事業年度の基準所得金額から、その各事業年度開始の日前7年以内に開始した各事業年度において生じた欠損の金額及びその基準所得金額に係る税額を、控除した残額です(措法40の4②二)。

適用対象金額
＝各事業年度の基準所得金額－その事業年度前7年以内の各事業年度の繰越欠損金の額
－その基準所得金額に係る税額

各事業年度の基準所得金額、事業年度前7年以内の各事業年度の繰越欠損金の額、基準所得金額に係る税額とは、それぞれ次のとおりです。

(1) 各事業年度の基準所得金額

特定外国子会社等の各事業年度の所得金額は、その決算に基づく利益の金額から日本の法令に準じて計算する方法と、その特定外国子会社等の本店所在地国の法令により計算する方法から、いずれかを選択し、継続適用して計算します。これらの2つの計算方法を変更するには、あらかじめ所轄税務署長の承認が必要です(措令25の20⑧)。

〔日本の法令に準じて計算する方法〕(措令25の20①、39の15①)

日本の法令に準じて計算する方法を適用して所得金額を算出する場合、その法令には、法人税について、右の規定を除きます。法人税において、これらは外国子会社に関	受取配当等の益金不算入(第23条)
	外国子会社から受ける配当等の益金不算入(第23条の2)
	還付金等の益金不算入(第26条第1項から第5項)
	租税公課(第38条から第41条)
	不法行為等に係る費用等の損金不算入(第55条第3項)
	繰越欠損金(第57条から第59条(第57条の2を除く))
	完全支配関係がある他の内国法人で一定のものの株式等を有する場合における株式等について、評価損を計上しない取扱い(第33条⑤)

係のない規定であったり、また、別途同じ調整規定があるものです。	完全支配関係がある法人間における寄附金の損金不算入（第37条第2項）とその受贈益の益金不算入（第25条の2）	
	完全支配関係がある他の内国法人からみなし配当が生ずる基因となる事由により、金銭等の交付を受けた場合又は当該他の内国法人の株式を有しなくなった場合に、譲渡損益が計上されない取扱い（第61条の2⑯）	
	完全支配関係がある他の内国法人の固定資産等の譲渡損益調整資産を譲渡した場合に、その譲渡利益額又は譲渡損失額を繰り延べる取扱い（第61条の13）	
	現物分配による資産の譲渡に係る課税繰延べ（第62条の5）、特定資産に係る譲渡等損失額の損金不算入（第62条の7、適格現物分配に係る部分に限る）	
租税特別措置法については、右の規定のみに準じて計算して所得金額を算出します。法人税において、これらは、主に国外支店の場合と同等に取り扱うためです。	特定設備等の特別償却（第43条）	
	医療用機器等の特別償却（第45条の2）	
	特別償却不足額がある場合の償却限度額の計算の特例（第52条の2）	
	保険会社等の異常危険準備金（第57条の5）	
	原子力保険又は地震保険に係る異常危険準備金（第57条の6）	
	特別修繕準備金（第57条の8）	
	中小企業等の貸倒引当金の特例（第57条の9）	
	交際費等の損金不算入（第61条の4）	
	船舶の買換えの場合等の課税の特例（第65条の7第1項の表の第10号）	
	国外関連者に対する寄附金の損金不算入（第66条の4第3項）	
	組合事業に係る損失がある場合の課税の特例（第67条の12、第67条の13）	
内国法人と特定外国子会社等との間の取引について移転価格税制の適用がある場合には、独立企業間価格で行われたものとして日本の法令に準じて計算して所得金額を算出します。		
決算上の利益を税引前利益とするように、損金の額に算入した法人所得税を加算し、益金の額に算入した法人所得税還付金を減算します。		

〔特定外国子会社等の本店所在地国の法令により計算する方法〕

(措令25の20②、39の15②)

特定外国子会社等の本店所在地国の法令(例えば国税と地方税というように法人所得税が2つ以上ある場合には、国税というように、主たる法人所得税の方)により計算する方法を適用して所得金額を算出する場合、本店所在地国の法令の規定により計算した所得金額に、右のような加算・減算を行います。	本店所在地国の法令により課税標準に含まれないこととされる所得の金額(加算)
	配当等の額で損金算入している金額(加算)
	簿価金額を各事業年度の損金算入限度額とするような任意償却により償却費計算している減価償却資産に限っては、日本の法人税法の規定による償却限度額を超過する金額(加算)
	資産の評価損について、日本の法人税法の規定による損金不算入額(加算)
	役員支給給与のうち、日本の法人税法の規定による損金不算入額(加算)
	日本の法人税法の規定による寄附金の損金不算入額(加算)、国外関連者に対する寄附金の損金不算入額(加算)
	損金算入した法人所得税(加算)
	損金算入した繰越欠損金(加算)
	日本の法人税法の規定による交際費等損金不算入額(加算)
	益金算入した還付法人所得税額(減算)
	資産評価益について、日本の法人税法の規定による益金不算入額(減算)
	その他

内国法人と特定外国子会社等との間の取引について移転価格税制の適用がある場合には、独立企業間価格で行われたものとして特定外国子会社等の本店所在地国の法令により計算して所得金額を算出します。

(2) 事業年度前7年以内の各事業年度の繰越欠損金の額

これは、特定外国子会社等の各事業年度開始の日前7年以内に開始した事業年度(特定外国子会社等に該当しなかった事業年度を除きます。)において生じた欠損金額の合計額から、そのうち既に以前の事業年度に係る適用対象金額の算定において控除済のものを除いた額です(措令25の20⑤一)。

ここでの欠損金額とは、特定外国子会社等の各事業年度の決算に基づく利益の金額について、日本の法令に準じて計算する方法もしくは特定外国子会社等の本店所在地国の法令により計算する方法のいずれか選択している方法を適用して計算される欠損の金額です（措令25の20⑥）。

(3) 基準所得金額に係る税額

　これは、特定外国子会社等がその各事業年度において納付することとなる法人所得税の額です（措令25の20⑤二）。

　適用対象金額の算定に際して、特定外国子会社等の法人所得税の額は基準所得金額から控除されますが、ここでの「納付することとなる法人所得税」とは、合算される特定外国子会社等の事業年度（居住者の雑所得に合算する年ではない）中に納付の確定した税額であり、決算書上発生ベースで法人所得税を計上している場合には、基準所得金額の算定において決算上の利益を税引前利益とするために加算した（発生ベースによって計上された）法人所得税とは1年度ズレることになります。

　また、適用対象金額の算定に際して、合算される特定外国子会社等の事業年度（居住者の雑所得に合算する年ではない）中に還付が確定した法人所得税の金額は、基準所得金額に加えられ、決算書上発生ベースで法人所得税をマイナス計上している場合には、基準所得金額の算定において決算上の利益を税引前利益にするように減算した（発生ベースによって計上された）法人所得税の還付額とは1年度ズレることになります。

　なお、ここでの法人所得税の納付の確定は、申告納税方式の場合には納税者が税務申告書を提出したときであり、賦課課税方式の場合には税務当局から賦課決定通知書により税額の告知を受けたときです。法人所得税の還付の確定も同様です。

(4) 特定外国子会社等が受ける控除対象配当等の額の取扱い

　特定外国子会社等が下記の配当等の額を受ける場合、特定外国子会社等の各事業年度の基準所得金額は、下記の配当等の額を控除した残額とします。

控除対象配当等の額	理　由
特定外国子会社等が他の特定外国子会社等から受ける配当等のうち合算対象とされた金額から充てられたもの（措令25の20③）。ただし、他の特定外国子会社等から受ける配当等の額が、	例えば、特定外国子会社等であるA社がA社の子会社で居住者の特定外国子会社等であるC社から受ける配当等を、居住者による合算課税の対象とすると、居住者が

その配当等の額に係る基準事業年度（その配当等の基準日の属する事業年度）の出資対応配当可能金額（特定外国子会社等の他の特定外国子会社等に対する持分割合に配当可能金額（注）を乗じた金額。）を超える場合、他の特定外国子会社等の基準事業年度以前の各事業年度の出資対応配当可能金額をそれぞれ最も新しい事業年度のものから順次配当等の額に充てるものとしてその配当等の額を各事業年度の出資対応配当可能金額に応じてそれぞれの事業年度ごとに区分し、課税対象金額の生ずる事業年度の出資対応可能金額から充てるものとされた配当等の額の合計額。

(注) 配当可能金額とは、特定外国子会社等の各事業年度の適用対象金額に、基準所得金額の計算上控除した控除対象配当等の額、移転価格税制適用により減額される所得金額を加算し、調整金額（その各事業年度の剰余金の処分により支出される金額（法人所得税の額及び配当等の額を除きます。）、その各事業年度の費用として支出された金額（法人所得税の額及び配当等の額を除きます。）のうち適用対象金額の計算（措令25の20①②）により所得金額の計算上損金の額に算入されなかったため又は所得の金額に加算されたため適用対象金額に含まれた金額の合計額）を控除した残額をいいます（措令25の20④一）。

A社の所得金額を合算対象とする際と、その居住者がC社の所得金額を合算対象とする際の両方においてその配当等の部分が二重課税となってしまうため、その配当等は合算対象とされる金額の計算上控除することとしました。

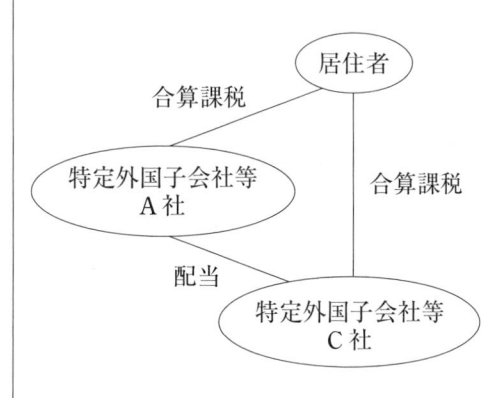

第2節　部分課税対象金額の合算課税

1　資産性所得に対する合算課税

　平成22年度税制改正において、租税回避を防止する必要性の高い会社や所得に着目した課税制度に仕組みを見直して、資産性所得への合算課税が導入されました。具体的には、合算課税の適用除外の要件をすべて満たす特定外国子会社等であっても、特定外国子会社等が次のような資産性所得の金額（「特定所得の金額」といいます。）を有する場合には、各事業年度の特定所得の金額の合計額（「部分適用対象金額」といいます。）に、特定外国子会社等の事業年度末における発行済株式数等のうちに、その事業年度末における居住者の有する特定外国子会社等の請求権勘案保有株式等が占める割合（直接及び間接）を乗じて計算した金額（「部分課税対象金額」といいます。）を、居住者の各年の雑所得の金額の計算上、総収入金額に算入します（措法40の4④、措令25の22の2①）。特定外国子会社等の部分課税対象金額を居住者の所得金額へ算入するその居住者の年とは、特定外国子会社等の事業年度終了の日の翌日から2か月を経過する日を含むその居住者の年分です（措法40の4④）。

　部分課税対象金額＝部分適用対象金額×内国法人の請求権勘案保有株式等の持株割合

特定所得の内容		特定所得の金額
右記のような配当・利子等（注1）	特定外国子会社等の有する「他の法人」の株式等の数又は金額のその発行済株式又は出資（自己株式等を除きます。）の総数又は総額のうちに占める割合が10％未満（注6）である場合における当該「他の法人」（特定法人）から受ける配当等	左記の配当等の額－配当等の額を得るために直接要した費用及び負債利子の配分額（注2）
	債券の利子	左記の利子の額－利子の額を得るために直接要した費用及び負債利子の配分額（注2）
	債券の償還の差益（償還金額－取得	左記の差益の額（注3）－差益の額

第6章 居住者のタックスヘイブン対策税制（外国子会社合算税制）

	価額）	を得るために直接要した費用及び負債利子の配分額（注2）
	特定法人の株式の譲渡 （注4）（注6）	左記の譲渡対価の額－株式の取得価額（注7）及び譲渡対価の額を得るために直接要した費用
	債券の譲渡	左記の譲渡対価の額－債券の取得価額（注7）及び譲渡対価の額を得るために直接要した費用
特許権、実用新案権、意匠権、商標権、著作権の使用料（注5）		左記の使用料－使用料を得るために直接要した費用（特許権等の償却費を含みます。）（注8）
船舶、航空機の貸付け		左記の貸付対価－貸付対価を得るために直接要した費用（船舶、航空機の償却費を含みます。）（注8）

（注1） 特定外国子会社等が行う事業の性質上重要で欠くことのできない業務から生じたものは特定所得から除かれます。例えば、銀行や証券取引業等の金融業が得る利子・配当は、本業の所得なので、特定所得にはなりません。

（注2） 負債利子の配分額は、次の算式により計算します（措令25の22の2③④⑨）。

特定法人からの配当等	特定外国子会社等の負債利子の合計額×
	$\dfrac{\text{特定外国子会社等の当期末における株式等（特定法人からの配当等に係るもの）の貸借対照表上の帳簿価額}}{\text{特定外国子会社等の当期末における貸借対照表上の総資産の帳簿価額}}$
	（負債利子の額のうちに直接要した費用として控除される金額がある場合にはその金額を控除した残額）
債券の利子	特定外国子会社等の負債利子の合計額×
	$\dfrac{\text{特定外国子会社等の当期末における債券（上記利子に係るもの）の貸借対照表上の帳簿価額}}{\text{特定外国子会社等の当期末における貸借対照表上の総資産の帳簿価額}}$
	（負債利子の額のうちに直接要した費用として控除される金額がある場合にはその金額を控除した残額）
債券の償還の差益	特定外国子会社等の負債利子の合計額×
	$\dfrac{\text{特定外国子会社等の償還直前における債券（上記差益に係るもの）の会計帳簿記載金額}}{\begin{array}{l}\text{特定外国子会社等の償還日を含む事業年度の前事業年度末における貸借対照表計}\\\text{上の総資産の帳簿金額（償還日を含む事業年度に取得した債券がある場合、償還}\\\text{直前におけるその債券の会計帳簿記載金額を加算）}\end{array}}$

	（負債利子の額のうちに直接要した費用として控除される金額がある場合にはその金額を控除した残額）

(注3) 同一銘柄債券の償還を受けるごとに、その償還金額が、債券の取得価額を基礎として移動平均法により算定したその同一銘柄債券の1単位当たりの帳簿価額にその償還を受けた同一銘柄債券の数を乗じて計算した金額を超える部分の金額（措令25の22の2⑤）。ただし、移動平均法に代えて総平均法に準じて算定することができます（措令25の22の2⑥）。同一銘柄債券の1単位当たりの帳簿価額の算定の方法は、債券の種類ごとに選定します（措令25の22の2⑦）。債券につき選定した1単位当たりの帳簿価額の算出の方法を変更する場合には、あらかじめ所轄税務署長の承認が必要です（措令25の22の2⑧）。

(注4) ここでの株式譲渡とは、金融商品取引法に規定する金融商品取引所（これに準ずるもので外国の法令に基づき設立されたものを含みます。）の開設市場における譲渡、金融商品取引法に規定する金融商品取引業者（これに類する者で国外においてその金融商品取引業者の業務と同種類の業務を行うものを含みます。）への売委託による譲渡です（措法40の4④、措令25の22の2⑩）。

(注5) 次の特許権等の使用料は除きます（措令25の22の2⑮）。

区分	除かれる使用料
自ら行った研究開発の成果に係る特許権等	特定外国子会社等が研究開発を主として行った場合、その特許権等の使用料。
取得した特許権等	特定外国子会社等が取得の対価を支払い、かつ、その特許権等を事業（適用除外要件の事業基準において適用除外からはずされる特定事業を除きます。）の用に供する場合、その特許権等の使用料。
使用を許諾された特許権等	特定外国子会社等が許諾の対価を支払い、かつ、その特許権等を事業（適用除外要件の事業基準において適用除外からはずされる特定事業を除きます。）の用に供する場合、その特許権等の使用料。

(注6) 特定法人の株式等に係る保有割合10％未満の要件の判定時期は、配当等（みなし配当を含みます。）については配当等の額の支払に係る効力が生ずる日、譲渡については譲渡の直前です（措法40の4④）。

(注7) 債券・株式等の取得価額を基礎として移動平均法に準じて算定した債券・株式等の1単位当たりの帳簿価額に、譲渡した債券・株式等の数を乗じて算定します（措令25の22の2⑪⑭）。ただし、移動平均法に代えて総平均法に準じて算定することができます（措令25の22の2⑫）。1単位当たりの帳簿価額の算出の方法は、債券・株式等の種類ごとに選定します（措令25の22の2⑦⑬）。債券・株式等につき選定した1単位当たりの帳簿価額の算出の方法を変更する場合には、あらかじめ所轄税務署の承認が必要です（措令25の22の2⑧⑬）。

(注8) 資産性所得の金額の計算上控除する特許権等若しくは船舶等に係る減価償却費は、継続適用を要件として、日本税法基準（日本の法令に準じて計算する方法）又は現地税法基準（特定外国子会社等の本店所在地国の法令により計算する方法）のいずれかにより計算します（措令25の22の2⑯⑰⑱）。この日本税法基準から現地税法基準への変更、又は現地税法基準から日本税法基準への変更には、あらかじめ所轄税務署長の承認が必要です（措令25の22の2⑲）。

2 資産性所得に対する合算課税の不適用

　合算課税の適用除外の要件をすべて満たす特定外国子会社等であっても、特定外国子会社等が前述した資産性所得（特定所得）の金額を有する場合には、内国法人が特定外国子会社等の部分課税対象金額について合算課税されます。ただし、特定外国子会社等のその該当する事業年度に係る部分適用対象金額が一定基準以下であれば合算課税されません。具体的には、特定外国子会社等について次のいずれかに該当する場合です（措法40の4⑤、措令25の22の2㉑）。

1）各事業年度における部分適用対象金額に係る収入金額（注）が、1,000万円以下であること。
2）各事業年度の決算に基づく税引前の所得金額（その事業年度の所得を課税標準として課される法人所得税の額（法令141②三に掲げる源泉所得税を除きます。）を含みます。）のうちその各事業年度における部分適用対象金額の占める割合が5％以下であること。

（注）　具体的には次の右欄の各合計額を合計した金額をいいます（措令25の22の2⑳）。

特定法人からの配当等	配当等の額の合計額
債券の利子	利子の額の合計額
債券の償還の差益	差益の額の合計額
特定法人の株式の譲渡	譲渡対価の額の合計額
債券の譲渡	譲渡対価の額の合計額
特許権、実用新案権、意匠権、商標権、著作権の使用料	使用料の合計額
船舶、航空機の貸付け	貸付けによる対価の額の合計額

　償還差益に係る収入金額とは、償還金額ではなく償還差益です。

　資産性所得に対する合算課税の不適用を受ける場合において、居住者は確定申告書に部分適用対象金額の合算課税の不適用を受ける旨を記載した書面を添付し、かつ、その不適用を受けることを明らかにする書類その他資料を保存していることが必要です（措法40の4⑦、措令25の22の2㉒）。

第3節 特定外国子会社等に係る課税対象金額又は部分課税対象金額を雑所得の総収入金額に算入するときの確定申告書の添付書類

　居住者が特定外国子会社等に係る課税対象金額又は部分課税対象金額を、雑所得の金額の計算上、総収入金額に算入する場合、その特定外国子会社等の各事業年度の次の書類を、その各事業年度終了の日の翌日から2か月を経過する日の属する年分の確定申告書に添付することが必要です（措法40の4⑥、措規18の20①）。

貸借対照表及び損益計算書	
株主資本等変動計算書、損益金の処分に関する計算書等	
勘定科目内訳明細書	
事業年度末における株主等の氏名・住所又は名称・本店所在地、株式・出資の数又は金額（間接保有の株式等についても同様）	
特定外国子会社等の本店所在地国の法令により計算する方法を採用している場合	税務申告書
部分課税対象金額を有する場合	特定所得の金額の計算の基礎その他参考となるべき事項を記載した書類

第4節 課税済配当等の額の配当所得の金額からの控除

1 居住者が「外国法人」から直接受ける合算課税済配当等の額を居住者が配当所得から控除

　居住者が「外国法人」を合算課税してきたケースで、居住者が「外国法人」から受ける配当等の額がある場合には、配当等の額のうち「外国法人」に係る次の金額（「配当日の

属する年分」と「その前年以前3年内の各年分」の合計額）に達するまでの金額は、「配当日の属する年分」の「外国法人」から受ける配当等の額に係る配当所得の金額の計算上、控除されます（措法40の5①）。

「外国法人」に係る課税対象金額又は部分課税対象金額で、「配当日の属する年分」又は「その前年以前3年内の各年分」において合算課税によりその年分又は各年分の雑所得に算入されるもののうち、居住者の有する外国法人の直接保有株式等の数に対応する部分の金額(注)。
具体的には、次の算式による金額です（措令25の23①②）：

「配当日の属する年分」又は
「その前年以前3年内の各年分」
において合算課税された
{(適用対象金額－調整金額) 又は部分適用対象金額}

$$\times \frac{\text{分母と同じ事業年度末における居住者の有する「外国法人」の請求権勘案直接保有株式等の持株割合}}{\text{「外国法人」の適用対象金額又は部分適用対象金額に係る事業年度末における発行済株式数等}}$$

(注) 「配当日の属する年の前年以前3年内の各年分」において「外国法人」から受けた配当等の額があった場合には、その配当等の額に相当する金額を控除した残額です。課税済金額といいます。

---

② 居住者が「外国法人（海外子会社）」経由で「他の外国法人（海外孫会社）」から受ける配当等についての居住者の配当所得

　居住者が「他の外国法人（海外孫会社）」も合算課税してきたケースで、『居住者が「外国法人」から直接受ける合算課税済配当等の額を居住者が配当所得から控除（措法40の5①）』する場合において、「外国法人」（ここでは仮に「海外子会社」とします。）が他の外国法人（ここでは仮に「海外孫会社」とします。）から受ける配当等の額があるときは、居住者が「外国法人（海外子会社）」から受ける配当等の額からその配当等の額につき『「外国法人」から直接受ける合算課税済配当等の額を居住者が配当所得から控除（措法40の5①）』する部分の金額を控除した金額（「外国法人（海外子会社）」に係る次の（一）と（二）の金額のうちいずれか小さい金額に達するまでの金額に限ります。）は、居住者の「配当日の属する年分」の「外国法人（海外子会社）」から受ける配当等の額に係る配当所得の金額の計算上、控除されます（措法40の5②）。

(一)「配当日の属する年」及び「その前年以前2年内の各年」において、「外国法人（海外子会社）」が「他の外国法人（海外孫会社）」から受けた配当等の額（注1）のうち、居住者の有する「外国法人（海外子会社）」の直接保有の株式等の数に対応する部分の金額（注2）。具体的には、次の算式による金額（措令25の23④）：

「配当日の属する年」及び「その前年以前2年内の各年」において「外国法人（海外子会社）」が「他の外国法人（海外孫会社）」から受けた配当等の額×

$$\frac{\text{分母と同じ配当基準日での居住者が有するその外国法人の請求権勘案直接保有株式等の持株割合}}{\text{居住者の配当日の属する年の12月31日に最も近い日に受けた配当等の基準日におけるその外国法人の発行済株式数等}}$$

(二) 下記金額の「配当日の属する年分」と「その前年以前2年内の各年分」の合計額。「他の外国法人（海外孫会社）」に係る課税対象金額又は部分課税対象金額で、「配当日に属する年分」又は「その前年以前2年内の各年分」において合算課税によりその年分又は各年分の雑所得に算入されるもののうち、居住者の有する「他の外国法人（海外孫会社）」の間接保有の株式等の数（注3）に対応する部分の金額（注4）。

具体的に、次の算式による金額です（措令25の23⑥⑦）：

「他の外国法人（海外孫会社）」に係る

$\{(\text{適用対象金額（注5）}-\text{調整金額})$ 又は部分適用対象金額（注6）$\}$

$$\times \frac{\text{分母と同じ事業年度末における居住者が「外国法人（海外子会社）」を通じて間接に有する「他の外国法人（海外孫会社）」の間接保有株式等の数}}{\text{「他の外国法人（海外孫会社）」の適用対象金額又は部分適用対象金額に係る各事業年度末における発行済株式数等}}$$

(注1)「他の外国法人（海外孫会社）」の合算課税される事業年度開始の日前に受けた配当等の額として次に掲げるもの（措令25の23③）を除きます。

> 「他の外国法人（海外孫会社）」の課税対象金額又は部分課税対象金額（居住者の「配当日の属する年分」又は「その前年以前2年内の各年分」の雑所得に算入されたものに限ります。）の生ずる事業年度がない場合における「他の外国法人（海外孫会社）」から受けたもの。

> 「他の外国法人（海外孫会社）」の課税対象金額又は部分課税対象金額（同上）の生ずる事業年度開始の日（その日が2以上ある場合には、最も早い日）前に受けたもの。

(注2)「配当日の属する年の前年以前2年内の各年分」において「外国法人（海外子会社）」から受けた配当等の額で、『「外国法人」から直接受ける合算課税済配当等の額を居住者が配当所得から控除（措法40の5①）』する部分の金額のうち、「外国法人（海外子会社）」が「他の外国法人（海外孫会社）」から受けた配当等の額に対応する部分の金額（「特例適用配当等の額」といいます。）があった場合には、その特例適用配当等の額を控除した残額です。間接配当等といいます。

(注3) 居住者が「外国法人（海外子会社）」を通じて間接に有するものとして次に定める「他の外国法人（海外孫会社）」の株式等の数（措令25の23⑤）。

> 「他の外国法人（海外孫会社）」の発行済株式数等に、居住者の「外国法人（海外子会社）」に係る持株割合（注）と外国法人（海外子会社）の「他の外国法人（海外孫会社）」に係る持株割合（注）を乗じて計算した株式等の数：
>
> 「他の外国法人（海外孫会社）」　×　居住者の「外国法人（海外子会社）」
> の発行済株式数等　　　　　　　　　に係る持株割合
>
> ×　「外国法人（海外子会社）」の「他の外国
> 　　法人（海外孫会社）」に係る特殊割合
>
> (注) 株主等が有する株式等の数が発行法人の発行済株式数等のうちに占める割合（発行法人が請求権の異なる株式等を発行している場合には、株主等が請求権に基づき受けることができる配当等の額がその総額に占める割合）。

(注4) 「配当日の属する年の前年以前2年内の各年分」において「外国法人（海外子会社）」から受けた特例適用配当等の額がある場合には、その特例適用配当等の額を控除した残額です。間接課税済金額といいます。

(注5) 居住者の「配当日の属する年分」又は「その前年以前2年内の各年分」の雑所得に算入される課税対象金額に係るものに限ります。

(注6) 居住者の「配当日の属する年分」又は「その前年以前2年内の各年分」の雑所得に算入される部分課税対象金額に係るものに限ります。

3　1及び2を適用するときの確定申告書の添付書類

『居住者が「外国法人」から直接受ける合算課税済配当等の額を居住者が配当所得から控除』（措法40の5①）するには、又は、『居住者が「外国法人（海外子会社）」経由で「他の外国法人（海外孫会社）」から受ける配当等について居住者が配当所得から控除』（措法40の5②）するには、課税済金額又は間接配当等若しくは間接課税済金額に係る年のうち最も古い年以後の各年分の確定申告書を連続して提出して、その各年分の確定申告書にその課税済金額等に関する明細書の添付があり、かつ、「配当日の属する年分」の確定申告書に『居住者が「外国法人」から直接受ける合算課税済配当等の額を居住者が配当所得から控除』（措法40の5①）する金額、及び、『居住者が「外国法人（海外子会社）」経由で「他の外国法人（海外孫会社）」から受ける配当等について居住者が配当所得から控除』（措法40の5②）する金額についてのその控除に関する記載並びにその金額及び外国法人から受ける配当等の額に係る配当所得の金額の計算に関する明細書の添付が必要です。

これら控除する金額は、その金額として記載された金額に限られます（措法40の5③）。

4 外国税額控除の控除限度額との調整

居住者が、特定外国子会社等の合算課税の適用を受け、かつ、外国税額控除も適用する場合、外国税額控除の控除限度額の計算上、次のような取扱いがあります（措令25の24②、措法40の6）。

外国税額控除の控除限度額計算上の取扱い		理由
合算課税される課税対象金額又は部分課税対象金額に係る雑所得の金額は、外国税額控除の控除限度額の計算上、国内源泉所得に含まれるものとして国外所得総額に含めません。	（参考） 所得税の控除限度額＝その年分の所得税の額×その年分の国外所得総額／その年分の所得総額	合算課税（雑所得として課税）と配当所得（配当所得から控除）の二重課税が排除済み（ただし、合算課税と配当所得の二重課税が排除されるのは、配当日の属する年及びその年の前年3年内に合算課税された金額に達するまでの金額等所定の額）なので、配当所得の金額の計算上控除された配当等に係る外国源泉所得税が外国税額控除の対象から除外されているため。
右記の『配当所得からの控除』を受ける場合、外国法人から受ける配当等の額に係る配当所得の金額は、外国税額控除の控除限度額の計算上、右記の控除後の配当所得の金額により、国外所得総額を算定します。	『居住者が「外国法人」から直接受ける合算課税済配当等の額を居住者が配当所得から控除』（措法40の5①）又は、『居住者が「外国法人（海外子会社）」経由で「他の外国法人（海外孫会社）」から受ける配当等について居住者が配当所得から控除』（措法40の5②）	

第5節 タックスヘイブン対策税制（外国子会社合算税制）の居住者（所得税）の取扱いと内国法人（法人税）の取扱いとの比較

以上の居住者（所得税）の取扱いを内国法人（法人税）の取扱いと比較要約すると、次のとおりです。

	居住者（所得税）の取扱い	内国法人（法人税）の取扱い
特定外国子会社等を合算課税して申告する者とは	有する外国関係会社の直接及び間接保有の株式等の数のその外国関係会社の発行済株式又は出資（その外国関係会社が有する自己株式等を除きます。）の総数又は総額のうちに占める割合が、「10％」以上である居住者、又は「10％」以上である一の同族株主グループに属する居住者です（措法40の4①）。	同左（措法66の6①）
特定外国子会社等とは	外国関係会社のうち、法人の所得に対して課される税が存在しない国又は地域に本店又は主たる事務所を有するもの、又は外国関係会社のうち、その各事業年度の所得に対して課せられる租税の額がその所得金額の「20％以下」であるものです（措法40の4、措令25の19①）。 外国関係会社とは、外国法人のうち、その発行済株式又は出資（自己株式等を除きます。）の総数又は総額のうち居住者及び内国法人並びに居住者の親族等特殊関係非居住者が有する直接及び間接保有の株式等の数の合計数又は合計額の占める割合が50％超のものです（措法40の4②一）。	同左（措法66の9、措令39の14、措法66の6②一）
特定外国子会社等が次の適用除外の要件をすべて満たす事業年度に	・事業基準 ・実体基準 ・管理支配基準（措法40の4③）	同左（措法66の6③、措令39の17、措法66の6④）

係る課税対象金額については、合算課税されません。	・非関連者基準又は所在地国基準（措令25の22） ただし、すべての適用除外の要件を満たす場合でも、所定の資産性所得（部分適用対象金額が一定基準を超える場合のみ）に対しては合算課税されます（措法40の4④、措令25の22の2①）。	
所定の資産性所得（特定所得）とは	・特定法人（特定外国子会社等が出資する発行済株式等の10％未満（自己株式等を除きます。）の出資先をいいます。）からの配当等、債券の利子、債券の償還の差益、特定法人の株式の譲渡、債券の譲渡 ・特許権、実用新案権、意匠権、商標権、著作権の使用料 ・船舶、航空機の貸付け（措法40の4④、措令25の22の2①）	同左（措法66の6④）
部分課税対象金額が右記の基準以下であれば、資産性所得の合算課税が不適用	特定外国子会社等について次のいずれかに該当する場合です（措法40の4⑤、措令25の22の2㉑）。 1）各事業年度における部分適用対象金額に係る収入金額が、1,000万円以下。 2）各事業年度の決算に基づく税引前の所得金額（その事業年度の所得を課税標準として課される法人所得税の額（法令141②三に掲げる源泉所得税を除きます。）を含みます。）のうちその各事業年度におけ	同左（措法66の6⑤、措令39の17の2㉑）

	る部分適用対象金額の占める割合が5％以下。	
課税対象金額を申告する者の所得金額へ算入する年	特定外国子会社等の課税対象金額又は部分課税対象金額を居住者の所得金額へ算入するその者の年とは、特定外国子会社等の事業年度終了の日の翌日から2か月を経過する日を含む年分です（措法40の4①④）。	特定外国子会社等の課税対象金額又は部分課税対象金額を内国法人の所得金額へ算入するその法人の事業年度は、特定外国子会社等の事業年度終了の日の翌日から2か月を経過する日を含む内国法人の事業年度です（措法66の6①④）。
課税対象金額の所得区分	特定外国子会社等に係る課税対象金額は、居住者の雑所得に係る収入金額とみなして、その者の雑所得の金額の計算上、総収入金額に算入されます（措法40の4①）。	法人の所得計算上、所得区分はありません。
課税対象金額	（適用対象金額－調整金額）×居住者の請求権勘案保有株式等の持株割合	適用対象金額×内国法人の請求権勘案保有株式等の持株割合
適用対象金額	各事業年度の基準所得金額－その事業年度前7年以内の各事業年度の繰越欠損金の額－その基準所得金額に係る税額	同左
居住者が外国法人から受ける配当等の額の取扱い	配当等の額のうち『外国法人に係る課税対象金額又は部分課税対象金額で、「配当日の属する年分」又は「その前年以前3年内の各年分」において合算課税によりその年分又は各年分の雑所得に算入されるもののうち、居住者の有する外国法人の直接保有株式等の数に対応する部分	外国子会社配当益金不算入制度の適用を受ける「外国子会社」に該当し、かつ、「合算課税されて特定課税対象金額のある」外国法人である場合、『特定課税対象金額に達するまでの金額』について、受取配当等の額（源泉税控除前）そのもの（措法66の8②前段）を益金不算入

	の金額』は、「配当日の属する年分」の外国法人から受ける配当等の額に係る配当所得の金額の計算上、控除します（措法40の5①）。	とします。 特定課税対象金額とは、外国法人に係る課税対象金額又は部分課税対象金額で、内国法人がその外国法人から配当等を受ける日を含む事業年度及びその事業年度開始の日前10年以内に開始した各事業年度において、合算対象とされた金額のうち、内国法人がその外国法人を直接保有する持株割合に対応する金額（既に過去で配当済の金額があった場合には、その配当済の金額を控除した残額。）です。
配当等に対する源泉税の取扱い	雑所得の計算上、必要経費（措令25の21③）	外国子会社配当益金不算入制度の適用を受ける「外国子会社」に該当し、かつ、「合算課税されて特定課税対象金額のある」外国法人である場合で、（特定課税対象金額に達するまでの金額について受取配当等の額そのものを益金不算入としたとき、（措法66の8②前段の適用のある場合））損金算入（措法66の8②後段）。
	外国税額控除の対象外（所令222の2④三）	外国税額控除の対象外（法令142の3⑦三）
特定外国子会社等の株式等を取得するために要した負債利子	その年中に支払うものの額のうち、その年においてその者がその特定外国子会社等の株式等を有していた期間に対応する部分の金額は、雑所得の計算上、必要経費（措令25の21③）	法人の所得計算上、損金算入。

特定外国子会社等の課税対象金額又は部分課税対象金額に係る外国法人税額の外国税額控除	特定外国子会社等の所得に対して課税された外国法人税の額を居住者が納付したものとみなして、外国税額控除を適用するという右記のような制度はありません。	特定外国子会社等の所得に対して課税された外国法人税の額のうち、課税対象金額又は部分課税対象金額に対応する部分を、内国法人が納付したものとみなして、外国税額控除を適用できます（措法66の7）。この場合、内国法人は特定外国子会社等に係る課税対象金額又は部分課税対象金額を益金の額に算入します。
外国税額控除の控除限度額計算上の取扱い	合算課税される課税対象金額又は部分課税対象金額に係る雑所得の金額は、外国税額控除の控除限度額の計算上、国内源泉所得に含まれるものとして国外所得総額に含めません（措令25の24②）。	合算課税された特定外国子会社の課税対象金額又は部分課税対象金額は、外国税額控除の控除限度額の計算上、国外所得総額に含めます。
	外国法人から受ける配当等の額を居住者が配当所得から控除する場合、外国税額控除の控除限度額の計算上、その控除後の配当所得の金額により、国外所得総額を算定します（措令25の24②）。	外国子会社配当益金不算入制度の適用を受ける「外国子会社」に該当し、かつ、「合算課税されて特定課税対象金額のある」外国法人である場合、『特定課税対象金額に達するまでの金額』について、受取配当等の額（源泉税控除前）そのもの（措法66の8②前段）を益金不算入としますので、この場合には、益金不算入額の控除後の配当等の額により、国外所得総額を算定します。
居住者・内国法人が	居住者が「外国法人（外国子会	内国法人が「外国法人（外国子

243

「他の外国法人（海外孫会社）」から外国子会社経由の配当等を受ける場合	社）」から受ける配当等の額からその配当等の額につき『外国法人から直接受ける合算課税済配当等の額を居住者が配当所得から控除（措法40の5①）』する部分の金額を控除した金額のうち、外国法人に係る次の1）と2）の金額のうちいずれか小さい金額に達するまでの金額は、居住者の「配当日の属する年分」の「外国法人（海外子会社）」から受ける配当等の額に係る配当所得の金額の計算上、控除されます（措法40の5②）。 1）「配当日の属する年」及び「その前年以前2年内の各年」において、「外国法人（海外子会社）」が「他の外国法人（海外孫会社）」から受けた配当等の額のうち、居住者の有する「外国法人（海外子会社）」の直接保有の株式等の数に対応する部分の金額。 2）下記金額の「配当日の属する年分」と「その前年以前2年内の各年分」の合計額。 「他の外国法人（海外孫会社）」に係る課税対象金額又は部分課税対象金額で、「配当日に属する年分」又は「その前年以前2年内の各年分」において合算課税によりその年分又は各年分の雑所得に算入されるもののうち、居住者の有する「他の外国	会社）」からの配当等について外国子会社配当益金不算入制度を適用し、内国法人が「他の外国法人（海外孫会社）」の合算課税により間接特定課税対象金額を有す場合、その「外国法人（外国子会社）」に係る間接特定課税対象金額に達するまでの金額について、受取配当等の額（源泉税控除前）そのもの（措法66の8⑨前段）を益金不算入とします。 　間接特定課税対象金額とは、内国法人が「外国法人（海外子会社）」から配当等を受ける日を含むその内国法人の事業年度（配当事業年度といいます。）開始の日前2年以内に開始した事業年度の最古の開始日から配当事業年度終了の日までの期間における次のいずれか少ない金額に達するまでの金額をいいます（措法66の8⑪、措令39の19⑧⑩⑪）。 1）「外国法人（海外子会社）」が「他の外国法人（海外孫会社）」から受けた配当等のうち、内国法人の有する「外国法人（海外子会社）」の直接保有の株式等の数に対応する部分の金額。 2）内国法人が「他の外国法人（海外孫会社）」につき合算課税した金額のうち、内国法人

	法人(海外孫会社)」の間接保有の株式等の数に対応する部分の金額。	が「外国法人(海外子会社)」を通じて間接保有する金額の合計額です。
特定外国子会社等が受ける右記の配当等は、合算対象とされる金額の計算上控除します。	・特定外国子会社等が他の特定外国子会社等から受ける配当等のうち合算対象とされた金額から充てられたもの(控除対象配当等の額)(措令25の20③)。 ・「外国子会社」から受ける配当等は、合算対象とされる金額から控除不可(外国子会社配当益金不算入制度は居住者には適用がないため)。	・特定外国子会社等が他の特定外国子会社等から受ける配当等のうち合算対象とされた金額から充てられたもの(控除対象配当等の額)(措令35の15①)。 ・特定外国子会社等がその外国子会社(特定外国子会社等が発行済株式等(自己株式等を除きます。)の25%以上を、配当等の支払義務が確定する日以前6か月以上等継続して所有)から受ける配当等の額(措令39の15①四)。内国法人の場合には、外国子会社配当益金不算入制度の適用があります。例えば、特定外国子会社等であるA社が「外国子会社」に該当するB社から受ける配当等を、内国法人による合算課税の対象とすると、その配当等が内国法人の課税対象となってしまうため、内国法人が仮に直接B社から配当等を受ける場合に益金不算入とする取扱いに合わせて、その配当等は合算対象とされる金額の計算上控除することとしました。

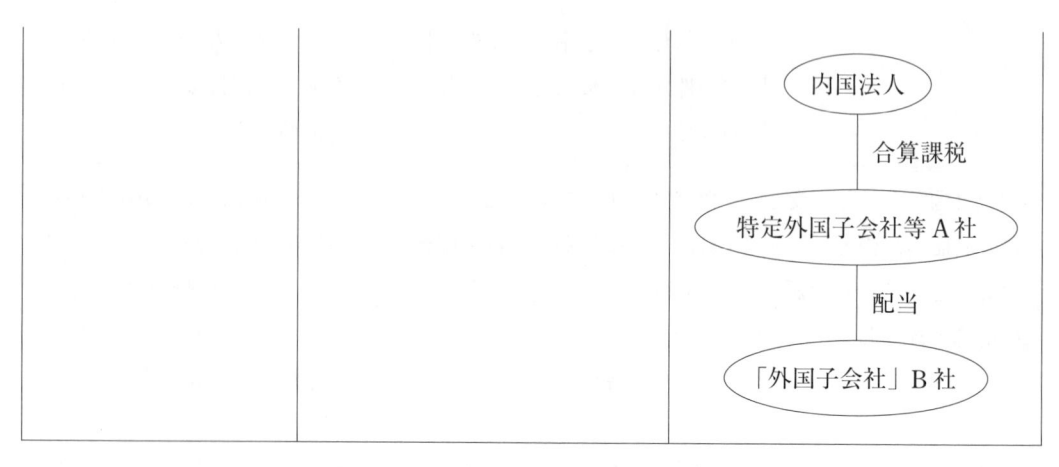

```
                                    ┌─────────┐
                                    │ 内国法人 │
                                    └────┬────┘
                                         │ 合算課税
                                　┌──────┴──────────┐
                                　│ 特定外国子会社等A社 │
                                　└──────┬──────────┘
                                         │ 配当
                                　┌──────┴────────┐
                                　│「外国子会社」B社 │
                                　└───────────────┘
```

　次に、数値例により、居住者（所得税）の取扱いを内国法人（法人税）の取扱いと比較します。

例 外国法人（ケースＡでは日本の居住者が100％所有とし、ケースＢでは日本の親会社が100％所有とします。）の当期の所得金額100万円、外国法人税額20万円（外国法人税率20％、簡便上当期に納付済とします。）、差引80万円のうち40万円を日本の居住者又は親会社へ配当し、この配当の源泉税４万円（源泉税率10％）、簡便的に日本の法人税等の実効税率は35％、日本の所得税等の平均税率は所得金額に応じて異なりますが仮に35％とします。控除限度額は十分にあるものとし、外国法人はタックスヘイブン対策税制の適用があるケースとします。

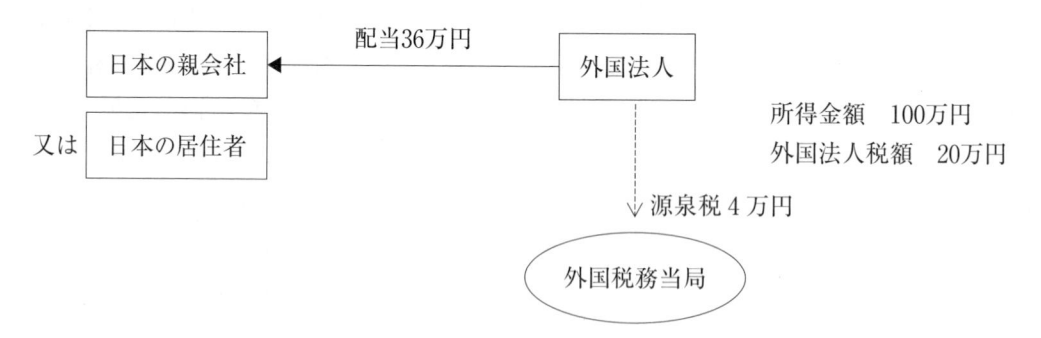

```
┌──────────┐   配当36万円    ┌────────┐
│日本の親会社│ ◄───────────── │ 外国法人 │
└──────────┘                 └────┬───┘        所得金額     100万円
   又は   ┌──────────┐              │            外国法人税額   20万円
         │日本の居住者│              │
         └──────────┘              ▼ 源泉税４万円
                              ┌──────────┐
                              │外国税務当局│
                              └──────────┘
```

第6章●居住者のタックスヘイブン対策税制（外国子会社合算税制）

	ケースＡ 居住者の合算課税（所得税）	ケースＢ 国内法人の合算課税（法人税）	
		Ｂ—１特定外国子会社に係る外国法人税額について外国税額控除を選択する場合（配当の額は特定課税対象金額以内とします。）	Ｂ—２特定外国子会社に係る外国法人税額について外国税額控除を選択しない場合（配当の額は特定課税対象金額以内とします。）
内国法人の当期利益（下記の差引法人税等計上前）、又は居住者の所得金額	受取配当金40万円	受取配当金40万円－租税公課4万円＝36万円	受取配当金40万円－租税公課4万円＝36万円
課税所得金額への加算・減算	合算課税済配当等の額を配当所得から控除△40万円 ∴配当所得　0円 特定外国子会社合算課税80万円（＝100－20） 特定外国子会社等からの配当に係る外国源泉所得税△4万円 ∴雑所得76万円	受取配当金益金不算入△40万円 特定外国子会社合算課税80万円（＝100－20） 特定外国子会社に係る外国法人税額加算20万円 特定外国子会社等からの配当に係る外国源泉所得税4万円	受取配当金益金不算入△40万円 特定外国子会社合算課税80万円（＝100－20）
計）課税所得金額	76万円	100万円	76万円
日本法人税等・所得税等（仮に35％とする）	26.6万円	35万円	26.6万円

特定外国子会社等に係る外国法人税額	—	20万円	—
直接外国税額控除	—	4万円	—
差引法人税等	26.6万円	11万円	26.6万円

この３つの場合について、日本と外国の税負担合計は、次のとおりです。

	ケースＡ　居住者の合算課税（所得税）	ケースＢ　国内法人の合算課税（法人税）	
		Ｂ―１特定外国子会社に係る外国法人税額について外国税額控除を選択する場合	Ｂ―２特定外国子会社に係る外国法人税額について外国税額控除を選択しない場合
日本法人税等・所得税等	26.6万円	11万円	26.6万円
外国法人税等	20 + 4 = 24万円	20 + 4 = 24万円	20 + 4 = 24万円
合計法人税・所得税等	50.6万円	35万円	50.6万円

　このように、上記の前提では、居住者の合算課税（所得税）による税負担は、法人税率と所得税率に差がないとしたならば、国内法人の合算課税（法人税、Ｂ―２外国税額控除を選択しない場合）による税負担と同じようになります。

　なお、居住者（所得税）には、特定外国子会社等の所得に対して課税された外国法人税の額を居住者が納付したものとみなして外国税額控除を適用するというＢ―１のような制度はありません。

第7章

居住者のタックスヘイブン対策税制（外国子会社合算税制）事例

設 例

- 居住者A氏は、香港に100％出資のB会社を有しています。B会社は、居住者A氏の特定外国子会社等に該当します。

居住者A氏

↓

B会社　（特定外国子会社等）

- B会社は適用除外要件を満たさず、タックスヘイブン対策税制（外国子会社合算税制）が適用されます。
- B会社の2期間の概況は、次表のとおりです。
  　このうち、B会社の「×3年10月1日から×4年9月30日まで」の期の合算課税に係る居住者A氏の申告所得の算定を例示します。
- 特定外国子会社等の所得金額は、その決算上の利益から日本の法令に準じて計算する方法と、本店所在地国の法令により計算する方法の、いずれかを選択して継続適用して算定しますが、居住者A氏は、日本の法令に準じて計算する方法を選択適用していることとします。
- 居住者A氏の所得は、B会社に係る所得以外は国内勤務の給与所得のみとします。

B会社事業年度	×2・10・1～×3・9・30	×3・10・1～×4・9・30
損益計算書	HK$	HK$
税引前当期純利益	509,244	1,003,371
法人税等	20,000	180,000
当期純利益	489,244	823,371
居住者A氏の合算課税対象となる年	×3・1・1～×3・12・31	×4・1・1～×4・12・31
上記B会社事業年度に係る配当		
年度配当		
決議日		×4・12・21
配当金額	—	1,210,000
配当日為替相場		@14.5
上記B会社事業年度に係る		
法人税賦課決定日	×4・5・20	×5・5・23
上記決定日を含む子会社事業年度	×3・10・1～×4・9・30	×4・10・1～×5・9・30
上記の法人税賦課決定通知		
当年度確定法人税	20,577	180,930
当年度法人税既予納額	195,552	20,577
(差引) 確定法人税要納付額	△174,975	160,353
次年度法人税予納額	20,577	180,930
(計) 法人税要納付額	20,577	341,283
法人税還付額	174,975	
(参考) 課税所得	449,596	1,096,546
繰越欠損金	△324,886	—
計	124,710	1,096,546
×16.5%	20,577	180,930
為替相場　　HK$	×3・11・30 TTM@14	×4・11・30 TTM@15

居住者A氏の「×4年」分の申告所得金額

(1) 課税対象金額を居住者の所得金額に合算するその居住者の所得税申告の対象の年は、特定外国子会社等の事業年度終了の日の翌日から2か月を経過する日を含むその居住者の年なので、B会社の「×3年10月1日から×4年9月30日まで」の期の課税対象金額は、×4年11月30日を含む居住者A氏の「×4年分」（×4年1月1日から×4年12月31日まで）の所得金額に合算します。

(2) 特定外国子会社等とは、外国関係会社のうち、所得に対する税がない国・地域に本店・主たる事務所が所在するもの又は各事業年度の所得に対する租税の額がその所得金額の20％以下であるものなので、その判定を行います。法人税の場合には別表十七（三）付表一にて行いますが、所得税の場合にはそのような別表が定められていませんので、申告者各自で作成した様式にて行うことになります。この設例では法人税の別表十七（三）付表一の一部を利用することとします。

(3) 課税対象金額は、法人税の場合には別表十七（三）にて算定しますが、所得税の場合にはそのような別表が定められていませんので、申告者各自で作成した様式にて算定することになります。この設例では法人税の別表十七（三）の一部を利用・加工することとします。

★別表十七（三）の一部を利用・加工

居住者A氏は、日本の法令に準じて計算する方法を選択適用しているので、「17」欄の'本邦法令'を○で囲みます。

「18」欄には、損益計算書上の税引後当期純利益HK＄823,371を記入します。

決算上の利益が税引前利益になるように加算するため、「19」欄には、損益計算書上の法人税等HK＄180,000を記入します。

日本の法令に準じて計算する方法を適用する場合のその法令には、法人税について所定の規定を除き、租税特別措置法について所定の規定のみを含みます。「20」欄以降、「26」欄以降には、その範囲での加算、減算項目を記載します。この設例では、それに該当する項目がないものとします。

これらの合計となるHK＄1,003,371を「29」欄の所得金額に記入します。

「31」欄の法人所得税の額とは、合算される特定外国子会社等の事業年度（B会社の「×

3年10月1日から×4年9月30日まで」の期。居住者A氏の確定申告対象の年「×4年1月1日から×4年12月31日まで」の1年間ではありません。）中に納付の確定した金額であり、基準所得金額の算定で決算上の利益を税引前利益にするように加算した発生ベース計上の法人所得税（「19」欄）とは1年度ズレます。申告納税方式の場合にはB会社の申告書により、賦課課税方式の場合には税務当局から賦課決定通知書（香港は賦課課税方式なので後者）により、法人税の納付が確定します。設例では、B会社の「×2年10月1日から×3年9月30日まで」の期を対象とする法人税の納付確定は×4年5月20日なので、合算される特定外国子会社等の事業年度（B会社の「×3年10月1日から×4年9月30日まで」の期）中に納付の確定した法人税額は、法人税還付額HK＄174,975（×4年5月20日付の賦課決定通知に記載されている「×2年10月1日から×3年9月30日まで」の期に対する還付額）と法人税要納付額HK＄20,577（×4年5月20日付の賦課決定通知に記載されている要納付額である「×2年10月1日から×3年9月30日まで」の期の翌期に係る予定納付額）です。これを「32」欄と「31」欄へそれぞれ記入します。

　以上の加減算の結果、HK＄1,157,769が適用対象金額となり、「33」欄に記入します。課税対象金額は、下記の算式で算定します。

課税対象金額＝（適用対象金額－調整金額）×居住者の請求権勘案保有株式等の持株割合

　調整金額とは、ⅰ）その各事業年度の剰余金の処分により支出される金額（法人所得税の額及び配当等の額を除きます。）、ⅱ）その各事業年度の費用として支出された金額（法人所得税の額及び配当等の額を除きます。）のうち適用対象金額の計算（措令25の20①②）により所得金額の計算上損金の額に算入されなかったため又は所得の金額に加算されたため適用対象金額に含まれた金額の合計額です。法人税上の課税対象金額の算定においては、調整金額を適用対象金額から控除せずに内国法人の持株割合を乗じる点が所得税上の課税対象金額の計算と異なっているため、法人税の場合の別表十七（三）に、調整金額を控除する欄がありません。そこで、ここでは「33'」欄を設けて調整金額を記載することにします。この設例では、調整金額がないものとします。

　「34」欄には、（適用対象金額HK＄1,157,769－調整金額0）×保有割合100％＝HK＄1,157,769を記入します。

　「35」欄では、課税対象金額を円換算します。法人税の場合には、課税対象金額の円換算為替相場は、＜原則法＞特定外国子会社等の事業年度終了の日から2か月を経過する日のTTM又は＜例外法（毎期継続適用）＞内国法人のその日を含む事業年度終了の日のTTMです（措通66の6-14）。所得税の場合には、そのような規定が特にありません。ここでは、特定外国子会社等の事業年度終了の日から2か月を経過する日のTTMにより、

課税対象金額を円換算することとします。これによれば、B会社の場合、×4年11月30日のTTMにより円換算することになります。（課税対象金額HK＄1,157,769×　×4年11月30日のTTM@15円／HK＄＝17,366,535円を「35」欄の（　　　）に記入します。

(4) 当年分の居住者A氏の雑所得の金額

雑所得の金額は、公的年金等に係るものを除くと、その年中の雑所得に係る総収入金額から必要経費を控除した金額です。

　　雑所得の金額（公的年金等に係るものを除く）＝総収入金額－必要経費

当年分については、B会社の課税対象金額17,366,535円が雑所得の総収入金額とみなされます。必要経費は、次に掲げる金額の合計額です。

必要経費の額
特定外国子会社等の株式等を取得するために要した負債利子で、その年中に支払うものの額のうち、その年においてその者がその特定外国子会社等の株式等を有していた期間に対応する部分の金額（特定外国子会社等の株式等を間接保有する場合、その特定外国子会社等を保有する外国法人の株式等を取得するために要した負債利子も含む）
特定外国子会社等から受ける剰余金の配当等の額を課税標準として課せられる外国所得税の額で、その年中に納付するもの

この設例では、上記の必要経費はないものとします。

総収入金額17,366,535円－必要経費0＝雑所得17,366,535円が、特定外国子会社等の課税対象金額に対して居住者A氏の所得金額へ合算課税される金額となります。

(5) 居住者が外国法人から直接受ける合算課税済配当等の額（居住者が配当所得から控除）

居住者が外国法人を合算課税してきて、その外国法人から受ける配当等の額がある場合には、配当等の額のうちその外国法人に係る次の金額（「配当日の属する年分」と「その前年以前3年内の各年分」の合計額）に達するまでの金額は、「配当日の属する年分」のその外国法人から受ける配当等の額に係る配当所得の金額の計算上、控除されます（措法40の5①）。

> 「配当日の属する年分」又は
> 「その前年以前3年内の各年分」において合算課税された
> ｜(適用対象金額－調整金額) 又は部分適用対象金額｜
>
> × 　分母と同じ事業年度末における居住者が有する外国法人の請求権勘案
> 　　直接保有株式等の持株割合
> ──
> 　　外国法人の適用対象金額又は部分適用対象金額に係る事業年度末における
> 　　発行済株式数等

　外国法人に係る課税対象金額又は部分課税対象金額で、当年分及びその前年以前3年内の各年分の所得計算において合算課税によりB会社のその年分又は各年分の雑所得に算入されるものについては、所得税の場合には別表が特に定められていませんので、申告者各自で作成した様式にて集計することになります。この設例では法人税の別表十七（三の四）の一部を利用・加工することとします。

　なお、B会社は非上場会社であり、B会社からの配当は、国内における支払の取扱者を通さず、B会社から直接配当等を受けるものとします。

★別表十七（三の四）の一部を利用・加工

　この設例では、「配当日（×4年12月21日）の属する年」は、「×4年」分であり、居住者A氏の×4年の確定申告において合算課税した課税対象金額HK＄1,157,769を当期分の「21」欄に転記します。「その前年以前3年内の各年分」は、「×3年」「×2年」「×1年」の3年間分であり、この設例では、合算課税した課税対象金額があるのは「×3年」分だけとします。その課税対象金額をHK＄14,670とすると、これを「×3年」分の「21」欄へ転記します。これらの計HK＄1,172,439を合計の「21」欄へ記入します。外国法人から受ける配当等の額のうちこのHK＄1,172,439までの金額は、「配当日の属する年分」である「×4年」分の配当所得の金額の計算上控除されます。

　この設例では、居住者A氏が「×4年」分の外国法人から受ける配当等の額は、B会社からの配当HK＄1,210,000（外国源泉税なし）とします。

　以上より、×4年分の配当所得の金額は、B会社からの配当HK＄1,210,000－HK＄1,172,439＝HK＄37,561となり、円換算額は544,634円（HK＄37,561×＠14.5円／HK＄）となります。

　「×4年」分の配当所得の金額の計算上控除されたHK＄1,172,439は、翌年以降に配当所得の金額から再度控除されることはないため、「22」欄に記入して控除し、「23」欄の翌年への繰越額はゼロとなります。

(6) 当年の総所得金額

この設例では、居住者Ａ氏の当年の所得は、上記Ｂ会社に係る雑所得・配当所得以外は、国内勤務の給与所得（給与総額24,000,000円）のみとします。

当年分の総所得金額は、次のとおりとなり、この総所得金額から総合課税による確定申告を行います。

	収入金額等	所得金額	
給与所得	24,000,000円	21,550,000円	給与所得控除2,450,000円
雑所得	17,366,535円	17,366,535円	
配当所得	17,545,000円	544,634円	HK＄1,210,000×＠14.5円／HK＄
計（総所得金額）	58,911,535円	39,461,169円	

特定外国子会社等に係る課税対象金額又は個別課税対象金額の計算に関する明細書

事業年度又は連結事業年度	X4・1・1 ～ X4・12・31	法人名	居住者A氏

別表十七(三) 平二十五・四・一以後終了事業年度又は連結事業年度分

御注意：この明細書の各欄中金額を記載するものにあっては、その金額に係る通貨の単位を表示してください。

特定外国子会社等の状況

名称	1	B会社	主たる事業	4	卸売業	
本店又は主たる事務所の所在	国名又は地域名	2	香港	所得に対する租税の負担割合（別表十七(三)付表一「22」又は「23」）	5	%
	所在地	3		事業年度	6	X3・10・1 ～ X4・9・30

適用除外の判定

事業基準	特定事業を主たる事業とする特定外国子会社等の該当・非該当	7	該当・非該当	非関連者基準	対象取引の種類	10	
実体基準	本店又は主たる事務所の所在する国又は地域における固定施設の有無及びその内容	8			対象取引に係る収入金額又は支出金額	11	
					(11)のうち非関連者取引に係る収入金額又は支出金額	12	
					非関連者取引割合 (12)/(11)	13	%
管理支配基準	本店又は主たる事務所の所在する国又は地域における事業の管理、支配及び運営の状況	9		所在地国基準	本店又は主たる事務所の所在する国又は地域における事業活動の状況	14	

株式等の保有又は卸売業を主たる事業とする統括会社の該当・非該当		15	該当・非該当
措法第66条の6第3項又は第68条の90第3項の適用の有無 ~~40~~ 4		16	有・㊇

課税対象金額又は個別課税対象金額の計算

所得計算上の適用法令	17	㊇本邦法令・外国法令	基準所得金額 (18)+(22)-(28)	29	1,003,371
当期の利益若しくは欠損の額又は所得金額	18	HK$ 823,371			
加算	損金の額に算入した法人所得税の額	19	180,000	繰越欠損金の当期控除額（別表十七(三)付表一「29の計」）	30	
		20				
		21		当期中に納付することとなる法人所得税の額	31	20,577
	小　計	22	180,000			
減算	益金の額に算入した法人所得税の還付額	23		当期中に還付を受けることとなる法人所得税の額	32	174,995
	~~子会社から受ける配当等の額~~	24				
	控除対象配当等の額	25		適用対象金額 (29)-(30)-(31)+(32)	33	1,157,769
		26		調整金額	33'	0
		27		課税対象金額又は個別課税対象金額 {(33)×(別表十七(三)付表一「27」の「本人」の欄)-(33')}	34	1,157,769
	小　計	28				
措法第66条の6第1項又は~~第68条の90第1項~~の適用を受ける課税対象金額又は個別課税対象金額 ~~40~~ 4				35	(17,366,535円) 1,157,769

X4.11.30 HK$ TTM @15

法　0301－1703

第7章 居住者のタックスヘイブン対策税制（外国子会社合算税制）事例

特定外国子会社等の判定に関する明細書

事業年度又は連結事業年度：X4.1.1 ～ X4.12.31
氏名法人名：居住者A氏
別表十七(三)付表一 平二十五・四・一以後終了事業年度又は連結事業年度分

外国関係会社の名称 1	B会社	
外国関係会社の事業年度 2	X3.10.1 ～ X4.9.30	
本店所在地国における法人の所得に対する税の有無 3	有・無（有に○）	

所得に対する租税の負担割合の計算

所得の金額の計算

区分		金額
当期の所得金額	当期の決算上の利益又は欠損の額 4	HK$ 1,003,371
	本店所在地国における課税所得金額 5	1,096,546
加算	非課税所得の金額 6	
	損金の額に算入した支払配当等の額 7	
	損金の額に算入した外国法人税の額 8	
	保険準備金繰入限度超過額 9	
	保険準備金取崩不足額 10	
	小計 11	
減算	(6)のうち配当等の額 12	
	益金の額に算入した還付外国法人税の額 13	
	小計 14	
所得の金額 (5)+(11)-(14) 15		1,096,546

租税の額の計算

区分		金額
本店所在地国の外国法人税の額	実際に納付する外国法人税の額 16	180,930
	所得の額に応じて税率が高くなる場合に納付したものとみなされる税額 17	(%)
	納付したものとみなして本店所在地国の外国法人税の額から控除される 18	
	減免された外国法人税の額のうち租税条約の規定により納付したものとみなされるもの 19	
本店所在地国外において納付する外国法人税の額 20		
租税の額 ((16)から(20)までの合計額) 21		180,930
所得に対する租税の負担割合 (21)/(15) 22		16.5 %
(15)が零又は欠損金額となる場合には、その行う主たる事業に係る収入金額から所得が生じたとした場合に適用される税率 23		

株式等の保有割合

氏名又は名称	直接間接の区分	発行済株式等の保有割合 24・25	議決権株式等又は請求権株式等の保有割合 26	請求権勘案保有株式等の保有割合 27
同族株主グループ 本人	直接・間接（直接に○）	100%	%	100%
	直接・間接			
	直接・間接			
	直接・間接			
計		100		100
その他の内国法人及び居住者等	直接・間接			
	直接・間接			
	直接・間接			
	直接・間接			
計				
合計		100		100

欠損金額の内訳

事業年度	控除未済欠損金額 28	当期控除額 29	翌期繰越額 (28)-(29) 30
・・			
・・			
・・			
・・			
・・			
・・			
・・			
計			
当期分			
合計			

法 0301-1703-付1

特定課税対象金額等又は特定個別課税対象金額等がある場合の外国法人から受ける配当等の益金不算入額等の計算に関する明細書

事業年度又は連結事業年度	x4.1.1 ～ x4.12.31	氏名又は法人名	居住者A氏

外国法人の名称	1	B会社	本店又は主たる事務所の所在地	国名又は地域名	3	香港
外国法人の事業年度	2	x3.10.1 ～ x4.9.30		所在地	4	

						計
支払義務確定日	5	． ．	． ．	． ．	． ．	
支払義務確定日までの保有期間	6					
発行済株式等の保有割合	7	%	%	%	%	
発行済株式等の連結保有割合	8	%	%	%	%	
剰余金の配当等の額	9					
剰余金の配当等の額に係る外国源泉税等の額	10					
特定課税対象金額又は特定個別課税対象金額	11	(21)の合計	(13)の①	(13)の②	(13)の③	
控除額 (9) ((9)>(11)の場合は(11))	12					
差引 (11)-(12)	13	①	②	③		
間接特定課税対象金額又は間接特定個別課税対象金額	14	(別表十七(三の五)「23」)	(16)の①	(16)の②	(16)の③	
控除額 (9) ((9)>(14)の場合は(14))	15					
差引 (14)-(15)	16	①	②	③		
下記以外 益金不算入額 (12)+(15)	17	(円)	(円)	(円)	(円)	円
保有割合25%以上又は連結保有割合5%以上 (12)×5%+(15)×5%	18	(円)	(円)	(円)	(円)	

請求権勘案直接保有株式等の保有割合	19	100 %	当期発生額 (別表十七(三)「33」又は別表十七(三の二)「17」)×(19)	20	1,157,769 HK$

特定課税対象金額又は特定個別課税対象金額の明細

事業年度又は連結事業年度	前期繰越額又は当期発生額 21	当期控除額 22	翌期繰越額 (21)-(22) 23
． ． ～ ． ．			
． ． ～ ． ．			
． ． ～ ． ．			
． ． ～ ． ．			
． ． ～ ． ．			
． ． ～ ． ．			
． ． ～ ． ．			
． ． ～ ． ．			
x3.1.1 ～ x3.12.31	14,670 HK$	14,670 HK$	
計	14,670	14,670	
当期分 ⑳	1,157,769	1,157,769	
合計	1,172,439	1,172,439	0

別表十七(三の四) 平二十五・四・一以後終了事業年度又は連結事業年度分

【参考文献等】

「Q&Aでわかる国外財産調書制度」川田剛著　税務経理協会　平成24年
「国外財産調書制度の創設及び徴収共助等に関する国税通則法等の改正」
　　　佐藤忍　『国際税務』Vol.32　No.7
「国際課税　資料5」政府税制調査会資料　平成23年11月8日
「「国外財産調書」の記載例」国税庁HP　平成25年
「個人投資家の証券税務読本　平成24年版」前田繼男著　法令出版　平成24年
「平成24年分　株式等の譲渡所得等の申告のしかた（記載例）」国税庁HP
「平成25年版　図解所得税」鳴島安雄編　大蔵財務協会　平成25年
「国際資産税ガイド」
　　　税理士法人プライスウォーターハウスクーパース編　大蔵財務協会　平成24年
「国外財産の税務Q&A」三浦誠著　中央経済社　平成25年
「預け入れていた外貨建預貯金を払い出して外貨建MMFに投資した場合の為替差損益の取扱い」
　　　国税庁HP『質疑応答事例集』
「外貨建預貯金の預入及び払出に係る為替差損益の取扱い」国税庁HP『質疑応答事例集』
「預け入れていた外貨建預貯金を払い出して貸付用の建物を購入した場合の為替差損益の取扱い」
　　　国税庁HP『質疑応答事例集』
「保有する外国通貨を他の外国通貨に交換した場合の為替差損益の取扱い」
　　　国税庁HP『質疑応答事例集』
「外貨建債券が償還された場合の償還差益及び為替差損益の取扱い」国税庁HP『質議応答事例集』
「復興特別所得税の創設」財務省HP『平成24年度税制改正の解説』　平成24年
「復興特別法人税の創設」財務省HP『平成24年度税制改正の解説』　平成24年
「Q&A海外勤務者に係る税務」川田剛著　税務経理協会　平成24年
「回答事例による所得税質疑応答集」西野克一編　大蔵財務協会　平成22年
「事例でわかる国際源泉課税」牧野好孝著　税務研究会出版局　平成23年
「平成25年1月1日以後に出国又は死亡した人の準確定申告をする場合の申告書Bの書き方」
　　　国税庁HP
「外国税額控除を受けられる方へ」税務署　平成24年
「詳説　外国税額控除制度・外国子会社配当益金不算入制度・外国子会社合算税制の申告実務」
　　　板野佳緒里著　税務研究会出版局　平成25年
「最新　外国税額控除（三訂版）」渡辺淑夫著　同文舘出版　平成20年
「第8版　外国税額控除・外国子会社配当益金不算入制度と申告書作成の実務」
　　　税理士法人トーマツ編　清文社　平成24年
「タックス・ヘイブン対策税制／過小資本税制（国際課税の理論と実務　第4巻）」
　　　日本税理士会連合会監修　本田資・川田剛編　川田剛著　税務経理協会　平成22年
「改訂新版　事例とチェックリストでよくわかる外国税額控除の申告実務」
　　　杉田宗久監修　前原啓二著　清文社　平成23年

【著者紹介】
前原　啓二（まえはら　けいじ）
　昭和60年　慶應義塾大学商学部卒業
　昭和62年　監査法人中央会計事務所（後の中央青山監査法人）入社
　平成3年　公認会計士登録
　平成5年　クーパース・アンド・ライブランド（現プライスウォーターハウスクーパース）ロンドン事務所勤務
　平成12年　前原会計事務所開設、米国公認会計士試験合格
　現在、公認会計士・税理士
　　　　前原会計事務所代表
　　　　関西学院大学大学院経営戦略研究科教授（任期制実務家教員）
　　　　兵庫県社会福祉協議会経営相談室専門相談員
　＜著書＞『事例とチェックリストでよくわかる外国税額控除の申告実務』（清文社）
　　　　　『「中小企業の会計に関する指針」ガイドブック』（共著）（清文社）
　　　　　『国際会計基準なるほどQ&A』（共著）（中央経済社）

居住者の国外財産調書制度と外国税額控除

2013年11月5日　発行

著　者　前原　啓二　©

発行者　小泉　定裕

発行所　株式会社　清文社
　　　　東京都千代田区内神田1-6-6（MIFビル）
　　　　〒101-0047　電話 03(6273)7946　FAX 03(3518)0299
　　　　大阪市北区天神橋2丁目北2-6（大和南森町ビル）
　　　　〒530-0041　電話 06(6135)4050　FAX 06(6135)4059
　　　　URL http://www.skattsei.co.jp/

印刷：亜細亜印刷㈱

■著作権法により無断複写複製は禁止されています。落丁本・乱丁本はお取り替えします。
■本書の内容に関するお問い合わせは編集部までFAX（06-6135-4056）でお願いします。

ISBN978-4-433-53373-1